新时代营销学系列新形态教材·新媒体营销系列

新媒体营销
基础、策略与工具

杜 鹏 樊 帅◎主 编
廖婧萍◎副主编

清华大学出版社
北京

内 容 简 介

本书是高等院校市场营销专业的主干课程教材，也是国家精品视频公开课"价值营销概说"、国家精品资源共享课"市场营销学"和国家精品在线开放课程"人人学点营销学"的配套教材。本书系统介绍了新媒体营销领域的新研究成果和发展趋势，并有诸多创新之处。在结构安排上，本书分基础篇、策略篇和工具篇三个模块展开论述，这种从理论到实操的模块式结构设计，更加适合个性化教学。

本书既可作为高等院校经济管理类专业及各类培训机构的"新媒体营销"课程的教材，也可作为关注营销问题的企业管理人员、研究人员、咨询培训师的参考书。

图书在版编目（CIP）数据

新媒体营销：基础、策略与工具/杜鹏，樊帅主编. —北京：清华大学出版社，2024.9
新时代营销学系列新形态教材. 新媒体营销系列
ISBN 978-7-302-66233-4

Ⅰ. ①新… Ⅱ. ①杜… ②樊… Ⅲ. ①网络营销－高等学校－教材 Ⅳ. ①F713.365.2

中国国家版本馆 CIP 数据核字(2024)第 096757 号

责任编辑：朱晓瑞
封面设计：汉风唐韵
责任校对：王凤芝
责任印制：宋 林
出版发行：清华大学出版社
    网 址：https://www.tup.com.cn，https://www.wqxuetang.com
    地 址：北京清华大学学研大厦 A 座   邮 编：100084
    社 总 机：010-83470000   邮 购：010-62786544
    投稿与读者服务：010-62776969，c-service@tup.tsinghua.edu.cn
    质 量 反 馈：010-62772015，zhiliang@tup.tsinghua.edu.cn
    课 件 下 载：https://www.tup.com.cn，010-83470332
印 装 者：河北鹏润印刷有限公司
经 销：全国新华书店
开 本：185mm×260mm   印 张：13   字 数：284 千字
版 次：2024 年 10 月第 1 版   印 次：2024 年 10 月第 1 次印刷
定 价：49.00 元

产品编号：096880-01

丛书编委会

主　　编：窦文宇（SKEMA 商学院）

　　　　　杜　　鹏（中南财经政法大学）

副主编：李纯青（西北大学）　　　　　戴　　鑫（华中科技大学）

　　　　　孙洪庆（中南财经政法大学）　常　　玉（西北工业大学）

　　　　　谢佩洪（上海对外经贸大学）

编　　委：冯小亮（广东财经大学）　　朱　　立（云南财经大学）

　　　　　邬金涛（中山大学）　　　　廖俊云（暨南大学）

　　　　　王雪华（同济大学）

推 荐 序

本书面市之际，是实现"十四五"规划目标任务之时，也是供给侧结构性改革和消费结构升级的深化之时。从营销视角来看，消费结构升级实质上是消费需求从生理需求、安全需求向更高层次的社交需求、归属需求、自我实现需求的升级，是消费逻辑从强调性价比的价格逻辑向强调体验的价值逻辑转型。"这是一个最好的时代"，因为新媒体的赋能，网络上每天都在上演"逆袭"戏码；"这也是一个尴尬的时代"，因为互联网思维的渗透，行业边界正在逐渐消融，各行各业随时面临着"跨界打击"的尴尬局面。传统的营销理论框架能否适应日新月异的实践变化？现有的营销观点是否受到专业交叉融合的挑战？带着对这些问题的思考，编者结合自己多年来的咨询管理实践和教学经历编写了本书。

本书的特点主要表现在以下两个方面。

（1）部分中国企业的营销实践已无法完全用西方营销理论进行解释，亟须构建本土化营销理论体系，掌握话语权

本书对原有的西方营销理论框架进行本土化解构、重塑和"再拼图"，释放"中国声量"，充分体现了我国改革开放40多年来，在经济、政治、文化、社会、科技等方面取得的成就，同时总结具有中国特色的营销管理实践经验，帮助读者了解当前中国企业的新媒体营销模式、破解中国消费者的行为密码。

（2）以案例为切入点，突出案例教学

本书大部分章节都含有案例，可帮助读者理解对应的概念和理论。这些案例均为自主开发，且入选了"全国百篇优秀管理案例"，均是由专业教师带领学生以校友企业为样本，深入实地调研访谈，在掌握一手资料的基础上总结形成的。本书将案例融入教学内容，使枯燥的理论知识鲜活起来。

"新非远，行已至。"应新于时！尽管本书已经编写完成，但我们对移动互联网时代下中国企业新媒体营销实践的系统性、科学性的思考才刚刚开始。无论各位读者对书中关于传统营销理论架构的重新组合、最新概念和最新理论的独到见解，抑或对自主开发的企业案例、纸质化教材与电子化慕课、线上数据库资料的交叉融合是否认同、接受，我们都希望您能够提出宝贵的建议与意见，与我们共同探讨未来中国企业在新媒体营销方面的诸多有趣问题。

北京大学光华管理学院

符国群

2024 年 3 月

　　新媒体是互联网的产物之一，随之而来的以新媒体为载体和传播介质的营销被称为"新媒体营销"。报纸、杂志、广播等都属于传统的营销媒介，而微信公众号、微博、抖音等属于新兴的营销媒介。各行各业都强烈建议建立新媒体矩阵，进行新媒体营销，学界也开始探讨经典营销理论和框架在此背景下的适用性问题。新媒体营销解决了信息沟通的呈现和效率问题，但尚未解决信息沟通的效果和效益问题。被誉为"全球最具影响力的 50 位管理思想家"之一的哈佛大学教授罗杰·马丁（Roger Martin）认为："当下很多流行说法都缺乏逻辑基础，商业环境的变化并没有人们想象的那么前所未有，人们更应该看到不变的东西。"因此，本书在写作过程中秉持兼容并蓄的态度，在吸纳新观点、新事物、新理论的基础上，对原有理论框架进行解构、重塑和"再拼图"，力求探寻营销的不变性。

　　本书的写作思路是从对新媒体营销理论内涵的解读，到新媒体营销策略模式的呈现，再到新媒体营销实践工具的介绍，期望通过理论和实践的结合，为读者完整诠释新媒体营销这一概念。

　　本书分为三个模块——基础篇、策略篇和工具篇，共 11 章。

　　基础篇的基本逻辑如图 1 所示，首先带领读者从"是什么"的视角了解新媒体营销的概念，然后从基础角度解读新媒体营销的理论基础，最后帮助读者进一步了解新媒体营销的对象是什么样的、与过去的对象有什么区别，为之后的策略篇和工具篇奠定理论基础。

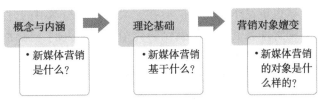

图 1　新媒体营销基础篇

　　策略篇的基本逻辑如图 2 和图 3 所示，企业和用户之间通过产品和流量池连接，企业可以通过游戏化营销和内容营销为用户创造良好的体验。而不同类型的用户之间会形成各种各样的社群，企业可以利用裂变营销和社群运营来扩大自己的用户群体。各个用户社群的行为习惯等会被互联网记录，形成大数据，企业可以利用数据分析进行大数据营销，以便更好地触达用户，为用户提供更加优质、完善的服务。

　　工具篇主要是对新媒体营销常用的一些工具进行介绍并解读相应的案例。比如微信、微博及目前常用的视频平台，包括短视频平台和长视频平台等。通过对工具篇的学习，读者可以对时下热门的新媒体营销工具有初步的了解，并且可以结合理论篇和策略篇进

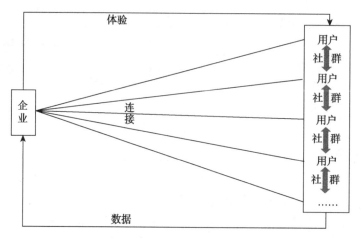

图 2　企业如何利用新媒体营销和用户建立联系（1）

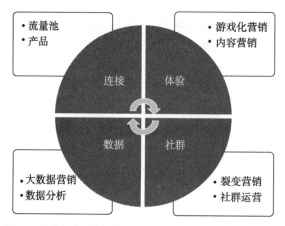

图 3　企业如何利用新媒体营销和用户建立联系（2）

行简单的实践操作，这也正是本书的目的所在。编者在编写本书的过程中，要特别感谢中南财经政法大学营销管理系和新媒体营销研究中心的同人们，感谢华中科技大学管理学院的戴鑫教授和新闻与信息传播学院的鲍立泉副教授（参与讲授新媒体部分的课程）；感谢力诺集团首席信息官蔡华法先生（参与讲授数据营销部分的课程）；感谢广州搜床网络科技集团董事长李春田先生、乐客独角兽首席执行官龙艳妮女士、北京华江集团营运副总裁陆英毅先生、武汉旅游发展投资集团武汉朝宗文化旅游有限公司总经理康海钧先生、广东省广告集团有限公司常务副总裁夏跃先生、马应龙药业集团品牌管理部部长王春猛先生、广州宝洁有限公司销售总监吴增勇先生、养生堂浙江食品有限公司新品开发总监肖玮先生等，他们为我们提供了近距离深度参访、调研的机会；感谢佟玲（参与第 1 章、第 8 章的编写）、顾宇晨（参与第 2 章、第 9 章的编写）、李睿智（参与第 3章、第 4 章、第 7 章的编写）、王婉岑（参与第 5 章、第 6 章的编写）、高翔威（参与第 10 章、第 11 章的编写）等，他们不同程度地参与了本书的写作、资料收集和讨论等工作。

在写作的过程中，我们借鉴了学界和业界研究者的一些观点和内容，并将相关著述附于书末的"参考文献"中，在此向他们表示衷心的感谢！我们在一定程度上也存在写作经验不足的遗憾，特别是"新媒体营销"作为新生事物，我们对其的应用还处于摸索阶段，可供借鉴的理论和实践经验还非常有限。在此恳请读者不吝赐教，以便本书持续迭代，不断完善和修正。

编者

2024 年 3 月于武汉

目　录

基　础　篇

策　略　篇

工 具 篇

基础篇

第1章

新媒体营销概述

知识框架图

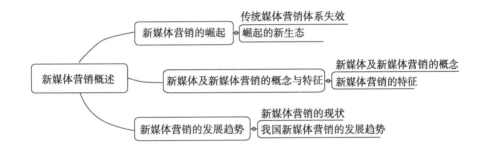

知识目标

1. 了解新媒体营销的崛起。
2. 掌握新媒体以及新媒体营销的概念、新媒体营销的特征。
3. 了解我国新媒体营销的发展趋势。

技能目标

1. 能够准确区分新媒体营销和传统媒体营销。
2. 能够列举新媒体营销的相关案例并加以分析。

案例导入

大众出版社借力新媒体玩转营销

当下，大众纸质书市场面临着严峻考验，在市场和消费者需求的变化面前，一些勇于尝试创新的出版社，在做好"硬核"内容的前提下，开发社群平台、知识共享平台等新媒体营销新路径，注重提升线下活动的阅读体验，并借电商促销之机，开拓多种出版新路径，让优质的纸质内容获得了广泛传播，取得了良好的市场反响。

开发公版书的音视频新模式

岳麓书社先后推出"四大名著"有声版及视频版，并在书中附上专家解读，满足了读者的刚需。有声版及视频版图书利用了多种技术形式呈现名著中的场景，如短视频、动态地图、VR/AR（虚拟现实/增强现实）等技术，旨在通过阅读"四大名著"激发读者了解、体会、学习中华传统文化的热情。

借助社群平台带动全网推广销售

中译出版社的《西南联大英文课》的品牌效应在近五年来不断扩大，为这本轻学术、偏冷门的图书奠定了坚实的市场推广基础。

图 1-1 《西南联大英文课》
有声珍藏版

2019 年 4 月，在中译出版社总编辑贾兵伟的策划下，《西南联大英文课》有声珍藏版（图 1-1）正式上市，并于同年 4 月 27 日在北京大学举办新书发布活动，当当网同步线上直播。《西南联大英文课》首次出版于 2017 年，销量突破 10 万册。有声珍藏版作为这本书的升级版，受到读者热捧，首印量达 5 万册。

众多出版社在电子阅读兴盛的形势之下，利用新媒体营销的思维和方式为传统出版开拓了新局面。在互联网时代，新媒体营销已是人尽皆知的营销模式，那么究竟什么是新媒体？新媒体营销又是什么？它是如何产生的？又具有什么样的特征与作用呢？本章将对以上问题进行解答。

1.1 新媒体营销的崛起

随着互联网的发展，传统媒体营销体系对消费者已经不再具有足够的吸引力。新媒体营销逐步成为主流，出现移动占据主流、从"硬广"转向"软广"、从单向沟通到互动的趋势。另外，新生态也在崛起。

1.1.1 传统媒体营销体系失效

1. 移动占据主流

2014 年之前，营销是由个人计算机（personal computer，PC）端主导的，那时互联网用户主要集中在 PC 端，所以几乎所有的营销都是针对 PC 端的，如一些门户网站开展的营销活动。自 4G 网络出现后，移动端流量远超 PC 端，成为营销的主流阵地。

随着我国移动端用户规模地不断扩大，我国移动互联网市场已进入高速发展阶段，移动互联网用户成为移动通信和互联网产业的主要消费人群。移动通信技术变革为信息传播与娱乐方式的选择提供了新的可能，游戏、音乐、阅读等产业形态以及零售、出行等生活方式，在与移动互联网的结合中催生出新的业务模式，带来产业规模的高速增长。

2018 年 1—8 月，移动互联网累计流量达到 395 亿 GB，同比增长 203.4%；其中通过手机上网的流量达到 389 亿 GB，同比增长 217.5%，约占移动互联网总流量的 98.5%。2018 年 8 月，移动互联网用户月均接入流量达到 4.85 亿 GB，同比增长 170.4%。

移动互联网已经影响多个领域，教育、医疗、生鲜等传统行业也开始进入互联网时代，随着 5G 网络的推出，移动互联网已占据主流，因此要想在这个时代站稳脚跟，一定要意识到这一点。抓住主流趋势，开展营销活动才能事半功倍。

2. 从"硬广"转向"软广"

20 世纪 90 年代是"硬广"的黄金时代，只要肯花钱在电视上投放广告，无论什么产品都可能会大卖，"今年过节不收礼，收礼只收脑白金"可以说是耳熟能详的一句广告语。然而现在已经不再是单纯靠"硬广"就能够取胜、获得消费者青睐的时代了。消费者的信息搜索渠道已从电视转向互联网，其信息甄别能力更强了，单纯靠"硬广"很难再打动消费者的心，越来越多的企业开始寻求"软广"植入。比如，电视剧中的某某手机、电影中的某某快餐、综艺中的某某饮品等，消费者一般对这些"软广"的接受度会更高，其营销效果也更好。

相信你在互联网上经常会遇到这样的情况：一个精彩的故事吸引你读到文章末尾，结果你发现这原来是某某产品的广告；一个暖心的视频让你痛哭流涕，结果它其实是某某品牌的活动宣传……这些都是"软广"的基本形式。虽然到最后你知道了它是一个广告，但是你可能还是会心甘情愿地转发分享，这就是"软广"的魅力所在。

2019 年春节期间的《啥是佩奇》宣传图（图 1-2）就是一个典型的"软广"。为了宣传春节档电影《小猪佩奇过大年》，电影制作方推出了一支视频短片，讲述了一位在农村的爷爷（李玉宝）为了给过年回家的孙子（天天）准备礼物，四处打听"佩奇是什么"，最终仅靠语言描述，将鼓风机手工改造成了一个"蒸汽朋克"版佩奇的温情故事。过年回家难、年轻人与长辈存在认知上的差距等问题，都客观存在于我们每个人的生活里。因此，爷爷李玉宝对孙子深切的牵挂叫人感动，爷爷用粉红色油漆刷鼓风机的行为让人觉得可爱，用手工焊出鼓风机佩奇的执着更让人敬佩。《啥是佩奇》宣传片虽然时长只有

图 1-2　《啥是佩奇》宣传图

8分14秒，但内容结构完整，与将正片中的精彩片段剪辑成预告片的宣传方法不是一个路数。宣传片导演张大鹏将现实中看似不可调和的尖锐矛盾，用小猪佩奇的动画形象串联起来，并通过宣传片中大量的细节暗示，触动了观众内心深处最细腻的那根弦，最终给出了一个温馨而令人动容的答案。

大多数观众都看出了这是电影的宣传片，还有不少眼尖的观众看出这是中国移动的广告。中国移动的视频彩铃在宣传片中出现了2次，中国移动的墙漆出现了3次，可谓出现得十分克制，广告痕迹很少，所以观众很容易接受这种营销形式。《啥是佩奇》宣传片这样的"软广"就是目前企业惯用的手段，最终带来的营销效果比较不错。

3. 从单向沟通到互动

以前传统的营销模式是一种单向的沟通，只是由企业向消费者传递信息，信息的传递是单向的，很少有企业能够接收到来自消费者的信息。这就会在很大程度上造成企业生产的产品和消费者的需求不匹配、不能够很好地满足消费者需求的问题。

在新媒体营销模式下，企业和消费者之间的沟通是双向的、有互动的，这样不仅企业能够向消费者传递自己的产品信息和价值理念，消费者也可以向企业表达自己的诉求，告知企业自己需要什么样的产品，因此企业能够更好地为消费者提供服务。这其实就是营销价值设计所说的提升消费者的参与感。这种参与感是非常重要的，不但能够让企业及时了解消费者的心理状态和具体需求，而且如果消费者参与产品的设计和价值传播，也会提高消费者对企业产品的忠诚度，毕竟谁会不喜欢自己参与设计和传播的产品呢？

说到互动和参与感，那就不得不提到小米科技有限责任公司（以下简称"小米"）。小米可以说是参与感营销的"领路人"，一家互联网手机企业凭借出色的营销活动占据了我国手机市场的一席之地。小米从产品的设计到销售的整个过程中，都在努力提升消费者的参与感。比如，成立小米社区，让"米粉"（小米的忠实用户）在社区内自由地提出对小米手机的改进或研发建议，小米会收集这些建议并对其进行详细的评估。有很多米粉的建议都被采纳并用来改进小米产品，小米产品的用户体验因此越来越好，小米产品也更容易受到用户的青睐，因为这些建议都是广大用户提出来的，所以代表了广大用户的心声。另外，小米还打造了粉丝经济，利用"米粉"的进行口碑营销，口碑营销是最容易让用户产生信任感的一种营销模式。小米创建了一套完善的互动传播和口碑传播体系，将产品更新周期缩短到一周，让小米产品的用户深度参与产品研发。由于参与感十足，所以"米粉"都愿意使用小米的产品，而且会自发地传播小米的品牌价值，为其塑造良好的品牌形象，进而吸引更多的人购买。最重要的是，小米开创了一种灵活实用的反馈激励机制，新"米粉"可以立即参与下一代产品的研发，这样就形成了良性循环。小米的粉丝不断增加，粉丝不断为产品改进提出建议，产品结构也就越来越完善，越来越符合用户的需求，这样又会吸引一批新的粉丝，从而形成滚雪球效应。

小米的成功可以说是参与感营销的结果，但是为什么只有小米成功了，其他企业的模仿却没有奏效呢？这就说明互动模式比单向沟通模式复杂得多，并非简单复制就可以成功。

1.1.2　崛起的新生态

本书中的新生态是相对传统营销生态而言的，主要包括具有连接功能的流量池和产品，具备体验意味的游戏化营销和内容营销，社群方面的社交裂变和社群运营，以及作为工具的大数据。

1. 连接：流量池 + 产品

（1）流量池

随着互联网时代的到来，流量变得无比重要，流量池的概念应运而生。其实流量池的打造就相当于企业品牌形象的创建，一个有口碑、有辨识度的品牌会吸引巨大的流量，从而形成企业的流量池。当今时代，企业如何打造属于自己的流量池是一个十分重要的策略，各个企业都在不遗余力地打造流量池。企业要获取流量，最有效的两种方式是事件营销和跨界营销，企业通过这两种方式可以增加流量并提高关注度。打造流量池的本质是一个企业或产品进行定位的过程，产品的定位决定了有哪些流量会进入流量池，会形成一个什么样的流量池。比如，当前较为流行的一个 App 抖音就是一个典型的碎片化娱乐分享平台，这样一个清晰明确的定位吸引了那些喜欢分享的用户入驻成为原创内容创作者，而那些喜欢在碎片化时间娱乐放松的用户便成为观看者，所以抖音打造的流量池是一个泛娱乐化的流量池。再如，滴滴出行吸引的流量是滴滴司机和有打车需求的人群，它其实是一个交通出行的流量池。企业有了流量池，也就相当于拥有了商业机会，这些流量都可以转化成为企业的客户（如滴滴出行的司机和乘客），或者为企业带来大客户（如广告商）。

（2）产品

产品是连接企业和用户的纽带，产品越好，连接得越紧密。好的产品可以让消费者追捧，使其成为忠实粉丝，甚至为之疯狂。比如，苹果公司以优质的产品吸引了全球众多消费者成为"果粉"，每次新品发布都会引发谈论，很多人甚至熬夜排队购买苹果手机。苹果公司的手机能够让消费者如此疯狂，必然存在其他公司手机所不及的地方。近年来，"爆品"层出不穷，那么"爆品"具有什么样的特质？如何打造"爆品"？后面的章节将会对此进行详细的介绍。

2. 体验：游戏化营销 + 内容营销

（1）游戏化营销

企业打造了自己的流量池之后不能放任不管，接下来就要盘活流量，使其为企业创造价值和收益。企业要为用户提供优质的体验，将用户留在流量池内，游戏化营销正是由此兴起。游戏化营销是指将游戏思维和机制融入企业营销活动，使用户产生类游戏体验，进而提高为用户提供的服务价值。其中类游戏体验是游戏化营销的重点。很多时候，人们并不是沉迷游戏本身，而是喜爱游戏带来的体验。各种各样的游戏会带给用户多种体验，同时用户为了能够获得更好的体验也会集中注意力，快速熟悉游戏规则和游戏技巧，从而驱动心流体验的产生。心流体验能够让用户沉浸其中，全身心地投入游戏，享受其中的乐趣。支付宝的蚂蚁森林就是典型的游戏化营销案例，蚂蚁森林意在促使人们

7

进行绿色消费，收集绿色能量、积攒绿色能量、达成种树的成就，每种一棵树都会获得一张环保证书。这些都是游戏化的元素，通过这种"目标—奖励—成就"的机制来提高用户对支付宝产品的打开率和使用率，这种营销模式也给企业塑造了一个绿色环保、有社会责任感的形象，提高了用户的好感度。目前，游戏化营销的应用已经十分广泛，如微信红包、蚂蚁庄园等。

（2）内容营销

内容营销是指以图片、文字、动画等介质将企业的相关信息传达给用户、促进销售的过程，也就是通过合理的内容创建、发布及传播，向用户传递有价值的信息，从而实现网络营销的目的。内容营销是新媒体时代提高用户转化率的重要手段，它颠覆了过去信息传播、交流的方式，无须广告、推销，就能将信息传达给目标用户，从而盘活流量。内容营销的价值逻辑是通过内容来重构企业品牌的核心优势。所有企业都要学会利用自己的官方网站、广告、线上社区等媒介开展营销活动，利用自身的媒体渠道来制作优质的内容，从而引导用户参与，生成销售成果。同时，对于内容营销来说，最核心的工作是创造独属于企业自己的品牌故事，如百岁山的品牌爱情故事，一提到那位老人与公主的爱情故事，人们就会想到百岁山。网易的内容营销一直以来都可圈可点，它会不时地推出一些打动人心的内容，风靡网络。比如，轰动一时的H5（即HTML5，构建互联网内容的一种语言方式）作品——"睡姿大比拼"，每个人都可以画出自己独特的睡姿，表现自己生活中最为人知的一面。这部H5作品"刷爆"了微信朋友圈，成为当时的新型社交方式，也为网易吸引了不少用户，并使其成为品牌的忠实粉丝。

3. 社群：社交裂变＋社群运营

（1）社交裂变

社交裂变即裂变方式在社交领域的延伸和运用。拼多多和趣头条是靠社交裂变成长起来的现象级产品，其裂变方式是将链接分享给朋友，朋友点击达到一定数量后，分享该链接的用户就会获得现金奖励或购物补贴。这类软件以这种方式迅速裂变，从而使自身的下载量和使用率暴增。社交裂变抓住了用户的心理和需求，同时也利用了用户的社交资源，以杠杆的形式撬动了用户的整个社交圈。目前已经有很多企业依靠社交裂变的方式迅速成长为行业"独角兽"，如教育行业的VIPKID，其采取"产品化拉新"的方式，通过口碑营销在微信、QQ等社交媒体上实现快速传播，通过微信公众号、微信朋友圈等社交圈扩散运营，这种方式所带来的学员超过了VIPKID新学员总数的70%。拼多多更是借助微信小程序又火了一把，其主打微信社交中的圈层用户市场，形成了一套"小程序＋朋友圈＋公众号＋微信群"的完整生态体系，创造了社交裂变的新玩法。

（2）社群营销

社群指的是一群具有相同目标或者相同特质的人组成的群体，与传统社区不同的是，社群强调的是人与人在虚拟空间内的关系。社群包括同好、结构、输出、运营和复制这五个要素，好的社群具有强有力的连接纽带，能够促进企业的收益转化。社群营销能够帮助用户感知品牌的温度，社群的形态便于企业产品直接展示自身鲜明的个性和情感特征，可以让用户更直观地感受到品牌的温度。社群包括同好这一要素，也就是为企业提供了精准的目标人群,在社群内开展营销活动以及发布产品信息更能刺激用户购买。社群打破了传统的"售后即走"形式,社群中的用户可以深度参与产品的设计以及升级换代等一系列活动,甚至会为品牌进行推广,无形之中增强了用户黏性。在互联网时代,社群的数量日益增加,如何做好社群营销和运营也成为企业的一个重要课题。小米是较早运用社群营销这一模式的企业,并且运用得很成功。小米社区是"米粉"的聚集地,这里不仅是提供产品信息和服务的平台,还是"米粉"之间以及"米粉"和企业之间交流的平台,对于小米系列产品的改进起到了巨大的作用,也使用户更加喜欢和依赖小米产品。

4. 数据:大数据营销

利用数据进行营销已经有一百多年的历史,营销人员对于数据的研究与运用也从未停止,传统的数据营销更多地停留在对一小部分销售数据的分析和运用,而互联网时代的到来使企业可使用的数据规模变得异常庞大。传统数据营销使用的用户数据大多是第一手数据,如用户在采购时留下的联系方式、开展营销活动时收集的用户名片等,数据采集手段也是非实时的。随着营销技术的发展,出现了能实时采集用户在线行为的数字数据的手段,同时还能够通过设备信息或 IP 地址等信息进行用户识别。完成大数据的采集和识别后,企业需要对这些用户行为数据进行分析,得出用户的当前需求以进行之后的精确化营销。企业在确认用户需求之后,最终要对用户进行营销接触。基于大数据的营销接触形式和基于传统数据的营销接触形式是完全不一样的。传统的营销接触形式主要是外呼、短信以及邮件,而基于大数据的营销接触形式主要包括合作营销、跨界合作、跨屏营销、实时营销等。合作营销,如大多数汽车企业都会找"汽车之家"进行合作;跨界合作,如你通过搜索引擎查找了某品牌手表的信息,淘宝就会给你推荐手表;跨屏营销,如你在智能手机上通过搜索引擎查询了某手表的价格,回到家打开电视看到的开机广告可能就是这款手表的促销信息;实时营销,如你到了某一城市之后,当地文化和旅游局会给你发信息展示当地的特色景点;等等。

1.2 新媒体及新媒体营销的概念与特征

既然新媒体营销已经成为主流,那么了解新媒体和新媒体营销就成了必然,无论是企业还是营销人员,都应当知道新媒体是什么、新媒体营销及其相关特征是什么。

1.2.1 新媒体及新媒体营销的概念

1. 新媒体的概念

要准确地界定新媒体,就必须以历史、技术和社会为基础对其进行综合理解。科学技术的发展与人类不断探求新知、实践革新的需求,不断扩展着媒体的功能,丰富着媒体的内容,并在技术和媒体的互动发展中不断突破、不断建设、不断创新、不断进

微课 1.1 跑向新生活——UU 跑腿商业案例分析

步、不断成熟。新媒体的形态是不断发展变化的，就现阶段而言，新媒体更多是指基于计算机信息处理技术，通过无线宽带、有线宽带、卫星网络等现代传播手段，传播数字化文字、声音、图像信息的媒体。新媒体时代的特征主要是数字化、网络化的。随着新媒体技术的发展，传播载体日新月异，传播方式日益多元，传播内容更为丰富，受众选择更为主动。当今社会的新媒体是依托于计算机互联网技术发展而形成的媒体形态。可以看出，新媒体给人们的沟通交流带来了新方式，同时又引发了人与人之间关系的变化，因此新媒体必然使用了信息传播技术、运用了新的媒介经营模式、实现了新的内容展示方式、开辟了新的内容发生渠道、创造了新的用户感受。本书中关于"新媒体"的概念，均特指以现阶段为背景的新媒体形态，也就是互联网时代下的新媒体。

从话语研究的角度来看，对新旧媒体的判断都是基于一定的视角。那么该如何深入理解新媒体的概念呢？在这里，我们围绕其核心路径，即"内容生产—传播—受众消费"这条主线进行探讨，媒体从旧到新的发展就是沿着这条主线进行的。接下来，让我们来看看这条主线中的内容生产者、传播媒介和传播结构的变化。

（1）内容生产者：大众生产内容

在传统媒体时代，内容的生产者一般是机构。具体生产者是机构从业人员或者外请专家。在刚进入互联网时代时，网络论坛（bulletin board system，BBS）这类论坛媒体兴起，有写作功底的个人也可以直接在媒体上发声，成为媒体内容的生产者。在完全进入互联网时代后，内容生产者更加多样，每个人都可以成为媒体人。从微信公众号主打的"再小的个体，也有自己的品牌"，到抖音"记录美好生活"，这些社交媒体都在鼓励普通大众生产内容。在媒体环境的驱使下，"网红经济"出现了，越来越多的人成为"网红"，也有越来越多的人成为内容生产者。

（2）传播媒介：万物皆"媒"

媒体传播需要载体，这个载体被称为"媒介"。简单来说，媒介就是媒体进行传播所使用的工具。在传统媒体时代，传播媒介以文字和图片为主，早期的媒体主要为报纸和杂志。20世纪80年代，随着数字技术的发展，电视开始普及，视频和音频逐步成为主流的传播媒介。电视的普及给传播带来了巨大的变化，其极大程度地提高了传播的效率和效益，也为营销方式带来了翻天覆地的变化。由于消费者越来越依赖电视，各种广告逐步出现，进一步提高了营销效率。21世纪之后，计算机技术不断进步，互联网逐渐走入大众视野，从刚开始PC端的门户网站发展到现在的移动端互联软件，QQ、微信、抖音等软件层出不穷，标志着我们已进入了一个万物皆"媒"的时代。所有个体、各种软件都为媒体传播提供了极其便利的条件。

（3）传播结构：不断更新

传统媒体的传播结构是树形结构，层级是从上往下的。整个传播结构中有很多传播节点，如传统的报纸，其传播节点是报刊亭和关键性的购买者，通过传播节点才能到达各个家庭成员手中进行传阅观看。然而在新媒体时代，这种传统的传播层级被打破了。中心点逐渐消失，每个人都可能成为传播源，同时也可能是传播受众，在这种情况下，就形成了错综复杂的传播网络。

2. 新媒体营销的概念

伴随着互联网的快速发展，Web2.0革新的网络时代已经到来，营销思维也发生了巨大的变化，营销开始更重视体验性、沟通性、创造性和关联性，这加速了营销变革。正是基于伴随互联网出现的微信、微博、搜索引擎、博客等媒体形态，企业才可以借助新媒体进行产品形象塑造宣传、拓宽营销渠道、开拓市场，尽最大可能满足消费者需求，从而实现盈利。新媒体营销立足于现代营销活动，以服务消费者为导向，借助新媒介传播，宣传企业形象和文化，强化产品诉求，达到销售产品、宣传品牌的营销效果。新媒体营销借助互联网信息技术与时代环境对接而形成的营销模式，将极大地满足消费者的需求，为企业创造收益并提升品牌形象。由于新媒体营销在营销活动中具有较强的互动性，所以消费者既是企业产品信息的接收者，又是企业产品信息的制造者和传播者，对企业品牌宣传起到促进作用。同时新媒体营销有着独特的覆盖优势，在营销活动中通过信息的全面发布，让受众群体更方便快捷地获取营销信息，形成立体覆盖模式。新媒体营销还有着成本低的优势，可以为企业节约成本、高效率运作提供保障。此外，新媒体营销的精准度较高，能促使企业及时捕捉热点新闻话题，根据关键词关注度准确地调整营销策略。

小贴士

Web 1.0、Web 2.0 和 Web 3.0

Web 1.0 出现于 20 世纪 90 年代和 21 世纪初。当时的互联网是静态、只读的 HTML 页面，网站内信息可以直接和其他网站信息进行交互，用户能通过第三方信息平台同时对多家网站信息进行整合使用。此外，用户之间的互联也相当有限。

Web 2.0 也被称为"读写网络"，出现于 2004 年左右。它由社交媒体网站、博客和在线社区组成，终端用户可以实时地交互和协作。Web 2.0 是以分享为特征的实时网络，用户在互联网上拥有自己的数据，并且能在不同的网站上使用。

与 Web 2.0 相比，Web 3.0 更难被定义，在很大程度上是因为 Web 3.0 时代还处于初级阶段。以太坊作为 Web 3.0 的引领者，2015 年才被正式发布。即使在 2019 年，能有效提高终端用户体验感的技术仍在开发中。Web 3.0 将以网络化和个性化为特征，提供更多人工智能服务，且完全基于 Web，用浏览器即可实现复杂的系统程序才具有的功能。

新媒体营销（new media marketing）：新媒体营销是一个相对的概念，指利用新媒体平台进行营销的模式，其中包括一系列的营销策略，如内容营销、游戏化营销、裂变营销和大数据分析等。孙岩在《新媒体背景下的营销变革》一文中指出，新媒体营销相较于传统媒体营销更加强调体验性、沟通性、差异性等。新媒体营销的盈利模式具有三点共性。①广告向深度和广度发展，一是植入式广告在新媒体营销中的地位更为突出；二是从一对多的广告转变为一对一定位的"窄告"。②用户订阅（增值服务）成为最终目标。③电子商务的发展使新媒体的互动性更强，进而使用户与传播者或经销商线上、线下的互动交易行为更加频繁。

新媒体营销是相对于传统媒体营销而言的，它与传统媒体营销之间是互补的，而不是对立的，两者在时空上互补、在服务商上互补。新媒体营销的出现对于企业来说无疑是增加了一个接近用户的工具，企业利用互联网充分发挥营销活动的体验性、沟通性、差异性、创造性和关联性。

1.2.2 新媒体营销的特征

相较于传统媒体营销，新媒体营销具有以下特征。

1. 应用载体广泛

新媒体营销是以互联网技术为依托的，所有的互联网产品都可以成为新媒体营销的应用载体。新媒体营销的应用载体主要分为 PC 端媒体和移动端媒体两大类。

PC 端媒体：网络媒体的早期形式，大部分的早期新媒体都出现在 PC 端，为后来的移动端的新媒体营销奠定了坚实的用户基础。

移动端媒体：移动端媒体是以智能手机、平板电脑等移动终端为传播载体的新兴的媒体形态。移动端媒体最大的特点就是移动性，可随身携带。正是这一特点让网络媒体得到了更大程度的发展和普及，同时各种手机 App 层出不穷，遍布各个领域。

2. 准确定位用户

新媒体已经遍布生活的方方面面，如生活娱乐软件美团、打车软件滴滴出行、即时通信软件微信、生活记录软件抖音等，用户的生活轨迹几乎都会在新媒体上体现。新媒体营销可以通过数据抓取工具来获得用户的消费记录，再通过大数据分析工具来总结用户的特征，为其绘制画像。通过这种方式，企业可以轻松地找到目标用户，通过精准投放广告获取消费者，这种方式已经十分常见。比如，你在百度上搜索过手表，那么当你打开淘宝时就会出现关于手表的推荐信息。但这种方式其实是一把"双刃剑"，利在于其能够帮助企业迅速锁定目标用户从而实现精准营销，同时也能够在一定程度上节约搜索成本；弊在于这种方式会让一些用户感觉自己的隐私受到了侵犯，从而对企业或者平台产生排斥感，给品牌造成不利影响。

3. 拉近用户距离

相较于传统媒体被动、单一的传播方式，企业在新媒体传播中可以通过网络技术跨越时空距离与用户进行密切互动，使营销效率大幅度提升，同时可以借助市场反馈及时改进产品。比如，很多企业都会设立自己的官方微博账户，这个官方微博账户是企业专门用来和用户进行对话的，企业利用官方微博开展抽奖等一系列活动来增强和用户之间的互动，加强企业和用户之间的双向沟通，打破了以往的单向沟通模式。并且很多企业会在自己的官方微博或者论坛上优先发布新产品信息，有时还会抽取一些新产品的体验者，并根据体验者提出的反馈和意见进行产品的完善，这些举措都在无形之中拉近了企业和用户之间的距离。

4. 营销成本较低

一般情况下，企业利用新媒体营销花费的成本会比利用传统媒体营销花费的成本低，虽然有些新媒体平台的广告投放价格很高，但是广告产生的效益也很高，所以综合来看，其性价比依然高于传统媒体。企业也可以独立地利用新媒体进行营销，不依靠第三方，如创建企业的官方微信公众号，推送与企业相关的新闻等，还可以利用官方微信公众号来优化企业提供给用户的服务。此外，企业还可以运营官方抖音号。这些都是成本较为低廉的新媒体营销模式，却能够产生很高的收益。

1.3 新媒体营销的发展趋势

新媒体营销已经成为主流，随着技术的不断进步和企业对用户的了解不断深入，新媒体营销也出现了一些新的发展趋势，本节主要介绍新媒体营销的现状和其在我国的发展趋势。

1.3.1 新媒体营销的现状

随着"Z 世代"的到来和科技的发展，新媒体营销对新一代用户群体的影响力不断上升。新媒体是继传统媒体之后，在互联网背景下出现的媒体形态，用户从过去被动接收的角色转变为可自主创作的作者与主动选择接收的读者身份。

1. 中国移动社交媒体用户规模稳定增长

2022 年，我国移动社交用户规模突破 10 亿人，较 2021 年增长 5.4%。同时，短视频和在线直播用户也保持较快的增长态势，这为新媒体营销提供了较好的流量基础。

艾媒咨询分析师认为，随着图片社交、声音社交、视频社交等产品形态的创新及革新，移动社交市场将保持稳健发展的态势，用户渗透率稳步增长。同时数据显示移动社交用户中男性占比达 54.2%。在年龄分布上，"95 后""00 后"占比持续提升，移动社交用户年龄结构趋于年轻化。艾媒咨询分析师认为，随着"95 后""00 后"的实力崛起，用户群体年轻化趋势明显。同时，随着大众移动社交意识进一步提升，女性用户占比以及活跃度逐渐提升，在移动社交生活中的主动性也逐渐提升。

2. 文字形式仍占主流，视频聊天有望成新趋势

艾媒咨询数据显示，受访移动社交用户交流方式中文字聊天占比约七成，文字聊天仍为主流交流方式。在倾向交流方式调查中，12.5%的受访用户表示倾向使用视频聊天方式，倾向占比超过实际使用占比，用户的视频交流意愿占比提升明显。艾媒咨询分析师认为，随着 5G 技术的发展，视频聊天画面传输将更加稳定、清晰，有望成为未来交流的重要方式。图 1-3 所示为 2020 年我国移动社交用户交流方式占比。

3. 微信、QQ、微博头部社交产品地位坚固

艾媒咨询数据显示，在第一梯队中，微信、QQ、微博在月度活跃用户规模上保持领先优势；在第二梯队中，陌陌、探探领军趣缘交友领域，内容社区中百度贴吧和知乎也具有一定的头部效应；在第三梯队中，产品更集中于细分垂直赛道以及创新产品，赛道竞争激烈，且未出现头部效应（图 1-4）。

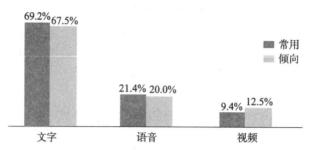

图 1-3　2020 年中国移动社交用户交流方式占比

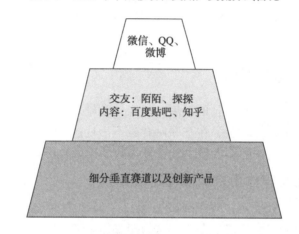

图 1-4　2020 年中国移动社交产品月度活跃用户规模

1.3.2　我国新媒体营销的发展趋势

在互联网时代，"80 后""90 后"已然成为消费主体，随之变化的是创新思维模式、市场消费模式，营销环境也在悄无声息地发生变化。随着互联网的不断发展，新媒体营销必然成为营销的主流模式。综合相关资料来看，我国新媒体营销的发展趋势主要包括以下几个方面。

1. 新媒体将成为未来营销活动的主阵地，营销比重将继续加大

随着用户群体的年轻化以及互联网的逐步发展，新媒体营销将会成为越来越多品牌主的营销选择。与传统媒体相比，新媒体双向传播的特点使得用户与品牌之间的互动性更强，便于品牌及时得到反馈。利用新媒体平台开展营销活动，有助于建立品牌与用户之间的情感联系，有效刺激用户的购买欲望，营销达到的效果也更易于评估，且新媒体用户规模不断扩大，主要覆盖消费力强劲的中青年群体。新媒体平台潜在的影响力提供了巨大的营销价值，其将成为未来主流的营销模式，各行各业也将继续加大在新媒体营销上的投入。2018 年是小程序"大爆发"之年，截至 2023 年 6 月，微信用户数为 13.27 亿，微信小程序用户量达到 9.28 亿。小程序成为品牌主们积极布局的新"营销战场"。

并且随着互联网用户规模的不断扩大、品牌的纷纷入局，互联网营销环境下的竞争日益激烈，单一的互联网营销模式已经很难满足品牌的营销需求，全方位整合营销已成为品牌主乐于选择的新营销模式。

2. 用户对新媒体营销广告的接受度逐渐提高，内容的真实性和趣味性将成为发展要点

随着新媒体的普及和新媒体营销案例的增多，用户对新媒体营销的态度变得更加宽容，接受度逐渐提高。未来，广告内容是否具有趣味性或将成为决定其是否能有效传达产品信息以及触达用户的主要因素。另外，真实性将成为新媒体营销广告的另一关键点，如何在保留真实性的基础上深耕内容创作将是新媒体营销未来的发展方向。尤其对于短视频营销，优质内容将成为短视频的核心竞争力。短视频属于内容驱动型产物，优质、持续、差异化的内容供给是创作者制胜的关键。技术创新将推动短视频进一步发展，人工智能技术、区块链技术及 5G 时代的到来，能更好地解决短视频在个性化推荐、版权保障、应用场景等方面的问题。

3. 5G 助推视频行业发展，短视频或成为未来新媒体营销的主流方式

随着 5G 时代的到来，短视频行业或将迎来新的发展良机。在新媒体营销方面，视频展示直观全面，即时性、交互性强等特点与企业营销的目的更加契合。同时，随着大数据以及人工智能技术的进一步应用，视频类营销将实现更高的精准性以及互动性，从而达到更好的营销效果。未来，短视频有望进一步得到企业的青睐，成为新媒体营销的主流方式。

4. 新媒体营销的行业环境待净化，数据透明化才能促进市场健康发展

数据、流量是评估营销效果的核心指标。然而买粉、买赞、刷评论等行为扰乱了营销效果的评估，数据掺水、流量泡沫会使得营销价值在被衡量的过程中容易出现偏差。随着科技的发展，数据分析过程已经能够成功识别部分数据造假的情况，推进新媒体营销相关数据透明化将有利于市场的健康发展。

小讲堂

本章小结

本章内容是全书的起点，主要用于帮助读者理解什么是新媒体营销、新媒体营销的特征，以及我国新媒体营销的发展趋势，这些都在为学习后面的章节做铺垫。本章的内容虽然较少，但是其内涵需要读者细细品味与研读。无论是想要了解新媒体营销，还是想要从事新媒体营销工作的读者，都要从基础内容学起，掌握和理解本章的内涵，才能

更好地学习新媒体营销。另外，读者要注意，新媒体营销只是互联网时代产生的又一种营销模式，其涉及的营销理论和本质并没有发生变化。要想更全面地学习营销学，还是要研读专业的营销理论书籍。

微课 1.2　完美日子的出圈史

案例讨论

马应龙：传统药企如何借力新媒体营销

摘要：互联网思维，作为新媒体兴起带来的产物成为当下最火热的词汇之一，它的到来在成就了许多企业的同时，也给部分传统企业带来了巨大的冲击。为了迎接挑战，传统企业纷纷向新媒体营销进发，其中包括很多医药企业。医药产品的网络营销给医药销售开辟了新渠道，面对激烈的竞争，医药网络营销也成为了发展的新趋势。在这其中，一家拥有 400 年历史的国药老字号——马应龙，因为老字号的光环，以及在推广渠道上偏重于传统媒体，其品牌在年轻人中渐渐失去了影响力。为了扭转这种局面，2010 年，公司决定初步试水网络视频营销，此后又采取了一系列的新媒体营销活动，并取得显著的成效。本案例将全面深悉这一过程，解答"传统药企为何要利用新媒体营销""医药网络营销有何特点""新媒体营销又将如何落地，以形成线上线下闭环"等一系列问题。

案例正文　　　　案例使用说明

即测即练

自学自测

扫描此码

第 2 章

新媒体营销思维

知识框架图

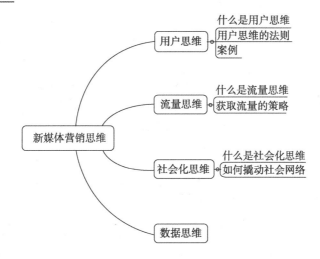

知识目标

1. 了解各类新媒体营销思维。
2. 掌握各类新媒体营销思维的相关概念和运用方式。

技能目标

1. 理解如何运用新媒体营销思维。
2. 能够运用新媒体营销思维向企业提供新媒体营销建议。

案例导入

1元公益：“小朋友画廊”“火爆”朋友圈

2017年8月底，腾讯公益开展的“1元购画”活动“刷屏”许多人的朋友圈。这次活动的目的是帮助患有自闭症、脑瘫、唐氏综合征等精神障碍的特殊群体改善生活。

该活动收集了这些特殊小朋友的画作，将其扫描成电子版，再加上一段简短的文字介绍，以一幅画作1元的价格出售。购买者可将这些画作的电子版用作手机的屏保。这次活动的目标是筹集1500万元，结果不到一天时间就达到了预定目标，在社会上引起了巨大反响。

这次活动为何能在一天之内达到预定目标，其背后的营销设计和商业逻辑值得我们思考。用商业的方法做慈善，在有效监管募集资金的前提下，会使募捐变得更加高效。

只要1元，你就能获得一幅电子版的小朋友画作，可将其用作自己的手机屏保。即便不是慈善，作为交易来说，也会让人感觉这是一场公平的交易。人们都有追求公平的心理，这无疑可以促进该活动的进行。

把实体画变成电子版，一幅画就可以重复出售给多人。通过移动网络多层级的穿透传播和在线交易的便利性，即便每幅画只售1元，利用杠杆效应，也能轻松在8小时内筹集1500万元。用户既轻松地参与了慈善活动，收获了好心情和一幅电子版画作，又在朋友圈"刷"了存在感，何乐而不为呢？

通过借助新媒体，腾讯公益创造性地改变了传统公益的方式，使每个人都可以直接参与公益活动，并且获得了强大且迅速的传播效力。在这一过程中，腾讯公益使用了怎样的新媒体营销思维呢？这些新媒体营销思维又是如何体现在活动中的呢？

本章将从用户思维、流量思维、社会化思维和数据思维四个方面入手，介绍在新媒体时代营销人员应当具备的各类思维，从而帮助营销人员更好地进行商业实践，紧跟时代发展潮流。

2.1　用户思维

在市场经济条件下，用户思维是各行各业生存的基本法则。如果企业不考虑用户所需，闭门造车，即便用尽心思，提供的产品也难以抵达用户，更不用说锁定用户了。因此，企业必须花更多的时间和精力读懂用户思维，精准地把握用户的真实需求。

2.1.1　什么是用户思维

新媒体时代的来临，将用户的重要性提升到了新的高度。由于新媒体"人人皆可发声"的特性，用户在商业中的参与度和影响力得到了空前的提升，在企业及其营销活动中有了更大的话语权。因此，营销人员必须具备良好的用户思维。简单而言，用户思维就是"以用户为中心"，从用户的视角，站在用户的角度考虑问题，时刻为用户着想，针对用户的各种个性化、细分化需求，提供具有针对性的产品或服务，真正做到"用户至上"。

商业领域受生产力和社会经济技术条件不断变化的影响，一直处于发展之中，不同时代下营销人员的思维角度也因此各有不同。在生产力不发达的时代，"卖方市场"处于绝对的主导地位，需求远远大于供给，产品只要生产出来就会拥有市场。因此，营销人员几乎不需要从用户的角度进行思考，即不需要使用用户思维，而使用与之相对的生产者思维。这一时代的典型代表就是福特T型车，作为第一款真正走入大众家庭的汽车，市场对其有着十分强烈的需求，以至于福特 T 型车根本无须考虑其他要素，只需生产，就能获得源源不断的利润。当时福特 T 型车的总裁亨利·福特（Henry Frod）的一句名言"任何顾客都可以将这辆车漆成任何所需要的颜色，只要它是黑色的"，就从侧面反映了当时的营销人员对于用户思维的不重视。

而在市场经济飞速发展、社会生产力不断提高的今天，生产力相对过剩，消费市场在整体上已经转变为买方市场。面对激烈的竞争，企业必须用尽浑身解数来满足用户各式各样的需求，才有可能在众多的竞品中脱颖而出。这就要求营销人员必须具有良好的用户思维，从用户的角度审视产品，并采取行动满足用户的需求，同时吸引新的用户和维护原有的用户。

新媒体的发展给营销人员带来了新的机遇和挑战。一方面，营销人员可以利用新媒体渠道与用户建立更加即时、紧密的联系，通过新媒体营销活动与用户进行更多的互动，从而获取更多的第一手需求和反馈，推动产品和营销策略的改进；另一方面，用户同样可以利用新媒体渠道发声，曝光其在消费、使用产品或服务的过程中遇到的问题，而这些负面信息一旦发酵，就有可能引发企业的公关危机，对企业的发展产生不利影响。因此，如今的营销人员必须从用户的角度进行思考，既要满足用户多样化、个性化的需求，也要防止用户在消费、使用产品或服务的过程中可能出现的负面情绪对企业的营销活动造成负面影响。

2.1.2 用户思维的法则

为了更好地掌握和运用用户思维，企业需要遵守相关的法则。培养和使用用户思维的方法有很多，可谓"百家争鸣、各有所长"。在此，本小节将介绍三个法则以供大家参考。

1. 得大众者得天下

从市场的角度而言，大部分消费者的收入处于中等水平，也就是大众消费者，他们的经济水平和购买力都较为有限，但却有着极为庞大的数量和稳定的需求，因此作为一个消费者群体，他们有着十分强大的消费能力。对于任何一个企业而言，大众消费者也是消费者的主力军，他们的购买力和影响力都是不容小觑的。在新媒体时代，以往默默无闻的普通消费者们拥有了更多的发声机会和渠道，也凭借其庞大的数量拥有了更大的影响力。众口铄金，普通消费者的发声往往能够获得广泛的关注和认同，可以对企业的营销活动产生至关重要的影响。处理好和大众消费者的关系，既可以有效地保障企业利益，又可以获得良好的社会效应。

对于营销者而言，关注绝大多数平凡的消费者有着重大的意义。他们或许千人千面，但又千人一面，值得在营销过程中给予极高的重视。小米在智能手机刚刚兴起、价格居高不下的 2011 年前后，十分敏锐地察觉到了这一当时的"高端商品"在大众市场内的巨大消费潜力。通过良好的市场运作、营销活动和产品研发，小米推出了"小米 1"这一款主打超高性价比、瞄准大众市场的产品，使更多的普通用户可以用得起智能手机，引起了抢购风潮，打响了中国智能手机市场的一声惊雷。时至今日，凭借着多年以来在中低端市场上累积下来的声望，小米已经占据了国内智能手机巨大的份额，获得了高额的营收，并成为互联网和硬件行业举足轻重的力量之一。

受限于经济水平，大众消费者们难以购买中高端的产品，但却对这类产品有着同样的需求，因此便常常寻求下位替代品满足自身需要，并追求产品的极致性价比，希望"用小钱办大事"。因此，在面对此类消费者时，营销者可以从群体的共性出发，以性价比作为卖点，推出低价的产品，并采取配套的营销策略，强调性价比、突出实用性，从而获取消费者的青睐。由于目标市场消费者数量众多，针对大众群体的产品可以迅速实现薄利多销，从而在这一消费主力军中占据较大的份额，实现"得天下"。尤其是对于需要迅速占领市场、实现盈利的企业而言，制造中低端产品所需成本相对较小、市场需求相对较大，更有利于打开销路、迅速盈利，实现企业目标。

2. 兜售参与感

参与感指的是用户不仅出现在产品的最终购买、使用环节，更参与到产品研发、设计、营销等环节中，从而对产品、企业及其营销活动产生特殊的情感。向用户提供参与感也是用户思维的一个重要法则。

通过参与，用户会对企业和产品赋予更多的情感，发自内心地对企业和产品产生信赖感、忠诚感，在未来的实际购买和口碑传播中，都会给予该企业更多、更好的反馈，并有可能成为企业的忠实用户。而企业也可以从用户参与的过程中收获更多的创意和信息，用以完善产品、推进营销活动的开展，实现向用户思维的转变。

在新媒体时代，用户有了更多的参与渠道，也有着更强的参与热情、意愿和能力。比如，众包、体验、论坛等方式的出现和完善，让有想法、有能力的用户可以参与产品制作的整个流程，为用户参与提供了无限的可能性。利用互联网、新媒体强化用户的参与感，可以为企业培育优质、忠诚的用户群体，帮助企业进一步完善自身，实现良性发展。

小米在向用户提供参与感方面走在了时代和行业的前列。正如小米联合创始人黎万强在其著作《参与感》中写的那样，几乎从小米进入大众视野开始，甚至在小米手机发布之前，其推出的小米社区就成了大众关注的焦点之一。小米社区不仅是一个让用户日常聊天、交流使用感受的平台，更是一个让用户向研发工程师进行反馈、参与产品设计过程的平台。秉承着"小步快走，快速迭代"的思想，小米的手机系统 MIUI 几乎每周都会更新，而大部分功能更新的创意都来源于小米社区的用户。小米社区的用户在使用过程中发现的不足或者对此提出的建议，可以通过小米社区直接进行反馈，并最终由工程师进行可行性筛选和技术实现，从而为小米生态添砖加瓦。小米社区的用户在参与研发、更新的过程中，也变成了企业产品研发和新媒体营销的参与者，由此会产生强烈的参与感。面对由自己提出并最终被实现的建议，用户往往有着十分强烈的分享意愿，乐于主动进行口碑传播，企业也由此提升了自身和自身产品的社会影响力，可谓一举多得。

通过引导参与，营销人员可以迅速拉近企业与用户之间的距离，让用户以一种"主人翁"的心态对待产品，从而让企业获取更多的忠诚度、美誉度，形成以用户为中心的思考和行动思维，在新媒体时代实现更好的营销效果。

3. 用户体验至上

依据马斯洛需求层次理论，人们在最基础的需求得到满足之后，就会追求实现更高级的需求，在消费领域同样如此。随着购买能力的上升，用户不再局限于满足最低层次的需求，而开始关注产品的附加价值，尤其是在购买、使用产品时的体验，这也向新媒体时代的营销人员提出了新的挑战。

用户体验至上的核心，不是营销人员做了什么，而是营销人员让用户感受到了什么。事实上，用户体验是一种十分主观的感受，是用户在接触、购买、使用产品或者服务的整个过程中形成的综合体验。不同的用户面对同一对象，可能会产生不同的体验。要形成好的用户体验，营销人员一定要重视相关过程中的每一个细节，哪怕是一些被认为普通用户不会在意甚至不会注意的细节，也要认真进行打磨。

比如，以往的视频软件切换方式往往是割裂化的，即用户观看完一个视频后，需要回到主界面，再点击新的链接，才能观看下一个视频，这在使用过程中给用户带来了不便。而抖音等App使用的瀑布流浏览方式就改变了以往的切换方式，页面会随着用户的下拉不断出现新的内容，从而营造出连续的观看体验。这种方式既方便了用户的浏览，带给用户更好的使用体验，又延长了用户的使用时间，这便是设计人员在用户体验方面做出的改进。

很多时候，产品的设计人员和营销人员提出了非常好的创意，并设计出了相应的功能，意图优化用户的体验感，但在产品推向市场、用户实际使用的过程中发现，用户并没有如他们预想的那样来使用产品的功能，最终导致设计出来的功能实际上是无效的，这样既浪费了设计成本，也没有给用户带来良好的体验感。这一问题其实源于相关人员用户思维的缺乏，他们在设计和制造的过程中仍然是从生产者的角度进行思考的，盲目断定用户的使用方式，而非真正地站在用户的角度思考；或者并未设计好符合用户使用习惯的功能，从而导致用户不会使用该功能，甚至给用户造成了不必要的困扰。为了解决这一问题，给用户带来更好的体验感，相关人员应当把自己想象成用户，并依据用户的思考方式和行为方式进行使用演练，发现用户在使用过程中可能的需求和实际使用的方式，从而对功能加以完善。同时，在产品的试研、试用阶段也应当邀请用户进行体验，让用户提出相关意见，从而更加合理地设计功能，优化用户体验感。

2.1.3　案例

安徽三只松鼠电子商务有限公司（以下简称"三只松鼠"）是我国第一家定位于纯互联网食品品牌的企业，也是目前我国销售规模最大的食品电商企业。在2018年"双十一"活动中，三只松鼠全渠道销售额达6.82亿元，同比增长30.51%，是天猫食品行业的"七冠王"。

在竞争激烈的食品行业中，三只松鼠获得的成绩令人瞩目。而三只松鼠能够如此成功的原因是其拥有卓越的用户思维。

第一，三只松鼠抓住了大众消费者市场。依托于淘宝，三只松鼠在消费者定位上抢占了市场先机，在这一年轻人最爱使用的购物平台上瞄准了广大的中低端普通消费者，为之后的营销活动奠定了基础。坚果市场是一个进入门槛相对来说较低的初加工食品市场，但是要把坚果零食品牌化，就没有那么简单了。对于这类单价相对较高的产品，三只松鼠选择了"降价不降质"的做法，在其他方面压缩成本，保证产品质量的同时将产品价格控制在一个较低的水平，以迎合购买力相对有限的年轻群体，从而迅速打开市场。三只松鼠抓住互联网带来的市场机遇，在前端下了很大功夫，采用直接、低价的方式赚人气、赚口碑，推动消费者接触并接受这个品牌。后期针对新顾客择低价、老顾客认品牌的心理，利用品牌效应慢慢回本。因此，三只松鼠迅速打开销路，获得了广泛的好评和关注，实现了"得天下"。

第二，与其他专做产品的零食品牌相比，三只松鼠与众不同的地方在于其给用户带来了极强且极具特色的体验感："萌"。不论是在店铺的装饰上，还是在产品的包装上，总能看到3只憨态可掬的小松鼠，这就是三只松鼠的"形象代言人"。依托于拟人化形象，三只松鼠从多个方面凸显自己的"萌"：购买三只松鼠产品的行为被叫作"领养一只鼠小箱"，在包装箱上则写着"主人，开启包装前仔细检查噢"等话语，这进一步体现了三只松鼠自身拟人化的特质，给顾客以全新的感受，吸引了大量"90后""00后"等童心未泯的顾客，使三只松鼠形成了具有亲和力的品牌形象，这在很大程度上助推了品牌的发展。而在顾客寻求客服人员帮助时，三只松鼠的客服人员也像松鼠一样，用"主人"来称呼顾客，让顾客觉得客服人员很"萌"，也觉得自己受到了尊重，这种交流方式增强了品牌的趣味性、独特性和互动性。

通过抓住大众市场、提供与众不同的体验感，三只松鼠良好地运用了用户思维，发展成为我国领先的食品品牌，在给企业带来巨大收益的同时，也获得了一大批忠实的粉丝。

2.2　流　量　思　维

互联网争夺的是流量，不论是对平台还是对企业来说，流量意味着体量，体量意味着分量。"目光聚集之处，金钱必将追随"，流量即金钱，流量即入口。

2.2.1　什么是流量思维

流量思维是指在价值链的各个环节中，都要以"流量多少"为核心来思考问题。营销人员在开展营销活动的过程中，需要注重带给企业、产品的流量和关注度的大小，将更多的用户关注度引导到所营销的对象上。

"流量"这一概念是随着互联网的发展而流行起来的，与之相对应的传统概念是"客流"。在互联网领域，简单而言，流量就是浏览量、互动量。流量越高，说明营销活动所触达的用户就越多，营销活动的效果也就越明显。一般而言，用户拥有的时间和精力是有限的，他们所能提供的流量也是有限的，尤其是在具有竞争性的行业中，因此流量具有排他性。对于企业而言，流量越高，就意味着其与用户的互动越频繁，用户越了解企业及其产品，最终购买的可能性也就越高。因此，在新媒体时代的营销实践中，营销人员如何利用各类入口更好地引导流量，就成了十分重要的课题。

随着互联网的发展，"流量"这一概念也在不断地发展变化之中。忠诚度高的粉丝群体开始成为流量中最为坚实、忠诚的一部分，随之而来的粉丝经济能够带来巨大且长期的经济利益，是营销人员的必争之地。因此，在流量思维的基础之上，粉丝经济思维也成为了新的营销发力点。

从本质上讲，粉丝经济是由粉丝、明星及第三方企业支撑起来的新型经济形态。在这个利益群体中，明星是商业价值的承载体，粉丝是商业价值的实现者，第三方企业是商业价值的投资者和受益者。在商业环境下，粉丝经济可以细分为两种表现形式：一是企业聘请现有的娱乐明星为企业和产品代言，从而吸引该明星的粉丝，为企业和产品引导粉丝流量，最终实现粉丝经济；二是将企业自身明星化，利用企业自身的特性或高管的个人魅力吸引专属于企业的粉丝。比如，苹果公司就以其独特的产品和个性，吸引了一大批忠实的"果粉"，通过这部分企业的粉丝实现粉丝经济。与强调数量的传统流量经济概念有所不同的是，粉丝经济主要关注的是流量的质量，即强大的粉丝群体、稳定的购买力和坚实的用户忠诚度。对于狂热的粉丝而言，只要是企业推出的产品，他们都会在第一时间购买，从而为企业带来稳定的收益，这也正是企业希望通过粉丝经济获得的能够为企业带来稳定的现金流的用户。

在新媒体时代，众多企业通过广泛的发声渠道，开展着十分激烈的"流量争夺战"和"粉丝争夺战"，其目的就是更多地获取用户的注意力、与用户互动、占据用户的心智空间，从而获取竞争先机。通过微博、微信，企业可以和普通用户进行广泛的交流，而通过论坛、专属 App，企业和用户之间的交流可以更加深入。作为新媒体时代的营销人员，我们必须培养流量思维和粉丝经济思维，从而更好地实现营销活动效果。

2.2.2 获取流量的策略

"天下没有免费的午餐"，但为了更快、更多地获取流量，企业往往愿意使用"免费"或"伪免费"的方式，以零价格或者极低的价格向用户提供产品或服务，以换取用户的大量关注和流量。免费，就是新媒体时代获取流量的一大"撒手锏"。

首先需要说明的是，在这里所讨论的"免费"并不代表完全免费，其中也包括用户不直接为产品付出金钱成本的形式。为了获取"免费"的产品，用户可能需要付出非货币的成本作为交换，如提供个人信息、关注企业的微信公众号、为企业进行口碑传播等方式。虽然从本质上讲，获取这种"免费"的产品是需要付出一定成本的，但对于用户而言，这种只耗费时间或者提供信息的交换，完全可以被看作免费的。"免费"对用户有着十分强大的吸引力，也就成为企业迅速获取流量的一大策略。

在商业领域讨论免费策略的集大成之作——《免费：商业的未来》一书中，美国《连线》杂志主编克里斯·安德森（Chris Aderson）认为，新型的"免费"并不是一种左口袋出、右口袋进的营销策略，而是一种把产品或服务的成本压低到零的新型杰出能力。在 20 世纪，"免费"是一种强有力的推销手段，而在 21 世纪，它已经成为一种全新的商业模式。

那么究竟什么是"免费"的商业模式呢？根据《免费：商业的未来》所言，这种新型的"免费"商业模式是一种建立在以计算机字节为基础上的经济学。如果某样东西成为软件或其他形式的数字化产品，那么它的边际成本和价格也会不可避免地趋于零，因为软件的生产不过是代码的复制粘贴而已，几乎不存在额外的成本。在数字经济、电子商务等新兴方式的助推下，这种趋势正在催生一个体量巨大的新经济，这也是史无前例的，在这种新经济下，产品基本的定价就是"零"。因此，企业和营销人员就可以利用"零成本"实现"零价格"，进而实现"免费"的商业模式，以吸引到足够多的用户，从而获取更多的流量。

对于用户来说，"免费"是一种全新且具有吸引力的商业体验，而对于企业来说，"免费"更多的是一种新时代的生存法则，是企业获取流量的"快速通道"。尤其是对于提供数字化产品的企业而言，由于额外的边际生产成本几乎等于零，企业就可以用免费的方式将产品推向市场。电子游戏分销平台 Epic 为了迅速获得市场份额，就推出了常态化的免费赠送游戏活动，用户几乎每周都可以在该平台上领取免费的游戏。借助这一市场活动，Epic 仅仅用了一年左右的时间，市场占有率就成为业界第二，获得了极大的成功。当面对免费的产品时，很少有人会不动心，借助新媒体所能实现的病毒式传播也会给企业带来大量的关注和海量的流量。即使用户最终没有购买，免费的方式也已经为营销活动带来了巨大的流量，让企业获益巨大。而传统行业因受限于成本，可能无法将产品以免费的形式提供给用户。但在营销的过程中，传统行业的企业应当灵活应用"免费"的商业模式，将一些价值不高的产品赠送给用户，以获取用户的好感，也可以借此交换一些信息或邀请用户进行口碑传播，从而为企业未来的营销活动打下良好的基础。

2.3　社会化思维

有了新媒体，人与人之间的联系更加紧密，我们每个人也可以更好地融入社会网络之中。对于企业而言，如何利用好新媒体所带来的社会化契机，实现在社会网络之中更快、更好地传播，就成了当务之急。

2.3.1　什么是社会化思维

社会化思维是指组织利用社会化工具、社会化媒体、社会化网络，重塑企业和用户的沟通关系、组织管理方式和商业运作模式的思维方式。

在传统商业中，由于沟通渠道和方式的限制，用户多以个体的方式出现，以点的形式存在，与企业之间的关系是上下游的买卖关系，两者之间缺乏双向的互动和沟通；一个个用户往往是一座座孤岛，各用户之间也缺乏横向交流。而在新媒体出现后，商业的社会化进程明显加快。通过互联网，用户与企业之间、用户与用户之间形成了各种各样的联系，形成了网状的社会化结构，即社会网络。在新媒体助力下的社会网络中，用户与企业可以顺利地进行双向交流、协作，二者之间的关系从原来的垂直交易关系变为了水平参与关系；用户与用户之间也可以更好地进行横向交流，形成具有影响力的社群。

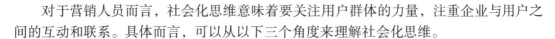

对于营销人员而言，社会化思维意味着要关注用户群体的力量，注重企业与用户之间的互动和联系。具体而言，可以从以下三个角度来理解社会化思维。

1. 基于平等的双向沟通

对于用户而言，新媒体的出现极大地扩充了个人的发声渠道，"人人都是自媒体"，用户的地位正在从被动变为主动，从单向接收信息变为双向交流信息。用户希望自己能够与企业平等对话，进行参与式的互动交流，以传达自己对产品的需求和建议。

企业则需要积极满足用户的沟通需求，善于聆听，引导用户说真话，营造平等沟通的氛围，借此不断完善企业产品，改善用户关系，并最终树立良好的社会化形象和清晰的品牌定位，为企业的营销活动奠定良好的基础。

2. 基于社会网络的口碑传播

过去，用户之间缺乏良好的沟通，关于产品的讨论也往往局限于口耳相传。而在新媒体时代，一个用户针对某一产品的发声，可以基于社会网络迅速传播开来，形成链式传播，最终可能演化为一场病毒式营销。因此，营销人员需要认真研判用户的社会网络关系特点和传播效力，适当借助用户的力量推动企业的口碑传播，实现以小博大。

以往的社会营销主要体现为熟人营销，他们相互信任，因此企业容易形成良好的口碑。而在社会网络中，人与人之间由于并不熟识，所以相对来说缺乏信任。但如果企业针对在社会网络中具有较高地位、可信度较高的用户开展营销活动，那么该用户就有可能传播自身良好的体验，这有助于企业获取该社会网络内其他人的认可，并最终转化为用户的关注和消费，从而实现口碑传播。

3. 基于社群的品牌共建

随着互联网的不断发展，"社群"这一新形式应运而生。比如，小红书、豆瓣小组等分享式的网站和社群开始成为人们获取信息的重要渠道，社会化电商体现出了极高的价值。社会化电商的核心竞争力在于用户的聚合和信息的互通，通过创建社群，有相同经历、相同需求的用户会自发地在社群内参与讨论，形成良好的社会化营销环境。未来，营销可以围绕目标用户的社群展开。企业可以通过品牌社群将目标用户联系起来，让其成为品牌的拥护者和信息的传递者。品牌传播从"知道、购买、忠实"变成"忠实用户、提高知名度、更多用户"。微博、微信等渠道也有助于用户快速找到属于自己的社团和兴趣小组，与同好们进行交流。而通过打入这些社群，与用户"做朋友"，企业可以迅速获取目标用户的信息，同时积极开展营销活动，最终实现良好的营销效果。

2.3.2　如何撬动社会网络

前一小节已经提及社会网络这一概念。事实上，作为研究社会和社会中的人的一种渠道，社会网络近年来得到了极为广泛的应用。本小节将对社会网络的概念及应用进行介绍。

社会网络是指社会中的行动者及行动者之间关系的集合，强调每个行动者与其他行动者之间都存在着一定的关系。社会网络的表示方法为节点图，即由多个点（即行动者）

和各点之间的连线（即行动者之间的关系）组成的集合。用点和线的形式来表示社会网络，可以简洁、形象地展示出社会网络的结构，便于对其进行分析、理解和研究。社会网络分析者通过建立这些关系模型，来描述群体结构，并研究这种结构对群体功能或者群体内部的个体的影响。图 2-1 为社会网络示意图。

图 2-1　社会网络示意图

　　社会网络最基本的两个概念就是点（即行动者）和线（即行动者之间的关系）。在社会网络中，任何一个社会单位或者实体都可以看作一个点，也就是一个行动者，其既可以是个人、家庭，也可以是企业，还可以是社会组织、城市，当然也包括网络上每一个虚拟社群的成员或社群本身。而社会网络中的每个行动者通过各种关系联系在一起，形成点与点之间的连线，从而建立起一个个社会网络。也就是说，有了个体和个体之间的关系，才有了社会网络。因此，个体和个体之间的关系就成了社会网络的研究重点。目前，社会网络关系的研究范围几乎涵盖了社会生活中各式各样的范式，具有极高的普适性，可以给企业的营销活动提供丰富且有效的参考。

　　社会网络在人们的生活中扮演着相当重要的角色，是人们与社会产生联结的重要方式和途径，也是社会活动实际开展的形式载体。因此，通过研究和分析社会网络，不仅能显示个体的社会网络特征，还能够了解许多社会现象。社会网络分析是研究社会主体之间关系的一种方法，可用来探讨群体中个体与个体之间的关系以及由个体关系所形成的结构及其内涵。而通过研究与分析社会网络，能够获取个体所处的社会网络的信息，甚至能够进一步观察并了解社会网络特征。

　　我们每个人都同时拥有多个社会角色，如学生、子女、父母、员工等，因此，我们都必然同时处在多个社会网络之中，并在不同的社会网络中扮演着不同的角色，发挥着不同的作用。如今借助网络的力量，人们不仅仅处于家庭、亲朋、学校、工作等传统的社会网络之中，还可以在微博、百度贴吧、抖音等新媒体平台上加入一个个小圈子、小团体中，形成以共同爱好为主题的新的社会网络。这些新的社会网络极大地丰富了人们的精神生活和与社会产生联结的方式，甚至成为个人生活中必不可少的组成部分，而这些内部同质化程度极高的社会网络，给予了企业极好的营销契机。尤其是以喜好、兴趣为主题的群体，其成员往往有着相似的消费偏好和较高的内部影响力，可以实现品牌和产品"一传十、十传百"的营销效果，是进行口碑营销、病毒式营销的良好载体和渠道。

对于营销人员而言，要培养社会化思维、撬动社会网络，在投放广告时就必须考虑渠道和受众的特点。因此，对于想要在新媒体渠道进行广告投放的企业而言，既要充分了解新媒体渠道的特点，对症下药，采用合适的广告方案和设计，又要了解新媒体用户，尤其是目标群体在新媒体营销渠道上的特点和社会网络结构，从而实现精准投放。据此，企业的营销人员可以从以下两方面入手，利用社会网络更好地开展营销活动。

1. 提高营销活动的精准性和到达率

一直以来，广告的精准性和到达率都是企业在开展营销活动时要重点关注的。正如著名广告大师约翰·沃纳梅克（John Wanamaker）所说："我知道我的广告费有一半被浪费了，但遗憾的是，我不知道是哪一半被浪费了。"在新媒体时代，这一问题同样存在。为了更好地利用新媒体平台进行营销，企业应当仔细寻找合适的平台，不可盲目撒网，而应有的放矢，依据企业自身特点、平台特点和用户特点进行选择。

在新媒体时代，平台之间存在着巨大的差别，这就要求企业更加精细地经营内容，树立为用户创造价值的理念。另外，还要注意平台之间资源的整合和协同，因为不同平台的用户有着不同的特点，所以企业需要有针对性地进行微调。一方面，企业可以通过提供超预期的优质服务吸引用户并增强其黏性，然后利用用户所积累的社会资本进行广告的网络人际传播，让网络成员自身既是广告的传播主体又是广告的受众；另一方面，做好用户数据库管理，这除了可以为用户提供服务，还可以帮助企业做好营销支持，提高广告的附加值。企业应当针对不同的平台、不同的用户群体，结合新媒体平台的特点，开展有区别的营销活动，从而提高广告的精准性和到达率，节省"被浪费的那一半广告费"。

2. 提高营销活动的信任度与有效性

在新媒体时代，用户群体所获取的信息不仅来自平台，还来自群体内部的其他成员。通过强弱不等的连接，用户可以从社会网络中的其他行动者处获得不同的信息。但处于不同社会网络和不同位置的个体，所能够接收和传播的内容深度、广度和影响力有着巨大的差别。

因此，除了着重在各平台开展投放广告等营销活动，企业还应当注重用户在社会网络内部的力量。如果让用户成为传播者，企业就可以有效地进入社会网络内部，而如果有着更高中心性的用户，能够帮助企业进行传播，那么就能提高营销活动的信任度与有效性。

从传播形式来看，广告主要分为"硬广"和"软广"。"硬广"如果具有吸引力、表现力和创意，并且能够体现受众的主体性意识，就能有效增强广告效果，使用户乐于接受并形成传播效应。而"软广"则包括软文、话题广告以及用户参与性与体验感很强的传播方式，其在用户社群内发挥的作用是值得我们关注的。

企业如果能够有效地辨别并与某社群内的关键意见领袖（key opinion leader，KOL）或位于结构洞位置的行动者进行合作，就可以推动营销信息在社群内部的传播。比如，有许多企业希望通过百度贴吧、豆瓣等新媒体渠道开展营销活动。除了在平台方进行"硬广"投放，它们还会找到与产品相关的贴吧、小组，并直接与"吧主""组长"合作，投放"软文"或进行口碑传播，利用这些 KOL 在社群内的影响力推进营销活动的开展，从而提高营销活动的信任度与有效性。

2.4　数据思维

国际知名咨询公司麦肯锡的创立者曾预言："数据，已经渗透到当今每一个行业和业务职能领域，成为重要的生产因素。人们对于海量数据的挖掘和运用，预示着新一波生产率增长和消费者盈余浪潮的到来。"在新媒体时代，我们需要理解什么是数据，以及应该如何运用数据思维。

要理解什么是数据思维，首先需要理解什么是数据。依据《现代汉语词典》的解释，数据是指进行各种统计、计算、科学研究或技术设计等所依据的数值。早期的计算机主要用于科学计算，故加工处理的对象主要是表示数值的数字。时至今日，现代计算机的应用范围越来越广，能加工处理的对象包括数字、文字、字母、符号、图像等。因此，凡是可以被电子化记录的对象都是数据，运用电子技术所产出的一切也可以被看作数据。

在商业环境中，数据不仅可以表现为每日的销售额、企业的总资产、官方微博的互动数等这些显性的形式，还可以表现为用户的行为、态度以及产品的流通等隐性的形式。通过不断发展的数据挖掘和分析手段，以往难以被量化、难以被电子化记录的潜在数据，如今也可以被人们利用起来，成为助力企业发展的一大要素。

值得注意的是，"信息"这一概念在应用中常常与"数据"相混淆，信息与数据实际上是两个概念，它们之间既有联系，又有区别。数据是信息的表现形式和载体，数据可以是数字、文字、字母、符号、图像等；而信息是数据的内涵，是加载于数据之上的对数据所具有的含义的解释。数据是信息的表现载体，信息是数据的内涵，它们是形与质的关系。数据本身没有意义，只有对实体行为产生影响或有利用价值时才成为信息。因此，我们平常所接触到的数据，需要具有一定的含义，能够对达成某些目的有所帮助，才能被称为"信息"。

北京大学王汉生教授在《数据思维》一书中对数据思维进行了解释：数据思维是把"业务问题"转化为"数据可分析问题"的思维方式，即在杂乱的业务问题中，准确定位业务的核心诉求（因变量 y），并找到影响核心诉求的相关因素（自变量 x），然后利用各种数据分析工具对问题进行研究。也就是说，数据思维就是将以往用定性方式解决的问题转化为定量问题，从而利用数据进行处理问题的思维方式。

近年来十分流行的"大数据"这一概念则可以看作数据思维的一次"升级"。由于过去受限于数据收集和分析技术，人们往往只能对来源受限、数量级较低的数据进行分析，能够达到的效果和可以实现的目标十分有限。而随着信息技术、物联网、生物识别、低成本计算和存储等新技术的发展和应用，海量的数据开始涌现，应用和分析大数据势在必行，在后面的章节中将会对大数据进行详细的介绍。

小讲堂

本章小结

在新媒体时代，每个营销人员都面临着新的机遇和挑战。如何在和过去完全不同的商业环境中更好地开展营销活动，成为新媒体时代下营销人员的当务之急。通过培养用户思维、流量思维、社会化思维、数据思维，营销人员可以更好地利用新媒体催生的新技术、新机遇，推动企业与用户之间进行深度沟通，构建良好关系，从而获取更好的发展。本章围绕四种新媒体营销思维，结合相关概念、方法和案例进行阐释，供读者依据自身需求和新媒体营销的发展，采用适当的方式、选取适当的操作方法开展营销活动，发挥新媒体营销的巨大价值。

微课 2.1　一汽大众奥迪：以用户为中心

案例讨论

茶香也怕巷子深：龙润茶业的新媒体营销之路

"带着中国茶产业走向世界，推广中华茶文化，这是我毕生不会放弃的理想和使命。"这是焦家良先生最真诚的表白，也是他心灵深处对茶、对养育他的热土的感情。有感于与茶叶的生命之缘，在经过实地走访保山、临沧、西双版纳、普洱等核心产茶区后，焦家良先生于 2003 年创建龙润茶业，凭借在医药行业的运营经验和管理理念，秉持"用制药的经验来制茶"的信念，成功地创建出了龙润茶这一品牌。

转眼间，时间来到了 2011 年年末，焦家良先生看完递上来的财务报表，盯着手中的茶沉思了许久……他深知，龙润茶业要保持持续健康的发展势头并非易事。当前传统茶企普遍面临着消费群体年龄偏大的难题，且目前公司的推广渠道也偏重于传统媒体，品牌在年轻人中的影响力难以提升。如何才能扭转这种局面，使品牌形象深入到年轻群体之中，为后续发展提供强大动力和消费群体支撑，成为焦家良先生和龙润茶业亟须解决的问题。

案例正文　　　　　案例使用说明

即测即练

自学自测　扫描此码

第 3 章

新媒体营销时代的用户分析

知识框架图

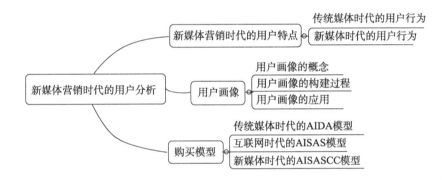

知识目标

1. 掌握新媒体时代的用户特点。
2. 理解新媒体时代各种购买模型的内涵。

技能目标

1. 了解用户画像的概念和具体应用。
2. 了解新媒体时代常用的运营工具。

案例导入

运用大数据玩转新媒体营销

随着互联网时代的到来，传统行业受到的冲击越来越大。海尔集团（以下简称"海尔"）在 2012 年整体的收入增长仅为 8.1%，且低于行业的平均水平。在信息爆炸性增长的时代，海尔灵活转变营销方式，适应时代和市场的变化，赢得了"转型之战"。

海尔在 2012 年之后开始推进网络化战略。这对海尔来说是一场将其从一家家电产品制造商转变为一家互联网企业的行动，这对传统制造商来说，无疑是一次天翻地覆的改变。网络化战略转型的基础，是海尔之前的数据沉淀，无论是海尔一直以来致力搭建的"实网"体系，还是近年来海尔电商构建的"虚网"平台，都积累了海量的用户数据。进行只有对大数据的深度处理，海尔才能够实现网络化战略转型。

借助社会化客户关系管理（social customer relationship management，SCRM）数据平台，海尔能够通过对数据的深度处理达到精准营销的效果。运用 SCRM 数据平台进行数据处理的第一步是实现数据的融合，SCRM 数据平台最主要的优势就是可以将来自不同渠道的用户数据整合进平台系统，以此形成丰富的原始数据。进行数据处理的第二步是借助海量的数据实现用户识别。SCRM 数据平台中的原始数据并非在一开始就能直接应用，海尔还需要对数据进行数据清洗，将有用的数据节点连接在一起，识别出海尔用户的基本信息。这一过程是为了提炼出真正有用的信息，并使之真正为海尔的营销人员所用，但这并不是终点。借助这些海尔用户的基本信息，海尔还运用安客诚（Acxiom）公司的受众操作系统（audience optrating system，AOS），勾画出了更加精准的用户画像，为每一个用户贴上了标签，形成了全景式的用户视图。第三步是对用户进行分组，通过之前勾画的用户画像，每个用户都有了相应的标签，具有相似特征的用户能够进一步聚集，形成不同的类别。根据海尔的划分，所有的海尔用户可以划分为"科技先锋""舒适生活""实用主义""精致追求""海尔达人""初级买家"六个类别，海尔的用户画像如图 3-1 所示。在这六个类别的用户类型基础之上，海尔能够利用所有产业线实现对这些用户的全覆盖。

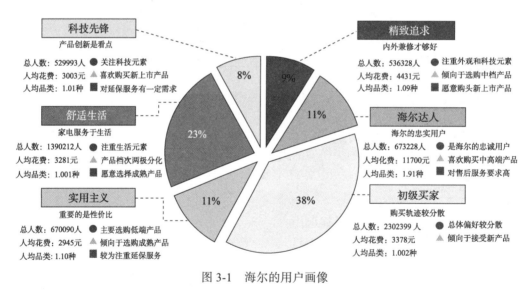

图 3-1 海尔的用户画像

在这一案例中，新媒体时代的用户都有什么特点？海尔的具体营销方式有哪些？在新媒体时代使用哪些工具最能够推动营销活动的顺利开展？

3.1 新媒体营销时代的用户特点

新媒体时代和传统媒体时代的用户显然是不同的，前者身上有着不同于传统媒体时代用户的行为特征，本节主要讲解传统媒体时代和新媒体时代用户各自的特点。

3.1.1　传统媒体时代的用户行为

人类传统的行为模型是 S-O-R 模型（stimuli-organism-response），即"刺激—个体生理、心理—反应"。该模型表明消费者的各种行为是由刺激引起的，这种刺激来自消费者身体内部的生理、心理因素和外部的环境因素。消费者在各种因素的刺激下产生动机，在动机的驱使下做出具体的决策反应。如果发生了购买行为，消费者还会在购买后对购买的产品及相关渠道和厂家做出评价，这样就完成了一次完整的购买决策过程，消费者购买决策过程如图 3-2 所示。

图 3-2　消费者购买决策过程

菲利普·科特勒（Pphilip Koter）在此基础上提出了一个强调社会两方面的消费者行为选择模型，该模型说明消费者的购买行为不仅受到营销的刺激，还受到外部因素的刺激。而不同特征的消费者会产生不同的心理活动。消费者通过决策做出购买判断，最终形成对产品、品牌、经销商、购买时机、购买数量等的选择。图 3-3 所示为科特勒行为选择模型。

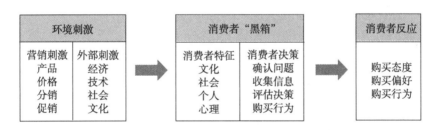

图 3-3　科特勒行为选择模型

其中，环境刺激由营销刺激和外部刺激的各种因素组成，这些刺激因素被消费者接收后，在消费者特征的作用下，经过对不同信息的加工处理，消费者会形成各自对营销刺激的差异化理解，进而影响自己的购买行为决策，并由此转化为一系列可观察的选择行为：买什么品类、选择哪个品牌、在哪里买、买多少等。

由于外部刺激往往是不受企业控制的，所以营销人员只能从营销刺激入手，探究和观察如何从产品、价格、分销、促销等方面为消费者提供有效的刺激，让相关信息顺利经过消费者"黑箱"的差异化处理，被不同的消费者广泛接受，转化为消费者反应。

从传统的消费者行为特点来说，S-O-R 模型是最主流的模型，但是在新媒体时代，消费者行为又有了新的特点和模型。接下来，我们将重点讨论在新媒体时代消费者行为的特点和模型。

3.1.2 新媒体时代的用户行为

1. 新媒体时代消费者行为的特点

随着互联网的飞速发展和"互联网+"模式在企业中的逐渐普及，企业的销售环境发生了巨大的改变，越来越多新的企业营销模式借助新媒体的营销模式应运而生。但市场营销的本质，即满足消费者的购买需求，从使消费者满意的角度来说，企业营销模式的改变正是在新媒体时代背景下，消费者的行为和需求的变迁。只有掌握了消费者的行为变迁规律，企业才能及时改变自己的营销模式，赢得消费者的喜爱，进而更好地开展营销活动。

在新媒体不断发展的时代背景下，消费者行为不再只受传统因素的影响，在消费者行为中，我们能够看到更多的感性因素，主要包括以下几个方面。

（1）寻求趣味性

在新媒体时代，消费者的思维方式和行为方式都已经发生了一些变化，面对互联网带给他们的海量信息，消费者一般会主动或被动地同时做多件事情。在以手机为代表的移动终端，这种变化主要体现在：消费者对信息的关联性和趣味性要求大大提高，如果信息无法让他们感受到乐趣，他们的注意力就不会被吸引。因此企业锁定目标消费者的能力越来越弱，这就对企业开展营销活动提出了更高的要求：满足新媒体时代新型消费者的需求。

泡面便利店成功的关键在于它抓住了消费者寻求趣味性的心理，通过全新的方式，引起消费者对泡面的好奇心和兴趣。同时，泡面便利店里有一面墙，墙上展示了来自世界各地的泡面，消费者甚至可以在这面墙上找到儿时的味道。正是这种可以充分满足消费者需求的充满趣味性的设计，才使得泡面便利店打破常规，拥有众多粉丝。

最近，一款手机 App 打造了众多"网红"，他们都因为在这款 App 中上传了视频而一夜"爆红"，这款 App 就是抖音。抖音的"走红"在很大程度上是因为它包含的内容具有很高的趣味性。抖音通过打造有趣、操作简单的视频模板，吸引了很多消费者。同时，因为其所涵盖的视频拍摄模板比较简单，并且容易上手，所以许多消费者都可以轻松使用，也能在固定的模板内进行独特、有趣的设计。此外，抖音还"捧红"了很多店铺。例如，土耳其冰激凌店的小哥用有趣、开玩笑式的互动吸引消费者；答案茶靠其有趣的回答和一份新奇的未知感吸引消费者；重庆靠其独特的城市风貌和复杂的交通道路，吸引了更多的游客。这些都是在新媒体时代背景下，遵循消费者的行为变化规律，依靠消费者所青睐的具有趣味性的营销模式进行营销，从而实现良好营销效果的案例。

（2）注重互动

在大众媒体兴起的初期，企业的营销手段以广告宣传、促销活动为主，消费路径大致遵循"引起注意—产生兴趣—购买愿望—留下记忆—购买行动"流程。企业在营销的过程中注重广告的覆盖度、到达率等关键指标，试图在这五个环节对消费者施加影响，目的是使品牌和产品信息尽可能地被消费者知晓和记住，以便消费者在展开购买行动时可以联想到这一品牌。这一阶段的消费路径是由企业所主导的，消费者在企业施加的影响下，扮演着信息被动接收者的角色。

然而随着互联网和搜索引擎技术的不断发展，消费路径会自然而然地进入第二个阶段。在这一阶段，消费路径大致为"引起注意—产生兴趣—主动搜索—购买行动—分享"。有别于上一阶段的消费路径，此阶段的消费路径发生的一大显著变化是，消费者开始主动搜索，努力形成关于产品的完整图像；更为重要的是，在线社区、即时通信工具的出现，为消费者分享产品体验提供了便利，更加真实的口碑信息为其他消费者的购买行动提供了决策依据。

而目前，互联网高速发展，我们已经步入"互联网+"时代，网络已经成为每个消费者生活中不可或缺的一部分。在这一时期，口碑的传播范围与影响力都在逐渐扩大，由此消费路径也就进入第三个阶段，即"感知—兴趣和互动—链接与交流—购买行动—信息分享"。这时消费者会进入一个全新的营销生态系统，不同来源的信息会呈现碎片化趋势。通过各种渠道，消费者能够轻而易举地感知到产品信息的存在，主动地与企业对话、深入了解产品细节，进而实施购买行动。同时，社会化网络还为消费者提供了一个分享产品信息和购物体验的平台，这些口碑信息也就成了其他消费者"感知"的开端。

这样的消费路径的变化，导致现在的营销活动不再是单向的，而是消费者主动与企业进行互动，同时在互动中增强自己的存在感。这种互动往往是多个方向的互动，它不仅存在于企业与消费者之间，还存在于消费者与消费者之间。互联网的存在缩短了消费者之间的距离，口碑的传播也就不会只停留在面对面的口口相传中了。借助互联网，消费者可以以多重形式、多种角度进行产品信息的交换。

（3）追求个性消费

在工业化时代，消费由生产者驱动，基于以成本为核心的经营理念，强调大规模生产、低价格供应。在新媒体时代，供过于求，随着人均可自由支配收入的增加和财富的积累，消费者开始追求个性化、差异化，希望体现出自己的不同。每个消费者都是一个细小的消费市场，个性化消费成为消费的主流。因此，要想在互联网时代取得成功，企业就必须思考从产品的构思、设计、制造到产品的包装、运输、营销等方面的差异性，并针对不同消费者的特点，采取相应的措施和方法。

正是因为消费者越来越追求个性化的消费模式，近年来定制化的营销模式才越来越受到大家的喜爱。无论是定制化的家居服务、各大打车软件推出的定制化专车，还是餐馆推出的定制化套餐，都是满足消费者个性化需求的营销策略。之前比较火的"答案茶"正是迎合了消费者追求个性的心理，通过消费者提前写好问题，并将问题答案隐藏在奶茶杯上的方式，给予不同消费者不同的答案，以满足消费者的好奇心；同时也用这种定制化、个性化的方式，赢得了更多消费者的青睐。

（4）容易超前消费

网络加大了消费者的购买量。网上货架的无限性使得更多长尾产品有机会露出，商家在大数据分析消费者购买行为后进行精准的交叉推荐，更容易刺激消费者产生新的购买需求。比如，消费者除了要购买数码相机，可能还会购买存储卡和与摄影相关的书籍，这时商家通过交叉推荐，容易产生更多的销售额。

由于摆脱了距离、交通、营业时间等方面的限制，再配合发达的物流体系，地点与区域已不再成为消费者购买产品的限制条件。电子支付方式与现金支付方式相比，前者不容易刺激消费者的自我克制心理，从而提高了每一次购买的随意性，所以有了"剁手党"这一消费者群体。导购网站和社交网络的诱导和炫耀性刺激也引发了消费者更多的购买行为。

正是这样的消费者行为变化，使得花呗、京东白条、分期付款等功能迎来了广阔的市场，消费者很难在当前的互联网时代控制自己的购买欲望，因而容易产生过度消费。反过来看，正是这些允许消费者提前、超额消费的功能，进一步导致了消费者的过度消费。

2. 新媒体时代消费者的行为模式

由于社会化媒体的不断发展，新的媒介和渠道正在产生和发展，但是从本质来看，在新媒体时代，消费者的各类行为可以归结为以下几种行为模式。

（1）社交行为

在新媒体时代，社交行为的发生地点称为"社会化社区"。社会化社区的定义是聚焦于关系以及具有相同兴趣或者身份的人共同参与的社会化媒体渠道。从定义的角度来看，社会化社区具有双向和多向沟通、交流、合作以及经验分享的特点，所有的社会化媒体渠道都是围绕着社会关系建立的，但是对于社会化社区来说，为了建立和维持社会关系而进行互动和合作是人们参与这些活动的主要原因。因此，在社会化社区中，人们的社交行为是最主要的行为模式。

处于社会化社区的渠道有社交网站、论坛和 App 等，这些渠道都强调在社区背景下个体需要进行沟通、交流和合作，并且强调社会关系在社会化社区中有着非常重要的地位。在新媒体时代，企业可以通过社交网络成为一个积极的参与者，从而达到自己的营销目标。

（2）搜索行为

在新媒体时代，消费者作出处理信息决策的前提之一就是产生搜索行为。搜索行为的基础是社会化发布。社会化发布旨在将内容传播给受众。社会化发布区域包括下列允许个人和组织发布内容的渠道：博客、媒体分享网站、微博以及信息和新闻网站。在这些网站上发布内容，可以促进消费者产生搜索行为。

对于营销人员来说，利用消费者的搜索行为可以达成以下两个目标：第一，提升品牌信息的曝光度；第二，提升访问量。社会化发布过程类似于传统广告活动中的媒体计划过程。在传统广告活动中，媒体计划决定了活动中的创意内容将如何通过特定的媒体工具（如广播和广告牌）传播给目标受众。媒体计划人员在目标受众到达率、信息曝光量和预期结果方面为广告投放设定需要完成的具体目标。社会化发布过程几乎也是这样的，不同的是，营销人员使用的创意内容不一定是广告（以传统静态或者富媒体的形式），而且内容传播使用的是能够指向内容的导入链接或者链接链条，它们主要来自搜索引擎结果、其他网站和社会化媒体社区。换句话说，传统广告活动中的媒体计划使用付费媒体来达到营销目标，社会化发布则基于线上的自有媒体或者免费媒体来达到这些目标。

（3）娱乐行为

在新媒体时代，消费者最多的行为是娱乐行为。由于社会化游戏、视频游戏、增强现实游戏可以与新媒体相结合，因此消费者可以在新媒体中获得娱乐的体验。另外，还有一些关注娱乐的、包含社会化元素的 App 和一些包含社会化元素的、既可以在计算机上使用又可以在移动设备上使用的社会化软件也可以给消费者带去娱乐的体验。社会化娱乐（特别是社会化游戏）是社会化媒体中发展最快的领域之一。

对于营销人员来说，品牌可以采用多种方式利用社会化游戏开展营销活动。游戏提供了一种受众明确、到达范围广、参与度高且干扰少的营销方法以及与品牌粉丝互动的方法。品牌可以通过显示广告、游戏赞助以及广告植入等方式在游戏以及游戏周边里做广告。目前，很多企业都采用了游戏化营销模式，其目的就在于利用消费者的娱乐行为，提升自身产品的活跃度。

（4）购买行为

利用新媒体进行营销的最终目的就在于引导消费者产生购买行为。在新媒体时代，消费者的购买行为是指使用社会化媒体辅助在线购买和销售产品或服务。当消费者在购物过程中进行互动和协作时，新媒体会对购买行为产生杠杆作用。新媒体商务渠道包括评论网站或品牌的电子商务网站、折扣网站和折扣推送平台（将折扣信息聚合为个性化的推送）、社会化购物市场（拥有消费者推荐产品、评论和在购物时与朋友沟通等功能的在线商城）和社会化商店（在微信或微博这种具备社会化功能的社交网站上经营的零售商店）。除此之外，企业可以通过微信、微博等平台使传统的电子商务网站社会化。因此，利用新媒体使消费者最终产生购买行为是企业开展营销活动最重要的目的。

3.2　用　户　画　像

随着互联网和大数据的发展，用户画像应运而生，众多企业利用用户画像进行精准营销。本节将重点介绍用户画像的概念、构建过程和应用。

3.2.1　用户画像的概念

互联网逐渐步入大数据时代后，不可避免地会给企业及用户行为带来一系列改变与重塑，其中最大的变化莫过于用户的一切行为在企业面前似乎都将是"可视化"的。随着对大数据技术的深入研究与应用，企业日益专注于如何利用大数据来进行精准营销，进而深入挖掘潜在的商业价值。要了解新媒体时代用户的特点，就需要深入探究用户画像的概念，这样企业才能有效进行新媒体营销。

微课 3.1　360×广发银行场景化大数据营销案例

1. 用户画像的定义

用户画像的概念最早是由交互设计之父艾伦·库珀（Alan Cooper）提出的：用户画像是指真实用户的虚拟代表，是建立在一系列属性数据之上的目标用户模型。用户画像又称"用户角色",简单来说就是根据利用大数据收集的相关用户信息抽象出的一个标签化的虚拟用户模型。用户信息包括用户的基本信息、社会属性信息、心理属性信息、人口统计学信息和一些操作行为信息(如浏览内容、消费行为、社交活动)等。根据用户的真实数据,通过构建用户画像,将用户的各项属性和特征抽象为一个个标签,供上游的其他系统使用。特别要注意的一点是,用户画像是将一类有共同特征的用户聚类分析后得出的群组,因此并不针对具体、特定的某个人。

用户画像最初被应用于电子商务领域,它主动或被动地收集用户在网络上留下的种种数据,并将其加工成一系列标签。大家通过下述例子就能充分理解这个概念。假设有一个女性用户,她年龄为 22 岁,生日是 3 月 27 日,她登录的网络协议(internet protocol,IP)地址是湖北, 而且她常用的收货地址为中南财经政法大学,最近一个月她消费了5000 元,消费次数为 4 次。这时我们已经掌握了她的基本信息,然后根据她搜索浏览的明星周边和影视会员产品信息,可推断出她的喜好;还可以根据她关注的产品价位、单位时间内在某平台的消费金额和消费频次来大概判定她的消费水平。接着再分析她的购买记录,我们发现她是某影视平台的黄金会员,且经常使用超前点播服务,那么我们就能基本构建她的用户画像。原始的用户画像不仅包含标签,还包含权重,该注册用户的用户画像如图 3-4 所示。在用户画像中,目标用户身上被贴上了许多标签,其中标签的字体越大说明对应的权重越高,集合这些标签就能展现出一个用户的信息全貌。

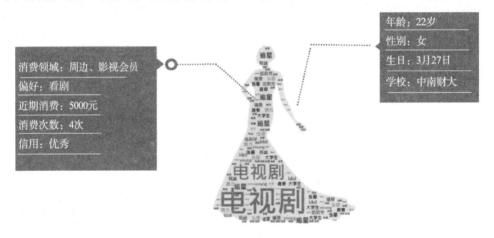

图 3-4　某注册用户的用户画像

从上面的例子可以看出,其实构建用户画像的核心工作就是给用户贴标签,标签通常是人为规定的、高度精练的特征标识,如年龄、性别、地域、兴趣等。每个标签分别描述该用户的一个维度,各个维度之间相互联系,共同构成对用户的整体描述。需要注意的是,用户画像其实并不指代具体的某个人,"她偏好明星周边和影视会员类产品,她是某影视平台的黄金会员,且经常使用超前点播服务"这样的话语可以用来描述这类产品领域的一类典型用户。与此同时,这样简洁、独立的标签,非常适合用计算机进行处理。在没有用户画像的情况下,企业的运营活动、广告投放、产品功能优化等日常工作要么全量进行,要么凭经验预估进行,有需要的用户可能没收到推送,而没有需要的用户可能会无端受到打扰，这在对用户造成不便的同时，也在浪费成本，且用户画像的缺失会导致企业无法对营销效果进行准确评估。有了用户画像，这些日常工作会达到事半功倍的效果。

2. 用户画像标签体系

构建用户画像的核心工作就是给用户贴标签，那么有哪些标签可以供我们选择呢？目前主流的标签体系都是层次化的，主流标签体系如图 3-5 所示，首先分为几个大类，再在每个大类下逐级进行细分。

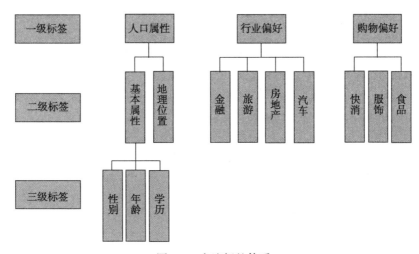

图 3-5　主流标签体系

在构建标签时，只需要构建三级标签，就能够映射到一级标签和二级标签。

一级标签都是抽象的标签集合，一般没有实用意义，只有统计意义。比如，我们可以统计有人口属性标签的用户比例，但用户有人口属性标签本身对广告投放没有太大意义。

被用于广告投放和精准营销的一般是三级标签，对三级标签有两个要求：一是每个标签只能有一种含义，避免标签之间的重复和冲突，便于计算机处理；二是标签必须有一定的语义，方便相关人员理解每个标签的含义。

此外，标签的粒度也是需要相关人员注意的。标签的粒度太粗会导致标签没有区分度，标签的粒度过细会导致标签太过复杂而不具有通用性，表 3-1 所示为几类常见的三级标签。

表 3-1　几类常见的三级标签

标签类别	标签内容
人口标签	性别、年龄、地域、教育水平、出生日期、职业等
兴趣特质	兴趣爱好、常用 App/网站、浏览/收藏内容、互动内容、品牌偏好、产品偏好等
社会特征	婚姻状况、家庭状况、社交/信息渠道偏好等
消费特征	收入状况、购买力水平、已购产品、购买渠道偏好、最后一次购买时间、购买频次等

3. 用户画像标签分类

构建用户画像时使用的标签差异较大，但大致可分为三类，三类标签属性如图 3-6 所示。第一类是人口属性，这类标签比较稳定，一旦建立可以在很长一段时间内不用更新，标签体系也比较固定；第二类是兴趣属性，这类标签随时间变化得很快，有很强的时效性，标签体系也不固定；第三类是地理属性，这类标签的时效性跨度很大，如全球定位系统（global positioning system，GPS）标签需要实时更新，而常住地标签一般可以几个月不用更新。

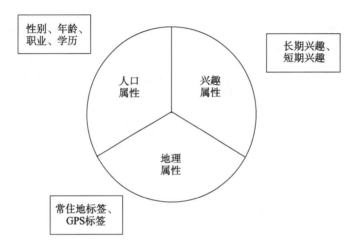

图 3-6　三类标签属性

（1）人口属性

人口属性包括年龄、性别、学历、人生阶段、收入水平、消费水平、所属行业等，这些标签基本上是稳定的，构建一次可以很长一段时间不用更新，标签的有效期都在一个月以上，同时标签体系比较固定。

很多有社交属性的产品（如 QQ、微信等）都会引导用户在注册时填写基本信息，这些信息就包括年龄、性别等人口属性，但完整填写个人信息的用户只占很少一部分。而对于无社交属性的产品（如输入法、团购 App、视频网站等），用户信息的填写率非常低，有的产品用户信息的填写率甚至不足 5%。

（2）兴趣属性

兴趣属性是互联网领域使用最广泛的标签，互联网广告、个性化推荐、精准营销等各个领域最核心的标签都是兴趣属性。构建兴趣属性标签主要是从用户海量的行为日志中进行核心信息的抽取、标签化和统计，因此在构建用户兴趣属性标签之前需要先对用户行为的内容进行建模。

内容建模需要注意粒度，粒度过细会导致标签没有泛化能力和使用价值，粒度过粗会导致标签没有区分度。

（3）地理属性

地理属性标签一般分为两部分：常住地标签和 GPS 标签。这两类标签的差别很大，常住地标签比较容易构建且比较稳定，而 GPS 标签则需要实时更新。

常住地一般只细化到城市粒度。对常住地的挖掘基于用户的 IP 地址信息，先对用户的 IP 地址进行解析，对应到相应的城市，再对用户的 IP 地址出现的城市进行统计就可以得到常住地标签。

用户的常住地标签不仅可以被用来统计各个地域的用户分布，还可以结合用户在各个城市之间的出行轨迹识别出差人群、旅游人群等。

GPS 信息一般从手机端收集，但很多手机 App 没有获取用户 GPS 信息的权限。能够获取用户 GPS 信息的 App 主要是高德地图、滴滴出行等出行导航类 App，而其他 App 收集到的用户 GPS 信息比较少。

高德地图使用用户 GPS 信息并结合时间段数据，能够构建用户公司和家的 GPS 标签。此外，高德地图还基于 GPS 信息统计各条道路上的车流量，进行实时路况分析。

企业和营销人员想要精准抓住受众群体，并能够以差异化的服务制胜，用户画像会是一种寻找目标用户、联系用户诉求与设计方向的有效工具。运用此工具，企业除了能够准确了解现有用户，还可以通过广告营销获取具有相似特征的新用户。有关用户画像的概念、标签及其分类我们已经有所了解，那么具体该如何构建用户画像呢？

3.2.2　用户画像的构建过程

1. 明确用户画像的构建目的

在产品构建以及营销活动开展的初期，确认用户画像的构建目的是非常基础也是关键的一步。企业要明确希望通过构建用户画像达到什么样的运营或营销效果，从而在标签体系构建时对数据深度、广度及时效性方面作出规划，以确保底层设计科学合理。

2. 数据采集和筛选

只有建立在客观真实的数据基础上，生成的用户画像才有效。在采集数据时，企业需要根据用户画像的构建目的采集多维度的数据，如行业数据、用户总体数据、用户属性数据、用户行为数据、用户成长数据等，并通过行业调研、用户访谈、用户信息填写及问卷、平台前台和后台数据收集等方式获得。在自身采集到的数据中可能存在非目标数据、无效数据及虚假数据，因而企业需要过滤原始数据，去除会造成用户画像不准确的干扰因素，筛选出真实、干净的基础数据。

3. 数据预处理

数据预处理包括数据清洗、数据结构化处理、数据合并等基础工作。数据清洗主要是过滤无效或者虚假数据，若针对特定的业务系统（如用户画像），数据清洗还包括过滤非目标数据；而数据结构化处理、数据合并等工作则需要结合具体业务和应用场景，从而整合出用户信息雏形。

4. 数据标签化并赋予其权重

数据标签化能够将原始数据转化为特征，是一些关于转化与结构化的工作。在这个步骤中，需要剔除数据中的异常值并将数据标准化。我们将得到的各项用户信息映射到对应的标签上，并给各个标签赋予相应的权重，权重值的计算是用户画像标签体系得以成功构建的关键。标签的选择会直接影响最终用户画像的丰富度与准确度，因此数据标签化时需要与产品自身的功能与特点相结合，力求做到准确、丰富、立体。

5. 生成画像

每个用户的所有信息转化为标签并得到权重值以后，所有标签合并起来即可组成该用户的完整画像。最终生成的用户画像数据落地入库、每日计算更新，然后再根据各业务应用场景的不同需求进行调整和对接。比如，与会员运营平台、广告运营平台等进行合作，为之提供决策支撑。

把用户的基本属性（如年龄、性别、地域、购买能力、行为特征、兴趣爱好、心理特征、社交网络等）大致标签化之后，画像基本成型。用户画像无法完整地描述一个人的所有特征，只能尽可能地接近这个人。因此，用户画像既要根据变化的基础数据不断修正，又要根据已知数据抽象出新的标签，使用户画像越来越立体。对目标群体进行分析时，企业可以根据用户价值来细分核心用户、评估某一群体的潜在价值空间，以制定针对性的运营策略。这正是用户画像的价值所在。

3.2.3　用户画像的应用

1. 个性化推荐

营销定位讲求的是争夺用户有限的心智空间，那么在新媒体时代铺天盖地的信息洪流中，营销人员要做的就是吸引用户的注意力、关注点，这也被称为"注意力经济"。一款 App 的用户量动辄成千上万，用户与用户之间千差万别。更重要的是，如今各种信息过载，挑选用户喜欢的内容并将其及时送到用户面前，是任何一款 App 成功"黏"住用户的必备技能之一。一个好的个性化推荐系统还能大大提升用户体验感。对于一些电商类产品，个性化推荐能够减少马太效应和长尾效应对其的影响，使产品的利用率更高。因此，基于用户画像而进行的个性化推荐就显得十分有必要了。

网易云音乐其实比很多音乐 App 推出得都要晚，却成为众多用户喜爱使用的音乐 App 之一，这是因为它很早就推出了个性化推荐功能。图 3-7 所示为网易云音乐手机端的首页，可以看到重量级的入口"每日推荐"排在所有入口的首位，从此处可以看出个性化推荐功能在产品中的重要性。相较于其他音乐 App，网易云音乐采用了"乐库+播放器"

图 3-7　网易云音乐手机端的首页

模式，这无疑是网易云音乐的又一次个性化创新，它摆脱了一般音乐 App 的固定模式。

　　"每日推荐"会根据用户平时听的歌曲、喜爱的歌曲、收藏的歌曲，每天给用户推荐不同的符合其品位的歌曲。而且用户听得越多、收藏得越多，平台给用户推荐的歌曲曲目也会更加符合其品位。

　　除此之外，一般音乐 App 引进歌曲时，都会有歌曲自带标签，而网易云音乐不仅有歌曲自带标签，还加入了"歌单"的标签元素，一方面基于音乐，另一方面引入了用户生成内容（user generated content，UGC）元素。用户在新建歌单时，可以选用标签，这些标签涵盖语种、风格、场景、情感、主题五个方面，共 80 个标签，网易云音乐的"歌单标签"如图 3-8 所示。有时候，这些标签也被平台用于对用户进行歌单推荐。用户可以选择想要的标签，编辑自己的"歌单广场"；歌单里的歌曲，也会或多或少地带上这些标签，后台通过综合计算再进行推荐，也就能满足用户对新鲜感和多样化的追求。

图 3-8　网易云音乐的"歌单标签"

　　如此一来，每当网易云音乐的个性化推荐系统给用户推荐了一首触动其心灵的歌曲时，就是用户从网易云音乐又一次获得惊喜的时刻，这无疑会增强用户的黏性。比如，歌单的个性化编辑和推荐，会让用户更频繁地使用网易云音乐；另外，个性化推荐会加速传播，每当用户收获一首符合自身品位、让他惊喜的歌曲时，就能促使其对歌曲、产品进行分享。

2. 广告精准投放

　　任何一款 App 最终要解决的问题都是如何实现商业变现，承接广告是 App 普遍采取的商业变现方式之一。移动互联网和大数据技术的快速发展极大地冲击了传统广告广撒网的投放方式，当传统投放广告的方式已无法满足精准营销的需求时，那么主流方式必将是基于用户的喜好与特性投放广告。该承接什么样的广告、如何让广告主信服 App 能带来收益、如何合理投放广告,这些都是任何一款 App 首先要解决的问题。因此,对用户有所了解就显得尤为重要。比如,男性用户偏多还是女性用户偏多,用户年龄分布、家庭收入、消费水平和消费记录如何,用户有没有什么特殊的偏好等。当有了完整的用户画像,并对用户的这些信息都一清二楚后,就可以对广告主的各种投放需求(如广告主只想吸引喜欢看综艺节目的用户)做更好的承接,也可以做广告的精准投放,知道什么广告该向什么样的用户投放。

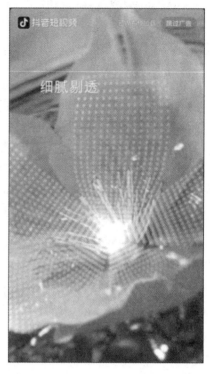

图 3-9   抖音 App 的开屏广告

比如,电商 App 内横幅等黄金位置的广告展示,站外渠道如 App 的开屏广告、视频前贴片广告等,基于用户画像去指导广告的投放,不仅能够降低成本,还可以大大提高点击率及转化率,提升广告的整体投放效果。图 3-9 所示为抖音 App 的开屏广告,即在抖音 App 启动时展现的广告,该广告在 App 启动时播放 5 秒,5 秒后进入"推荐"页面。抖音 App 的开屏广告在投放时支持定向投放,目前支持地域、性别等基础定向。广告主可以根据目标用户、目标市场等进行定向投放,使广告曝光更有效。将目标用户设定为特定区域用户的广告主在选择开屏广告时,可使广告在指定区域内展现,来提升曝光的精准度。

3. 精细化运营

随着产品功能的不断丰富和用户的不断增多,用户的需求与产品功能之间的匹配关系需要得到精细化的运营,而精细化的运营就是通过用户分群,给不同需求的用户匹配不同的服务和内容,从而满足其个性化的需求,以更好地完成运营中的拉新、促活工作。无论产品在哪个发展阶段,在进行精细化运营时都应该应用用户画像。用户画像可以帮助企业改变以往闭门造车的生产模式,通过事先调研用户需求,设计和制造更适合用户的产品,从而完善产品运营,提升用户体验。有了用户画像的帮助,运营就可以从粗放式转为精细化,企业就可以将用户群体切割成更细的粒度,辅之以短信、推送、邮件、活动等手段,驱之以关怀、挽回、激励等策略。比如,资讯类 App 经常使用消息推送的方法将用户可能感兴趣的内容及时奉上,以确保在用户通知栏中展现的大多是用户感兴趣的内容,使 App 在提升活跃度的同时避免打扰用户。而购物类 App 则可以根据用户的购买类型和习惯,推荐相关类型、延伸类型,甚至是用户可能感兴趣的其他类型的产品。

3.3　购 买 模 型

购买模型是指从企业的角度出发，构建用来描述消费者从关注产品到最后产生购买行为的一系列过程的模型。在不同的媒介传播时代，消费者的购买模型也有所不同，那么从传统媒体时代到互联网时代再到如今的新媒体时代和大数据时代，消费者的购买模型究竟有哪些不同呢？

3.3.1　传统媒体时代的 AIDA 模型

"AIDA"一词指吸引消费者注意（attention）、引发消费者兴趣（interest）、刺激消费者欲望（desire）、促成消费行为（action）。具体而言，AIDA 模型可以帮助营销人员把潜在消费者的注意力引导到产品上，使其逐渐对产品产生兴趣，进而采取技巧刺激消费者的购买欲望，使其在合适的时机达成交易。

在这个模型下，消费者从注意产品、产生兴趣、产生购买欲望到做出购买行为，这一过程主要由传统广告、活动、促销等营销手段驱动，而传统媒体时代的 AIDA 模型的核心是把自己成功地宣传出去。目前该模型被广泛地应用于广告领域，因为它能够帮助企业的经营人员充分了解消费者的感知和注意力。根据 AIDA 模型，广告设计人员可以对症下药、有的放矢，设计出符合消费者的品位和喜好的广告，从而利用广告有效推进企业营销战略的实施。

1. 吸引消费者注意

吸引消费者注意作为上述模型之基础，是启动整个 AIDA 模型的"金钥匙"，它是指企业通过广告、促销等精心策划的营销活动来引起消费者对产品、服务或者品牌的注意、认识和了解，如国美电器和苏宁易购节日期间的促销优惠活动。这种营销活动可以引起目标群体中大多数人的注意，也可用于强化消费者对产品或服务的认知。在这一阶段，企业开展营销活动的主要诉求是提高消费者对产品或服务的注意力。

2. 引发消费者兴趣

这一阶段所涉及的问题是当消费者注意到营销活动所传达的信息之后，是否对产品、服务或品牌产生兴趣，这是相当重要的问题，以往的营销案例说明消费者在购买某种产品或服务的时候，真正购买的是其对自身有利的价值，而不是该项产品或服务所具有的特色，即购买该产品或服务切实提高了消费者的效用价值。因此营销活动必须具备独特的销售主张，以引发消费者的兴趣。

展示与示范以其直观、真实、个性化的优势，引发消费者的需求联想，使消费者产生身临其境的感受，这种营销方式成为 AIDA 模型第二阶段经常使用的手段。在此阶段，企业一方面要熟悉自身优势，另一方面要留心消费者的喜好，在找准自己能给消费者带来的核心利益的同时，利用示范向消费者证明企业推荐的营销信息正是消费者自身所需的。一般情况下，消费者兴趣的产生通常是由于营销活动能够提供某种改善其生活质量的利益。因此，如何让消费者产生兴趣，与产品或服务及消费者所得利益有重大的相关性，而消费者本身对此产品或服务是否关心与重视则是另一个关键问题。

3. 刺激消费者欲望

刺激消费者欲望是指消费者如果对获得营销活动所提供的利益有非常强烈的冲动，就会产生购买该项产品或服务的欲望。欲望其实就是一种想拥有该产品或消费该服务的心态。兴趣与欲望有时只有一线之隔，如果掌握消费者产生兴趣的一瞬间，使兴趣转化为其内心的渴望，开展营销活动就会事半功倍。也就是说，消费者接收到营销活动所传达的信息之后，可能会对产品或服务产生一定的兴趣，但不一定会产生据为己有的欲望，因此在营销活动中，企业务必强化消费者对产品或服务的购买欲望，使其产生"我想购买"的想法。心理动机作为刺激欲望的主要因素，往往以较为隐蔽的形式存在。比如，一位明星投身公益是为了提升公众形象，却在媒体平台上强调自己充满爱心。因此在具体情境中，分析对方的心理活动，找寻其产生兴趣的根本动机，如求名、求利、求新、求美、求胜等，才能投其所好，激发其欲望。

4. 促成消费行为

促成消费行为是指在营销活动中促使消费者产生消费行为。促成消费行为是整个营销活动中最为重要的一个阶段，潜在消费者因其受文化、环境、经济、时机等因素的影响，纵使对产品或服务有了注意、兴趣和欲望，到最后也可能不会产生任何消费行为，这对于企业来说就是功败垂成。因此，企业必须采取有效的措施，鼓励有需求的消费者立刻产生消费行为。把产品销售出去才是企业开展营销活动的最终目的。

3.3.2 互联网时代的 AISAS 模型

在飞速发展的互联网时代，消费者从获取产品信息到最终产生购买行为的决策过程也发生了改变，消费者行为模式演变为 AISAS 模型，该模型包括引起注意（attention），激发兴趣（interest），自主搜索（search），购买行为（action），信息分享（share）。图 3-10 所示为 AISAS 模型。

引起注意　激发兴趣　自主搜索　购买行为　信息分享

图 3-10　AISAS 模型

AISAS 模型表明，在互联网时代，消费者在接触到商品或服务的信息并完成购买活动后，还会进行信息分享，从而影响到其他消费者，并经历这样五个阶段：引起注意—激发兴趣—自主搜索—购买行为—信息分享。在 AISAS 模型的每一个阶段，消费者都有可能产生独特的品牌体验；而在信息分享阶段，消费者可以通过网络媒体等实现品牌体验的分享。

与 AIDA 模型相比，AISAS 模型中添加的自主搜索与信息分享阶段，正是 Web2.0 时代导致消费者行为模式变化的主要原因。首先，搜索引擎技术方便人们查找大量信息，人们可以通过网络主动、精准地获取自己想要的信息。于是，消费者在做出购买决策的过程中，常常会通过互联网搜索产品信息，并与相关产品进行对比，再决定其购买行为。中国互联网络信息中心（China Internet Network Information Center，CNNIC）历次对数据的调查显示：“网民使用互联网的主要用途之一是对产品、服务等的信息检索。”另外，论坛、博客等媒体平台的普及，增加了人们发布信息的渠道。于是，消费者在消费的过程中，还可以作为发布信息的主体，与更多的消费者分享信息，为其他消费者的决策提供依据。社会化媒体中的信息通过互动和讨论的方式快速传播，其中，影响消费者购买的品牌信息成为企业与消费者之间的关键纽带。这些品牌信息，不论是消费者主动获取的，还是消费者主动发布的，都会深刻影响消费者行为，企业在营销过程中应该密切关注此类信息。

消费者从被动接收产品信息，逐步转变为主动获取产品信息，AISAS 模型强调消费者在注意产品并对其产生兴趣之后的自主搜索，以及其产生购买行为之后的信息分享。互联网为消费者主动获取信息提供了条件，使消费者有机会从多种渠道获得详尽的专业信息，进行相对“明白”的消费。究其根本，AISAS 模型还是一种以广告产生“注意”，线性、单向的营销传播过程以及行为消费过程。

总之，由于消费者行为模式的改变，企业需要不断调整营销战略与营销模式，并通过社会化媒体营销获取新的营销竞争力。

3.3.3　新媒体时代的 AISASCC 模型

上文介绍了 AIDA 模型和 AISAS 模型，这两种模型的产生和发展都有着不同的时代特点。但是在新媒体时代，又出现了新的问题。比如，消费者从注意到购买再到分享，如何与社会化媒体中的其他消费者建立关系？如何与企业建立进一步的关系？这些问题在上述两个模型中并未得到解答。因此，随着新媒体时代的到来，AISASCC 模型应运而生。

1. AISASCC 模型的概念

在消费者完成购买和分享（AISAS 模型）后，企业还需要完成以下两个步骤。

（1）人群聚类

人群聚类（cluster）是指在线社区内消费者与其他持有相似态度或价值观相似的消费者产生相似性效应，最终这些消费者可以聚合为兴趣相同或者价值观相似的亚群体。特别是当一个消费者的观点得到了社区内其他消费者的认同时，他们的关系便会更进一步，形成相对紧密的亚群体。

（2）企业承诺

消费者购买了企业的产品，并进行分享之后，会认识其他消费者，通过人群聚类形成亚群体，此时企业便是这个亚群体的纽带。从另一个角度来看，消费者社群会与企业建立一种类似组织承诺（commitment）的关系，这种承诺主要以情感为枢纽。这部分消费者为了不失去在产品中投入的成本，会选择继续留在这个亚群体中，并且会主动替企业进行口碑营销，共创价值。对于消费者来说，这种企业承诺具体的表现就是继续参与企业活动，并且主动对企业的产品或服务进行分享和传播。

2. AISASCC 模型中消费者角色的变化

在介绍了 AISASCC 模型中的后两个“C”之后，我们可以发现，消费者相对于企业的角色正在不断发生转变，AISASCC 模型中消费者角色的变化如图 3-11 所示。

（1）关注者

在新媒体时代，消费者可以通过多种渠道接触和了解企业品牌或产品的各种信息。除了传统媒体，移动互联网也为消费者提供了新的内容形式和渠道。消费者一旦对企业品牌或产品产生注意，就会主动利用搜索工具进一步了解相关信息，成为企业的关注者。

（2）购买者

消费者在关注企业品牌或产品后，会通过多种渠道对信息进行收集、分析和比较，进而实现对产品的选择和购买行为。购买方式有很多，如线下购买和线上购买。特别是新媒体的产生和发展，为消费者实现购买行为提供了更多的便利。

（3）认同者

消费者在产生购买行为之后，会在企业的论坛或者社交平台上分享自己的购买经验与体验。在分享过程中，消费者如果发现有人对自己的体验和想法产生了一定的认同，则会产生共鸣，进而形成小群体，即亚群体。又或者，消费者在经过一次或多次购买后，会对其满意的产品或能够契合其个性的产品产生认同感，进而在品牌社区或者社交平台进行更多次的信息搜索，并表达自身的观点，以逐渐培养、完善自身对品牌的认识。在这个过程中，亚群体中的所有人均会对企业的品牌或产品产生相似的认同感，进而培养出极高的用户忠诚度。

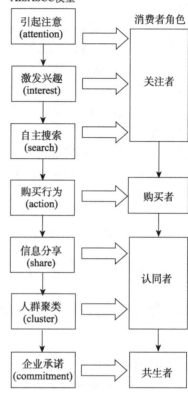

图 3-11　AISASCC 模型中消费者角色的变化

（4）共生者

由于消费者对企业的品牌或产品存在强烈的认同感，因此，当企业的品牌、产品或服务需要完善时，消费者会在品牌社区中主动参与企业开展的相关活动，共同促进产品的迭代升级。在新媒体时代，UGC 是一种新的互联网内容生产方式，一般情况下，消费者只要将自己原创的内容上传到互联网平台，就可以得到大规模的传播和应用。由于消费者对企业品牌或产品有一定的认同感，此时企业通过与消费者合作，可以获得新的产品升级思路，进一步赢得消费者的认同。

小讲堂

本章小结

通过对本章的学习，我们对新媒体时代的消费者有了比较全面的认识，掌握了新媒体时代的消费者特点、用户画像的具体应用、新媒体时代的各种消费者购买模型。

建议读者在学习本章的过程中，将新媒体时代和传统媒体时代的消费者以及购买模型进行对比学习。新媒体时代作为社会发展的一个阶段，不是凭空产生的，注意新媒体时代与以往时代不同的特点，我们才能够更好地掌握和利用新媒体，从而开展各种营销活动。

微课 3.2 可口可乐案例

案例讨论

"江小白"借 O2O "绑架"用户

摘要：在塑化剂风波、限制"三公消费"、经济复苏缓慢等一系列负面因素冲击之下，此前风光无限的白酒企业经营受阻、传统渠道受困。随着 Web 2.0 时代的到来，社交媒体如火如荼，业界一直在呼吁传统行业转型。在社交媒体时代下，能否给传统白酒行业带来春天呢？本案例以互联网时代下用户消费模型（SICAS 模型）为蓝本，运用信息传播理论、"沉默螺旋"现象等理论分析并总结了传统白酒行业中的新星"江小白"巧妙设计吸引消费者注意（sense）的信息传播点，使消费者产生兴趣（interactive），并利用社交媒体布局坚固的连接桥梁（connect），促成封闭式线上到线下（online to offline, O2O）营销闭环，最终激发其购买行为（action）的完整的 O2O 营销过程中的各环节关键要素，最终生动地将以上关键点以故事的形式通过创始人陶石泉完整的创业之路展现出来。期待能清晰地为传统白酒企业转型提供创新的 O2O 营销思路。

案例正文　　　　案例使用说明

即测即练

自学自测　　扫描此码

策　略　篇

第 4 章

连接：流量池 + 产品

知识框架图

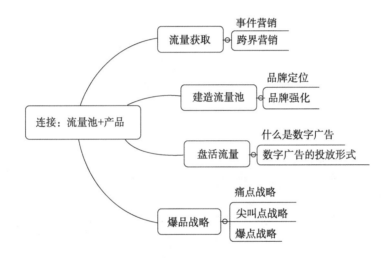

知识目标

1. 掌握流量获取、建造流量池以及盘活流量的主要方式。
2. 了解事件营销、跨界营销的概念和模式。
3. 理解品牌定位、品牌强化的要点和方法。
4. 掌握数字广告的要点和方法。
5. 了解爆品战略的要点和方法。

技能目标

1. 能够利用本章的知识分析企业获取流量、建造流量池的方式，并提出意见和建议。
2. 能够结合盘活流量的知识，分析企业在流量利用上存在的问题，并提出意见和建议。
3. 能够结合"爆品"战略对企业的产品推广提出相应的改进措施。

◆ **案例导入**

神州专车：流量池思维助力成功之路

神州专车作为互联网出行品牌，在高端出行领域有着不可撼动的地位。神州专车的成功离不开企业的流量池思维，再加上精准的品牌定位、合理的广告投放，以及跨界营销、场景营销、事件营销等营销方式多管齐下，神州专车最终在众多出行品牌中脱颖而出。

品牌差异化定位，打开流量源头

品牌是最稳定的流量池，神州专车深谙这个道理，所以在品牌定位上下足了功夫。网络专车出行存在两大痛点，一是安全，二是价格。前者是隐性痛点，后者是显性痛点。神州专车最大的竞争对手之一——滴滴出行的定位优势体现在价格上，如果神州专车也定位于"便宜"，肯定很难有好的成效，所以神州专车就选择在用户的隐性痛点上下功夫，将品牌定位于"安全"，这也为神州专车后续的运营和发展定下了基调。神州专车的商对客（business to consumer，B2C）模式为规范化、标准化、统一化管理打下了基础，管理规范了，出行也就更加安全了，这也成为神州专车的优势之一。

"Beat U"事件营销，借势而为强化定位

在其他出行竞品爆出安全负面新闻的同时，神州专车顺势而为，提出了"Beat U"的口号。代言人的"Beat U"事件营销海报更是"刷爆"朋友圈，在"蹭热度"的同时直击用户的痛点，强化了神州专车的安全形象。图4-1所示为"Beat U"事件营销海报。

图4-1　"Beat U"事件营销海报

六大垂直场景切入，让"安全"深入人心

针对安全这一定位，神州专车做了充足的市场调查，推出了6款安全场景产品，直击安全主体，使其迅速获客，并将用户有效留存。场景一：接送机，推出了"金色星期天，免费接送机""橙色星期二，每单打五折"等活动，深受商务人士青睐。场景二：会务用车，也称"头等舱计划"，为高端会议提供专用车，2016 年神州专车成为 G20 杭州峰会的指定用车。场景三：夜晚加班市场，推出"放心睡"活动，为职场女性保驾护航。场景四：孕妈专车，在提高安全性和舒适性的同时，与蜜芽、美柚等品牌合作，实现共赢。场景五：带子出行，锁定游乐和教育等领域，进行跨界合作。场景六：异地出差。神州专车对市场进行利基切割，集中优势强化安全形象，以影响用户，成效显著。

跨界商务拓展赋能品牌，分享流量实现共赢

完成品牌定位和认知之后就需要进行商务拓展。商务拓展本身就是一个流量池，用于进行流量的分享互换，即用流量换流量。神州专车与华为公司合作，成为华为公司多款高端手机唯一预装的出行软件。仅用了两个月时间，神州专车就通过华为公司获取了两万多名新用户，用户充值超千万元。神州专车还与三个爸爸、远大合作打造无霾专车，在车上安装空气净化器，在提升服务质量的同时也为三个爸爸和远大提高了品牌辨识度，神州专车的跨界商务拓展如图 4-2 所示。

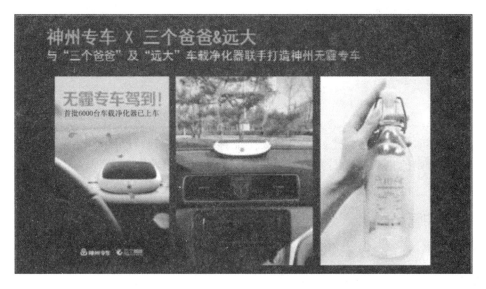

图 4-2 神州专车的跨界商务拓展

精准投放广告，全方位流量监测

在广告投放环节，神州专车更是煞费苦心。在应用商店优化、搜索引擎优化、搜索引擎营销等众多数字广告投放形式中，神州专车多管齐下，合理分配资源。在流量"作弊"的重灾区，神州专车进行了数字信息处理，加大对流量"作弊"的监控力度，确保流量的真实性和有效性。在广告制作上，神州专车将事件营销、IP 营销等营销方式结合，保证素材、文案的实时性、趣味性，提升广告的说服力，使其接受度变得更高。神州专车还不厌其烦地做好广告落地页细节，强势引导用户进行下载、咨询、充值等后续操作，以提升转化率，神州专车落地页如图 4-3 所示。

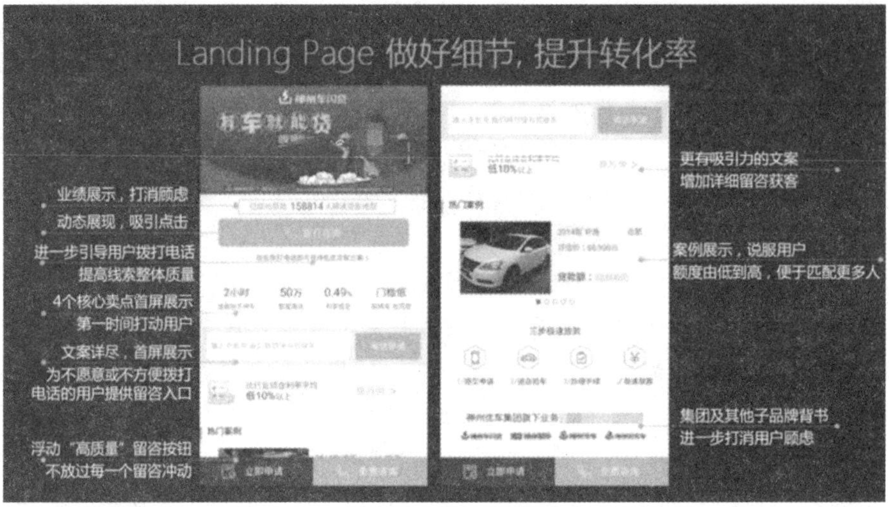

图 4-3　神州专车落地页

在流量就是力量的互联网时代，神州专车的成功之路无疑是值得我们学习和参考的。那么企业究竟是如何通过流量和用户建立联系的？流量池和产品在其中扮演着什么样的角色？本章将解答以上问题。

4.1　流　量　获　取

在互联网时代，流量就是金钱，各个企业都在努力构建自己的流量池。构建流量池首要的步骤就是流量获取，因为有流量才有流量池。本节将介绍两种较为常规的流量获取方式。

4.1.1　事件营销

事件营销对我们来说是一个并不陌生的概念，尤其是在现今的流量时代，事件的发酵速度非常快，所以事件营销可以说是一种可以快速获取流量的方式。

1. 什么是事件营销

事件营销起源于 20 世纪 80 年代的美国，它是由西方传播学家伊莱休·卡茨（Elihu Katz）和丹尼尔·戴扬（Daniel Dayan）合著的《媒介事件》一书中的"媒介事件"一词逐渐发展而来的。在这一概念提出之后，广告界和营销界逐渐开始重视媒介事件的特点和价值，并在实践中不断完善这一概念，继而有了如今的事件营销。

到目前为止，事件营销还没有形成科学、完整的理论体系，对于事件营销概念的界定也存在着不同的看法。综合国内外学者对事件营销的定义，国内学者骆靖等人在 2012 年对事件营销给出了最全面且被大多数学者所认同的定义：事件营销，是企业通过策划、组织和利用具有新闻价值、社会影响以及名人效应的人物或事件，吸引媒体和消费者关注，以提高企业或产品的知名度、美誉度，树立品牌形象，并最终促成产品或服务销售的营销方式。

2. 事件营销的模式

事件营销主要有两种模式：借势模式和造势模式。

（1）借势模式

借势模式是指企业借助已经发生并受到目标消费者关注的事件，寻找、创造企业与事件的某个关联点并嵌入其中，以媒介的传播作为桥梁来进行产品的宣传，从而使公众从对热点话题的关注转变为对企业的关注。

借势模式具有投入成本低、操作便利等优势，是目前企业进行事件营销时最常采用的模式。该模式又可以根据载体事件的不同，细分为借用重大突发事件型、借用社会重大事件型、借用社会问题型、借用热门影视娱乐作品型等。

①借用重大突发事件型。重大突发事件是指突然发生的、不在公众预料之中的事件，通常这类事件都会引起社会恐慌、牵动每个人心弦。利用这类事件进行事件营销时，企业通常会将经济利益放在后面，而将企业社会责任和形象作为营销的重点。

②借用社会重大事件型。与第一类事件相比，这类事件大多有利于国家发展和社会稳定，公众对其普遍重视、关注和了解，如北京申奥成功、北京奥运会、上海世博会、G20 杭州峰会等。

③借用社会问题型。社会发展的过程就是一个利益重新分配的过程，在这个过程中会产生许多新的矛盾，许多陈旧的观念会得到革新，许多新的问题也将会被放大，这些社会问题都是公众所关注的。

④借用热门影视娱乐作品型。借用这类事件通常是指企业利用当下热播的电视剧、电影，明星的音乐作品、综艺作品等对企业的产品进行宣传，主要形式包括提供赞助、明星代言、影视冠名等。

（2）造势模式

造势模式是指企业为了进行产品宣传，主动制造一些符合企业品牌和产品特色、满足自身发展需求的话题和事件，通过传播，使之成为公众所关注的热点话题和事件。

造势模式下的事件营销必须满足创新性、公共性和互惠性原则。创新性是指企业制造的话题、事件必须有亮点，要么能取悦消费者，要么能让消费者产生共鸣，只有这样才能获得公众的关注。公共性是指企业制造的话题必须有一定的受众基础，避免缺少双向互动。互惠性是指此次事件营销不仅要为企业自身带来利益，还要站在消费者的角度，实现消费者的某种诉求。这种诉求不仅应包括企业产品给消费者带来的好处，还应包括企业产品带给消费者心理上的满足等，从而实现企业和消费者的双赢，这样企业才会获得公众的持续关注。

4.1.2　跨界营销

1. 什么是跨界营销

"跨界"一词最早出现在篮球领域，原指运球的一种方式，20 世纪以后逐渐被引入营销界，如今跨界营销已成为被众多企业所青睐的一种营销模式。跨界营销就是在市场调研的基础上根据不同行业、不同产品、不同偏好的消费者之间所拥有的共性和联系，使一些原本毫不相干的元素互相融合、互相渗透，在为消费者提供产品原有价值的同时给其带来新的附加价值，彰显出一种新锐的生活态度与审美方式，并赢得目标消费者好感的营销模式。企业通过这种营销模式与同行业或者其他行业的企业合作，为共同的消费群体创造更多的价值，实现流量共享，最终达到共赢的目的。

2. 跨界营销的类型

（1）促销跨界

跨界营销最常见的类型就是促销跨界。促销跨界是指企业通过与其他不同行业的企业开展短期合作，对共同的消费群体进行重新定位，以共同提高销量的一种营销模式。而在促销跨界中，最受企业青睐也是最有效的方式就是联合创意，即品牌双方共同想一些创意、做一些活动，对产品进行促销宣传。在很多情况下，如果品牌之间的合作契合点巧妙、合作内容有创意，就能带来一些流量及关注，效果往往也会比普通的投放广告好。

（2）产品跨界

产品跨界是指借助不同行业的概念、功能、技术来创造新的产品或者对现有产品进行升级，又或是研发有别于本品牌主流产品所在行业的其他行业的产品。产品跨界主要有以下两种方式。

①改变产品的价值属性。改变产品的价值属性主要是指在原有产品的基础上附加属性或者强化产品的其他属性，使产品焕发新生，树立全新的产品形象，在不同的领域拓展市场。

②不同品牌共同合作研发新产品。企业可以和同行业或者其他行业的企业进行合作，优势互补，借鉴不同的产品理念，为用户带来全新的体验和感受，在产品跨界的过程中往往也伴随着技术跨界。

（3）渠道跨界

渠道跨界是指两个或多个不同行业的企业或品牌基于渠道共享进行的合作。随着"互联网＋"时代的到来，线下渠道不断与线上渠道进行跨界融合，原有的常规渠道向新的移动互联网渠道进行拓展与开发，逐步形成全方位、立体化的渠道体系。渠道跨界主要有两种方式。第一种方式是渠道和平台共享，即具有相似目标消费群体的不同品牌交换并共享渠道和平台，让目标用户能够广泛接收品牌信息。第二种方式是线下渠道与线上渠道融合。线下渠道的价值在于能够为用户提供切实的体验和服务；而线上渠道则能够为用户提供足不出户的便捷服务，既能节约用户的时间又能缩短距离。二者相得益彰，共同打造全新的渠道生态圈。

4.2　建造流量池

在"流量为王"的互联网时代，有人提出了"流量池思维"这一概念来帮助企业实现快速发展。流量池思维是指获取流量后通过对流量的存续运营来获取更多的流量，而品牌就是企业最稳定的流量池。

品牌能够解决消费者的认知、信任问题，更高级的品牌甚至是一种文化或信仰，具有很强的韧性和生命力，能够提升消费者的忠诚度。只要品牌能够占领消费者的心智，那么知名度、美誉度、忠诚度将随之而来，流量池也就围绕着品牌建立起来了。本节将主要从品牌定位和品牌强化两个方面阐述企业应如何建立自己的品牌，从而建造属于自己的流量池。

4.2.1 品牌定位

1. 什么是品牌定位

"定位"一词最早见于1969年的美国《行业营销管理》杂志，阿尔·里斯（Al Ries）和杰克·特劳特（Jack Tront）发表了一篇名为《定位：同质化市场突围之道》的文章，引起了学界的关注。1972年，两位作者又为《广告时代》杂志撰写了题为"定位时代"的系列文章，"定位"这一概念开始受到广泛关注。1981年，这两位作者在其经典著作《定位》一书中指出，"定位是在拥挤的市场上与目标客户进行沟通的工具"，这一观点在美国企业界引起了巨大轰动，由此也使世界营销理念发生了翻天覆地的变化。品牌定位就是在定位的基础上对品牌进行设计，从而使其能够在目标消费者心目中占据一个独特的、有价值的位置的过程。

2. 品牌定位的策略

（1）对立型定位

对立型定位是指企业选择接近现有竞争者或与现有竞争者重合的市场位置，与现有竞争者争夺同样的消费者，并且在产品、价格、分销及促销等方面采取差别不大的定位策略。对立型定位是强竞争性导向（非消费者需求导向），突出自身与竞争对手的显著差异的定位策略，适合所在市场已经相对饱和、后发创业的品牌。从形式上讲，对立型定位往往在广告语言上会使用"更""比""没有""增加"等词以及"不是……而是……"等句式来体现对比优势，并且一破一立，很容易让消费者产生不利于竞争对手的联想。

比如，当滴滴出行已经成为快车、专车的代名词时，神州专车作为后发者，以滴滴出行为竞品，提出了"更安全的专车"这一广告语，让竞品被联想为"不安全的专车"，这就是"人无我有"；农夫山泉的广告语"我们不生产水，我们只是大自然的搬运工"，强化了其天然矿泉水的定位，让消费者在直观感受到产品价值的同时，也对其他矿泉水品牌产生消费怀疑；针对竞争激烈的牛奶市场，特仑苏的定位是更高品质、"奶中贵族"，"不是所有的牛奶都叫特仑苏"这一广告语既霸气又低调，这就是"人有我强"。

（2）USP定位

20世纪50年代初，美国学者罗瑟·瑞夫斯（Rosser Reeves）提出"独特的销售主张"（unique selling proposition, USP）理论。从理论上讲，对立型定位也是一种USP定位（人无我有），但从实践上讲，我们一般说的USP定位更集中强调产品具体的特殊功效和利益，是一种理想型定位。从表现形式上看，USP定位最容易形成的就是场景型口号，即在某种场景（或问题）下，"你应该立即选择我的产品"，"……就用……"是 USP 定位最常用的句式。

在实践中，USP 定位被应用得最多，身边的案例更是数不胜数。比如，斯达舒的广告语"胃痛、胃酸、胃胀，就用斯达舒"就是 USP 定位的典型案例，明确场景、明确产品利益，让消费者一听就明白，一对应症状就能联想到产品。OPPO 手机的广告语"充电 5 分钟，通话 2 小时"也应用了 USP 定位策略，突出了其闪充功能；士力架的广告语"横扫饥饿，做回自己"，体现该品牌始终坚持的是抗饥饿食品定位……总之，USP 定位的应用方法基本是着眼于某个强大的产品功能，对其进行概念包装，给消费者留下鲜明的印象，建立竞争壁垒。

（3）升维定位

与对立型定位的思维方向正好相反，同样是竞争，采用升维定位的品牌不跟竞争对手在同一概念下进行差异化较量，而是直接升级到一个更高的维度，创造新的蓝海品类市场，对竞争对手实行"降维打击"。简而言之，升维定位就是在定位过程中，创造或者激发新的需求，让消费者觉得这个产品不同于同一品类的其他产品，它是一种更高维度的价值体验，从而使这个品牌成为该品类的典型代表。在表现形式上，升维定位通常会使用"×××行业开创者""重新定义×××""×××革命"等比较夸大的字眼。虽然这些广告语看起来有些"大而空"，但消费者通常有趋强、好奇、选大牌、选更先进产品的心理，所以也会产生较好的效果。

比如，在小米、乐视还未推出互联网电视之前，传统电视制造商已经开发了可连接互联网、在线看视频的电视（如长虹的 CHIQ 电视），但是它们都没有整体发力抢夺互联网电视的概念。小米、乐视进入家电市场后，没有任何顾忌，它们认为"我就是来'革命'的，根本不需要做副牌"，其产品定位直接就是"互联网电视"。抢夺最大的概念、占据最大的交椅，收获最大的消费认知，这就是升维定位的优势。

4.2.2　品牌强化

有了好的品牌定位还不足以让消费者快速认识品牌、记住品牌，所以在完成品牌定位之后，还需要对品牌进行强化。我们都知道，消费者记忆图片、形状、音频的能力远比记忆文字的能力强得多，所以本小节就从视觉强化、听觉强化、触觉强化和嗅觉强化4 个方面对品牌强化进行讲解。

1. 视觉强化

麦当劳的"M"标志、肯德基的老爷爷形象、腾讯 QQ 的企鹅图标……一想到这些品牌，消费者脑海中是不是就自动浮现出了对应的画面呢？好的视觉符号在消费者随意一瞥时就能给其留下深刻印象。品牌的视觉符号包括产品 logo、产品包装和代言人三个部分。

（1）产品 logo

产品 logo 是品牌的视觉标志，一般分为文字 logo 和图形 logo。无论是哪一种 logo，都应尽量简化设计，让消费者所见即所得。此外 logo 所包含的信息不宜过多。

logo 设计除了在文字、图像方面有讲究，其配色同样很重要。现在各个企业的 logo 设计都存在一个趋势，就是 logo 使用单一的纯色，让品牌有一个鲜明的主题色，这个主题色同样也是消费者对品牌的记忆点。比如，不少消费者熟悉的蒂芙尼蓝、阿玛尼红（见图 4-4），都是主题色使品牌在消费者心中留下了鲜明印象。需要注意的是，色彩本身的调性（如黑色的神秘感、橙色的明亮感、金色的高贵感）也会赋予品牌不一样的个性和调性，在选择配色时应注意配色要与品牌定位相匹配。

图 4-4　蒂芙尼蓝、阿玛尼红

（2）产品包装

产品包装不仅是品牌最重要的免费广告载体，也是消费者消费的衡量因素之一，所以企业需要花大量精力研究包装的视觉符号。

首先，产品的特殊造型本身就是一个强有力的视觉符号，也就是说产品即包装。比如，苹果手机的造型、可口可乐的曲线瓶、迪奥真我的长颈香水瓶、路铂廷（Christian Louboutin）口红的萝卜造型、阿迪达斯的椰子鞋等。这些经典造型颠覆和突破了常规造型，所以有很高的辨识度。图 4-5 所示为迪奥真我香水、路铂廷口红。

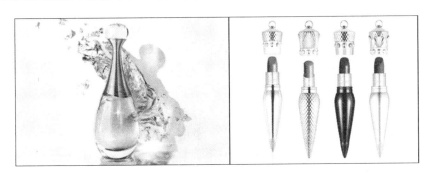

图 4-5　迪奥真我香水、路铂廷口红

其次，注意主题色的运用。和产品 logo 一样，产品包装应尽量坚持一个主题色，与产品形状、logo、视觉图形等形成产品的专属个性，从而形成视觉优势，如王老吉的红色、可口可乐的红色、雪碧的绿色等。

最后，与产品有关的视觉图形的运用也很重要。视觉图形也被称为"辅助标识"，用于进一步增加和具象化产品特点，有时甚至比产品 logo 本身更加重要，还可能成为整个包装的核心亮点。例如，椰树牌椰汁的包装被不少消费者吐槽，称其毫无美感，但这个色彩组合给人以强烈的视觉冲击，陈列出来很扎眼，同时传递了一种"我很丑，可我很实在"的反差感，所以其包装赚足了话题度，不少网友还利用这一包装进行恶搞创作，提升了椰树牌椰汁的品牌辨识度。图 4-6 所示为椰树牌椰汁。

图 4-6　椰树牌椰汁

（3）代言人

代言人是给品牌带来流量的重要一环，所有有知名度的明星都是强 IP，自带流量输入的功能，同时也是品牌的信任背书，是企业打造市场符号的首选。但在"流量为王"的时代，一个明星可能代言了数十个品牌，导致消费者很容易产生记忆混乱。所以在选择代言人时，仍然要注意明星形象与品牌个性的匹配度，塑造代言人与企业产品特点的强关联，尽量与他们的其他代言产品区别开来。

请明星为企业代言虽然能使品牌宣传达到很好的效果，但也存在着代言费昂贵、与消费者有距离感、信用危机大等风险，所以企业还可以选择其他人作为代言人。比如，企业高层管理人员和创始人成了不少企业的品牌符号，让企业高层管理人员和创始人作为代言人，除了成本低，还具有区别性好、个性独特、信任背书强有力、广告公关能够一起抓等优势，如乔布斯、扎克伯格、雷军、董明珠等企业家都为自己的品牌代言。

除此之外，选择员工作为代言人也是一个大趋势，尤其是在服务行业，服务人员凭借其真实感、专业感，通过视觉形象包装，就可以成为企业的一张鲜亮的名片。这样做的优势除了成本低，还能够让消费者了解服务背后的真心与艰辛，能够拉近企业与消费者之间的距离，让消费者更直接地感受到服务的价值。比如，京东红故事，就是用一系列色差构图来表现身穿红色服装的京东送货员，传达京东物流人员任劳任怨的精神和京东服务人员的敬业与专业精神，从而与消费者进行情感上的沟通。图 4-7 所示为京东红故事。

"沙漠里虽然风沙大，但特别有意思，同样一条路，今天看到的沙丘，明天可能就没了。"
——内蒙古阿拉善左旗站配送员

【沙漠行者】
工号：
配送总里程：12951千米
腾格里沙漠南北长240千米，东西宽160千米，正是陈师傅日复一日的穿越漫天黄沙，为资源匮乏的牧民们送水送货，才让这苍茫大漠中，绽放出一抹鲜艳的京东红。

JD Red Story

图 4-7　京东红故事

2. 听觉强化

（1）品牌口号

好的定位一定要有好的口号与之匹配，以便于品牌的传播。在设计品牌口号的时候，不能太过于书面化，要尽可能地贴近消费者的生活，也要在口号中向消费者传达品牌的信息，尽量弱化广告腔，不要说大话空话，更不要说消费者听不懂的话。

比如，脑白金的广告语"送礼就送脑白金"，消费者耳熟能详，不仅因为这个口号洗脑，更重要的是它在口号中融入了特定的消费场景，很容易让消费者产生联想，一到需要送礼的时候就会想到脑白金；OPPO 手机的广告语"充电 5 分钟，通话 2 小时"用数据说话，简单直接；饿了么的广告语"饿了别叫妈，叫饿了么"，能够让消费者快速记住。

（2）品牌韵曲

韵曲是指既吸引人又容易让人记住的、简短的韵文或歌曲，常在广播或电视广告的结尾部分出现。韵曲的设计需要遵循短小精悍的原则，这样才能起到用声音唤起消费者记忆的效果。比如，英特尔广告结尾的声音"灯，等灯等灯"，京东广告最后的女声"京东"，酷狗音乐的启动声"Hello，酷狗"等。

3. 触觉/强化

人的皮肤是非常敏感的，同时人的触觉也是有记忆的。物体的触觉属性主要有质地、硬度、温度和重量四种，光滑或粗糙、软硬、冷热和轻重等都会影响消费者对产品的感知，进而产生对品牌的记忆。比如，消费者触摸到柔软的物品会感到舒适和放松，那么床上用品品牌就可以在广告或实体店中重点打造柔软触感的体验感，让消费者自然产生对产品和品牌的联想。再比如，为什么很多高端手机都会设计成磨砂质感且有一定的重量，就是因为这两种触感都能给人以安全、可靠、严肃和有格调的感受。

除了触觉本身，它还会和其他感官产生交互作用，进而影响消费者的联想记忆。比如，触摸物体时往往伴随着声音，我们会通过触摸洗衣机运转时的震动程度以及工作声音来判断洗衣机的质量；我们也会通过菜品包装与菜品本身的味道来综合评价一道菜以及该餐厅的品质……这些都是触觉与其他感官共同产生的影响。

4. 嗅觉强化

嗅觉会唤起人们内心深处的记忆，大家是否遇到过这样的情况：空气中突然飘来的味道会让自己觉得似曾相识，还会唤起内心深处的某种情感，甚至会让你想起某个人等。对于品牌而言，嗅觉是很好的记忆点，咖啡店里总是有浓浓的咖啡香气，火锅店里总是弥漫着牛油锅底的香味，香水柜台也有着品牌特有的香水味……嗅觉强化也要突出品牌的特点，否则无法准确地唤起消费者的品牌记忆。就香水而言，祖马龙的蓝风铃、宝格丽的大吉岭茶、香奈儿的可可小姐等，都是成功的嗅觉强化案例。

4.3 盘 活 流 量

企业在运用一系列方法获取了流量，并建立了自己的品牌流量池之后，接下来要做的就是盘活流量。这个词听起来很抽象，简而言之，就是将现有的流量作为工具，以获取更多的流量，形成品牌流量池的良性循环。裂变营销和数字广告是两种盘活流量的方式。本节主要介绍数字广告，裂变营销的内容在后续章节会有详细讲解。

4.3.1 什么是数字广告

在新媒体时代，媒介形态更加多元化，数字化技术已渗透到企业发展的许多方面。作为营销手段之一的广告也受到了很大的影响，广告主、广告受众、广告内容、广告形式以及广告投放媒介等方面都发生了相应的改变。

北京大学传播学教授陈刚及研究员潘洪亮，在数字技术不断发展的趋势下重新对广告进行了定义：广告是由一个可确定的来源，通过生产和发布有沟通力的内容，与生活者进行交流互动，意图使生活者发生认知、情感和行为改变的传播活动[①]。数字广告作为广告的一种类型，具备广告的基本功能，特指以数字媒体为载体的各种广告。

4.3.2 数字广告的投放形式

1. 搜索引擎营销

搜索引擎营销（search engine marketing，SEM）是基于搜索引擎平台的网络营销方式，它利用用户对搜索引擎的依赖和使用习惯，在用户检索信息时将信息传递给目标用户。SEM 的基本思想是让用户发现信息，并通过点击链接进入网页，进一步了解所需要的信息。企业通过搜索引擎进行付费推广，让用户可以直接与企业客服人员进行交流，了解企业产品或服务，从而达成交易。SEM 具有使用范围广、用户主动性强、竞争性强、动态更新等优势，但使用成本较高。

---

① 陈刚，潘洪亮.重新定义广告——数字传播时代的广告定义研究[J].新闻与写作，2016(4): 24-29.

SEM 的主要流量来源是各大搜索引擎。根据移动互联网端的推广渠道，数字广告大致可以分为关键词广告和展示类广告两类。前者主要包括百度搜索、搜狗搜索、360 搜索、神马搜索等；后者主要包括百度联盟、搜狗联盟、百度移动需求方平台（demand side platform，DSP）①等。SEM 广告的展现形式多种多样，主要包括文字链、图文、横幅广告、视频等。

2. 应用商店优化

应用商店优化（App store optimization，ASO）就是利用应用商店里的排名和搜索规则，让企业自有的 App 在应用商店、排行榜和搜索结果中的排名提高的过程。ASO 可以提高企业 App 的曝光度，同时可以在用户搜索相关行业词时起到拦截其他 App 的作用。由于 ASO 面对的是主动搜索的用户，所以用户更加真实、精准，且有真实的使用需求，这类广告的投放转换成企业实际流量的可能性也就更大。

企业可以从以下四个方面来实施 ASO 策略。第一，App 名称应该由主标题和副标题组成。比如，搜索音乐类 App 时，酷狗音乐的名称是"酷狗音乐—就是歌多"，网易云音乐的名称是"网易云音乐—音乐的力量"等。"主标题+副标题"的形式能让用户更快地了解 App 的特征，也能帮助企业自有的 App 在同类 App 中脱颖而出。第二，对 App 的描述。对 App 的描述包括两个部分，一个是 App 名称下的一句话简介，另一个是打开 App 详情页之后的详细介绍，前者应该具有高度概括性和"吸睛"的作用，后者则应该尽可能详尽地展示 App 的特点。第三，App 的图标。这部分内容已在 4.2.2 小节中介绍过，此处不再赘述。第四，App 的截图及视频。这部分内容应该尽可能体现 App 特有的风格，或简洁或华丽，或画风精美或音乐动人，总之要能体现差异化，同时要将 App 的使用方法融入其中，降低用户的使用难度，提高用户下载 App 的可能性。

3. 原生广告

原生广告（native advertising）出现于 2012 年，它不仅是一种伴随着智能手机以及移动互联网发展浪潮而流行起来的新型广告形式，还是一种让广告作为内容的一部分植入实际页面设计中的广告形式。比如，当用户在手机上"刷"微博时，某个产品的广告会以博文的形式出现在用户的微博界面中；当用户在手机上看新闻时，某个作品的广告会以新闻报道的形式出现在浏览界面中。也就是说，原生广告是指在不破坏用户体验的情况下将广告呈现在用户面前。

原生广告的形式不受标准限制，可随场景变化，主要包括视频类、主题表情类（将广告信息制作成各种主题、表情等）、游戏关卡类、信息流类（以智能推送的方式出现在社交媒体用户的好友动态中的广告）、手机导航类等。

4. LBS 定投广告

LBS（location based service）意为基于位置的服务，LBS 定投广告就是指利用 LBS 技术，通过移动互联网设备将广告投放到信号覆盖周边数千米范围内的人群中。这项技

---

① 需求方平台（demand side platform，DSP）以精准营销为核心理念，是服务于甲方/代理公司，集媒体资源购买、投放实施优化和出具分析报告功能为一体的一站式广告需求方平台，为广告主通观广告投放全局提供了可能。

术对于有线下实体店铺的企业而言有着很好的宣传效果，该技术还可以同原生广告相结合，达到投放更加密集、变现效果更好的目的。

以瑞幸咖啡（以下简称"瑞幸"）为例，瑞幸的线下门店选择了以单点为核心的 LBS 定投广告形式，投放渠道为微信朋友圈，覆盖范围是以门店为中心的商圈、居民区。瑞幸将广告设计成朋友圈动态，风格简单大方，在目标用户群体"刷"朋友圈时将广告投放到他们的手机上，并在广告中嵌入优惠券领取的链接，下方则是附近门店的地址。这样的广告吸引了用户对其的关注，数据显示，瑞幸的 LBS 定投广告点击率达 3.5%，领券率超过 40%，在同类广告中遥遥领先。图 4-8 所示为瑞幸在微信朋友圈投放的 LBS 定投广告。

图 4-8　瑞幸在微信朋友圈投放的 LBS 定投广告

4.4　爆品战略

过去企业依靠大规模批量化生产某一单品，以渠道作为企业的核心竞争力之一就能在市场上立于不败之地。但是在互联网时代，只有掌握了用户价值取向才能拥有流量，拥有了流量才能建立自己的商业模式。在这样的背景下，爆品、口碑、用户成为企业的制胜法宝。何为爆品？爆品就是"引爆"市场的口碑产品。本节将主要介绍打造爆品的 3 个战略：痛点战略、尖叫点战略、爆点战略，三者相互组合、层层递进，是企业打造爆品、获取流量的可行战略。

微课 4.1　百雀羚

4.4.1　痛点战略

1. 什么是痛点

痛点多是指尚未被满足而又被广泛渴望的需求。通俗地讲，痛点就是在沙漠里渴了却没有水，在大海里航行却没有指南针……痛点是一切产品研发的基础，也是一切产品创新的基础，找不准用户的痛点，也许就是产品失败的源头。

过去的市场对产品的要求并不高，如果用百分制衡量营销 4 个策略（product、price、promotion、place，4P）中各个因素的重要性，那么产品做到 60 分，渠道做到 90 分就能够在市场上久盛不衰，所以企业对用户需求的挖掘并不深，但是在互联网时代，企业必须对用户需求做深度挖掘，将产品做到 100 分甚至 120 分才能赢得市场。只有抓住用户的痛点，产品才有被引爆的可能。接下来将主要介绍寻找痛点的两个方式：寻找市场风口、寻找用户的一级痛点。

2. 如何寻找痛点

（1）寻找市场风口

有这样一句话："站在风口，猪也能飞起来。"由此可见市场风口的重要性，寻找市场风口也是寻找、触及用户痛点的第一个法则。从用户的角度思考，风口就是国民性痛点，是绝大多数用户最迫切的需求点。在互联网时代，企业如果能找到一个国民性痛点，就能够迅速打造一款爆品。这里主要介绍以下三个寻找市场风口的关键点：市场的深度和广度、消费频率、标准化。

①市场的深度和广度。在寻找风口的时候，企业需要重点考虑市场的深度和广度。有的企业一味追求创新和小众，最终的结果可能是吸引了一小部分人，而与大众市场脱轨，花大价钱打造了产品但是买单的人少之又少。"又肥又大"的市场才是真正的风口，因为这样的市场体量大，不怕没有受众。很多人创业时首先会想到衣食住行，就是因为这些都是很大的市场，是每个人的刚需。

一个完美的用户系统（a perfect user system，APUS）桌面是由奇虎 360 副总裁李涛离职后创立的公司研发的一款 App。李涛通过对海外市场的调研，预测我国互联网企业未来只有两条路可选：一是整合发展垂直细分领域，二是全面进军海外市场。2006—2014 年，我国 8 亿智能手机用户已被充分开发，互联网产品的供给大于市场的需求。相反，海外是一个巨大的风口。俄罗斯、巴西、印度等新兴市场拥有 20 亿～25 亿智能手机用户，是我国市场规模的 3 倍以上，但是整个市场供给量不到我国的 1%。针对海外市场这一空缺，李涛认为用户的痛点是 App 要足够小。因为海外大部分用户的手机内存较小，但手机桌面 App 的安装包大多都是几十 MB，这对手机性能有较高的要求，因此李涛将 APUS 桌面设计成只有 1MB 大小，力求结构简单，摒弃了所有手机桌面 App 采用的双层结构，选择做单层结构的桌面。不出所料，APUS 桌面上线一周就收获了 100 万用户，上线一个月就拥有了 1000 万用户，上线 3 个月就达到 4000 万用户，上线半年就达到 1 亿用户，仅用一年时间就斩获了 2 亿用户。

②消费频率。寻找市场风口的第二个关键点就是看用户的消费频率，找到用户高频消费的需求点才能占领市场。

饿了么就是靠高频消费发展起来的。在过去，没有人能看上外卖这个市场，外卖更多是小饭店、夫妻店爱做的生意，因为客单价太低、利润少。但是饿了么看中了这个市场的巨大价值，因为外卖的消费频率很高。饿了么由上海交通大学的 4 名学生于 2008 年创立，一直主攻高校外卖市场。对于高校学生而言，外卖需求是一大痛点，因为学校食堂满足不了学生多样化的餐饮需求。食堂限定营业时间、不提供送餐服务、食物品种单一，学校周边的小餐馆也需要更低成本的信息发布和送餐平台，这些都是外卖得以发展的重要原因。

③标准化。提到爆品大家可能会想到独特、创新等词，但是标准化是产品得以引爆的关键，如果只走小众化的创新道路，产品就只能在利基市场发展，无法达到引爆市场的效果。从标准化的角度来看，所有的产品和服务都可以分为 3 类：标准品，如手机、化妆品等；半标品，如衣服、鞋子等；非标品，如家具等个性化产品。标准品是针对非标品而言的，因为很多传统的线下产品都是非标品，要将这类非标品标准化很难，但是一旦成功就能带来意想不到的效果。比如，爱空间是一家互联网家装公司，它开创了标准化家装的先河，为用户提供标准化的家装方案：699 元/平方米，为用户提供一键装修解决方案。爱空间官网页面如图 4-9 所示。

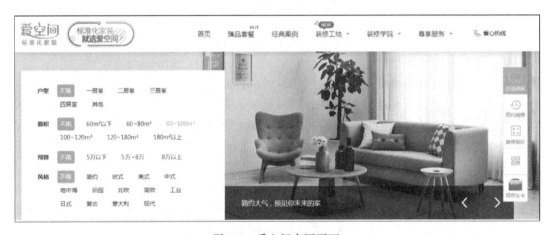

图 4-9　爱空间官网页面

（2）寻找用户的一级痛点

风口是打造爆品的必要条件，但不是充分条件。事实上，找到风口的企业也有可能失败，最关键的原因就是没有增强用户黏性。换句话说，就是没有留存率，用户来了但是又走了，没有盘活流量。所以，寻找痛点的第二个关键点就是寻找用户的一级痛点。

何为一级痛点？一级痛点和痛点又有什么联系呢？用户的痛点就像一个金字塔，有一级、二级、三级、四级、五级、六级、七级。一级痛点就是用户最关键、最迫切的需求点，也是促使用户产生购买行为的最重要的一点。用户的一级痛点跟马斯洛需求层次理论提到的需求的 5 个层次有着相似之处，其也分为 3 个层次，即贪、嗔、痴。贪主要指性价比，嗔主要指高格调，痴主要指粉丝模式。

①贪——性价比。"贪"就是用户喜欢占便宜、追求性价比的心理。提高性价比就是针对"贪"的最好解决方案。大家可能会认为性价比高就是便宜，但性价比的关键并不在于价格，而在于产品的性能，企业要用高性能来提高用户的感知价值。

②嗔——高格调。用户在追求性价比的同时还十分注重产品的格调，这是一种更高

层次的消费维度，能够在精神和情感上满足用户的需求，增加用户对产品的认同感。格调的本质就是社会性认同，只有给用户带来区别于他人的品位和格调，以及更多的附加价值的产品，才会受到更多用户的喜爱。当产品形成了特有的格调时，这个产品就有了区别于其他产品的特质，这也是爆品所必须具备的条件。

比如，Beats 耳机的外观设计感堪比跑车、苹果手机，其标志性的英文字母"b"更是一种时尚格调的体现。但用户对 Beats 耳机的评价并不高，甚至有人狠狠吐槽了它的音质、使用感受等，称它跟同等价位的其他产品相比，除了好看没有任何优点。这样一个性价比较低的产品之所以仍然有着广阔的市场，就是因为它依靠自身的高格调赢得了用户的喜爱。图 4-10 所示为 Beats 耳机。

图 4-10　Beats 耳机

③痴——粉丝模式。"痴"是"贪"和"嗔"共同作用下的最高境界，就是将用户变成产品的粉丝，让用户成为产品的拥护者、宣传者。比如，饥饿营销就是一种驱动粉丝的机制。真正驱动用户成为粉丝的是特权，当然，饥饿营销背后的驱动力也是特权。

小米手机的 MIUI 系统发展的早期靠的是 100 个铁杆粉丝，这 100 个铁杆粉丝就是被赋予特权的那批人。这 100 个铁杆粉丝可以参与 MIUI 系统的设计、研发、改进等，他们是 MIUI 系统的首批使用者，小米内部称其为"100 个梦想赞助商"。这是一种滚雪球效应，100 个铁杆粉丝受特权的驱动，带动身边更多的人成为小米的用户，雪球越滚越大，引爆的是用户对参与体验创新的兴趣。这样的模式给小米带来了最初的一批米粉，而作为产品的研发者、创作者，这批粉丝的忠诚度可想而知。在这些人的带动下，小米的粉丝模式就逐渐形成了。

4.4.2　尖叫点战略

1. 什么是尖叫点

尖叫点就是用户的口碑指数。接下来将介绍三种寻找产品尖叫点的工具：流量产品、产品口碑、快速迭代。其中流量产品创造高用户价值，快速迭代创造高公司价值，产品口碑介于二者之间，是连接二者的桥梁。

2. 如何寻找尖叫点

（1）流量产品

流量产品是指能够获取大量用户的产品。流量产品不一定是爆品，爆品的关键不是低价，但是流量产品的关键是低价，甚至是免费，它依靠低价或免费来获取大量的流量。流量产品可分为以下两种类型。

①互联网企业的流量产品。互联网企业打造流量产品最常用的方式就是免费和补贴。首单免费几乎是所有互联网企业最基本的招数。比如，瑞幸的首单免费方式就是用户分享给好友之后，可免费再得一杯饮品。容量为 10400 毫安的小米移动电源才卖 69 元，小米插线板也只卖 49 元，这些都是小米采用补贴方式打造的流量产品。于互联网企业而言，打造流量产品最重要的目的不是盈利，而是引入流量，打开了流量的入口之后企业才有后续的发展。

②传统企业的流量产品。流量产品并非互联网企业的专属产品，传统企业也可以打造流量产品。某家居公司就是打造流量产品的高手，它很注重把握用户的痛点，且很多产品是低价产品。此外，该家居公司在产品陈列方面也很有讲究，每隔几米就摆放一个流量产品，以保证消费者只要去了该家居公司之后就不会空手而归。

（2）产品口碑

口碑就是超越用户预期，就是在一星级餐厅，能享受五星级的服务。好产品不一定有口碑，便宜的产品不一定有口碑，又好又便宜的产品也不一定有口碑，唯有超过了用户预期的产品才会有好的口碑。要想打造产品口碑，需要注意两个要素：病毒系数、超预期的用户体验。

①病毒系数。病毒系数用于描述用户在使用一个产品时，有多大的可能性将其分享给另外一个用户。正如上文所介绍，用户的裂变分享能够导致病毒式传播，拥有越大病毒系数的产品越能够得到更好的推广。

②超预期的用户体验。对于企业而言，打造超预期的口碑就是"让用户爽"。这一点做得最好的当属海底捞，海底捞的服务绝对是超越了用户预期的服务。海底捞的服务肯定不会比五星级酒店的服务好，但是它却获得了比五星级酒店更好的口碑，因为用户去火锅店的预期大多是在菜品上，对服务的期望并没有那么高，而海底捞就是让用户花菜品的钱，享受超越预期的服务，让用户觉得物超所值，自然会引起用户的自发传播。口碑的核心是超预期，就是企业做的事情超越了用户认为其该有的水平，如果是在五星级酒店享受到了良好的服务，用户大概率不会进行口碑宣传，因为这在用户看来是理所应当的，花了这么多钱就应该享受这样的服务。

（3）快速迭代

快速迭代就是根据用户的反馈，不停地进行产品的迭代和更新。快速迭代对于软件产品是非常重要的，硬件产品也同样需要加快迭代速度。快速迭代还是一种试错机制，可以快速纠正产品的失误，所以其无疑是让用户自己找自己的痛点，比起企业在黑暗中摸索，用这种方式找痛点更加直接、准确，也为口碑的打造提供了用户基础。

小米针对其 MIUI 系统建立了一个每周迭代的机制。这种每周迭代的设计变成了小米一个非常重要的节点，即"橙色星期五"。MIUI 系统开发版每周五下午 5 点发布，在周五更新完成后，小米会在下一周的周二让用户提交四格体验报告，这样就能有效监测哪些功能是用户喜欢的，哪些功能让用户觉得很糟糕。小米更新 MIUI 系统后开展的用户意见征集活动，很多时候会有 10 万多名用户参与。利用这些用户的反馈，小米手机的MIUI 系统能够快速、精准地完成更新，更新之后优化了用户的使用感受，接着，小米会继续收集数据，准备下一次的迭代，这样的良性循环不仅能优化用户的体验，还能极大限度地增强用户黏性、提高用户忠诚度，小米的粉丝模式也因此能够长久地持续下去。

4.4.3 爆点战略

1. 什么是爆点

上文介绍了痛点和尖叫点，一个产品要想成为爆品，找到用户的痛点是油门，找到产品的尖叫点是发动机，而爆点就是引爆用户口碑，打造爆品的放大器。爆点是引爆用户口碑最直接的触发机制，若说"万事俱备，只欠东风"，那么爆点就是"东风"。

爆点战略的核心是通过互联网引爆用户传播的能量，而爆点的核心就是精准。对于企业而言，更省力也更精准的广告投放方式就是将广告投放至社群，社群聚集了具有相似需求的用户群体，社群让企业的营销传播有的放矢，小米就是典型的例子。

2011 年，"小米 1"推出时，用户的一级痛点就是智能手机都是"伪智能"，性能不够好。"小米 1"找到的产品尖叫点是我国首款双核 1.5GB 智能手机，售价 1999 元。2011年 8 月，小米开展了一个爆点营销活动，主题为"我是手机控"。当时的小米几乎没人知道，那么它该如何引爆口碑呢？小米想到的办法是让用户晒自己用过的手机。由于当时微博上的传播形式还是以纯文字加图片为主，如果只是让大家来晒手机，参与成本太高。为此，小米开发了一个"我是手机控"的页面生成工具，用户可以很方便地生成自己专属的手机编年史，再点击"分享"就可以发到微博上。这个活动上线当天，分享次数就突破了 10 万次，"我是手机控"话题在新浪微博上有超过 1700 万条讨论，而小米没有花一分钱的广告费。

2. 如何打造爆点

爆点战略的布局主要有三个关键要素：核心族群、用户参与感以及事件营销。事件营销的相关内容在 4.1.1 小节中已经进行了详细的讲解，接下来主要讲解核心族群和用户参与感这两大关键要素。

（1）核心族群

核心族群是在用户细分的基础上产生的，"星星之火，可以燎原"，核心族群在企业的发展过程中就是那些"星星之火"，是企业的目标用户群体中与企业战略方向、产品功能、产品调性等最符合的，且能够影响其他用户的那群用户。核心族群于企业而言的意义就是，通过小众（核心族群）影响大众，通过大众引爆互联网。比如，小米的核心族群就是"米粉"，京东的核心族群是 IT 行业的工作者，亚马逊的核心族群是文艺女性……

针对不同的核心族群进行有针对性的营销，更能够达成引爆爆点的目的。

（2）用户参与感

找到产品的核心族群后，最重要的就是提升用户的参与感。在网络上，用户参与感就是一种能量交换。当用户分享了视频或图片，他不仅分享了这件事，还分享了他对这件事的情感反应。谷歌发布的报告表明，这种能量交换每天都会发生数亿次，不管是发帖、评论还是点赞，在新视觉文化中，用户可以相互赠送小礼物或与其他用户共享快乐瞬间。

提升用户参与感的有效方法之一就是提升用户的仪式感，以用户为中心设计营销的每一个环节，不再简单地传递信息或销售产品，而是做一场漂亮的表演，持续与用户进行行为上、精神上的互动，打造仪式感情境，持续推出仪式化的活动，不断对用户发起邀约，增加用户的参与感，实现外在物质与用户内心的连接。

爆品战略中的痛点战略、尖叫点战略、爆点战略并不是相互割裂的，而是相互配合、层层递进的，但其核心都是"以用户为中心＋创意"。作为给企业带来流量的战略之一，爆品战略需要跟本章前几节内容（流量获取、建造流量池、盘活流量）结合起来，才能发挥最大的效果，才能让企业的流量池"永不干涸"。

小讲堂

本章小结

互联网时代是注意力稀缺的时代，流量成为企业制胜的关键。对于现在的企业而言，如何获取流量、稳定流量、盘活流量是制定营销战略时需要考虑的重要问题。本章首先介绍了企业获取流量的两种有效方式——事件营销和跨界营销，具体介绍了它们的概念、模式等。在此基础上讲解了企业应如何建造自己的流量池，并强调品牌是企业最稳定的流量池，企业应从品牌定位和品牌强化两个方面来打造品牌、建造流量池。在获取流量之后，企业下一步要做的便是盘活流量，即"用流量生流量"，企业可以从数字广告方面入手，将手中的流量盘活，保证流量池的持续运营。在互联网时代，除了上述方式能够帮助企业快速获取流量，用爆品战略打造爆品也是获取流量的方式之一。要打造爆品，应抓住用户痛点、产品尖叫点和爆点，三者相互配合、层层递进，从而帮助企业获取流量。读者在学习本章内容时切忌生搬硬套，不能将每一个方法或战略割裂开来，而是要灵活运用，将它们作为有机整体进行学习。

微课 4.2　李宁

案例讨论

案例讨论：海尔：从一个都不能少到"弃硬投软"

　　摘要：本案例描述了海尔从青岛一家不知名的企业成长为全球白色家电第一品牌的主要营销实践过程。海尔通过狠抓质量生产，在白热化的家电市场中突出重围，以创新管理、持续研发、品牌文化传播等方式升级品牌建设，作为一家传统的家电企业，其以往营销传播一直是基于电视、报纸和杂志等传统媒体的，在发展过程中，海尔洞察到新媒体时代下营销环境的变化，营销方式逐步向新媒体营销转移，提高了企业的知名度。2014 年，海尔高调宣布"我们不跟硬广做朋友"，放弃传统广告，营销重心完全向新媒体倾斜。但是这对企业未来发展会有影响吗？如果把新媒体营销作为重点，企业又该如何走新媒体营销之路呢？这值得我们深入思考，并需要进一步分析。

案例正文　　　　　案例使用说明

即测即练

自学自测 扫描此码

第 5 章

体验：游戏化营销＋内容营销

知识框架图

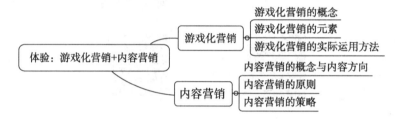

知识目标

1. 掌握游戏化营销的概念和相关理论。
2. 明确游戏化营销的实际运用方法。
3. 了解内容营销的概念与内容方向。

技能目标

1. 知晓内容营销的实际运用方法和要点。
2. 识别企业的内容营销活动，学习实际的内容营销策略。

案例导入

QQ 的游戏化营销过程

腾讯 QQ（以下简称 "QQ"）是腾讯公司开发的一款基于互联网的即时通信软件，其标志是一只戴着红色围巾的小企鹅。腾讯公司在意识到人们对于玩乐体验的热切追求之后，成功地将多种游戏化元素融入产品的每一个细节中，让人们在玩乐的过程中接收到品牌信息，从而达到提升品牌形象和品牌价值的目的。

2003 年，腾讯公司推出了 QQ 等级制度（见图 5-1）。QQ 等级由用户积累的 QQ 活跃天数决定，在计算的时候以在线时长为基础，同时，如果有非隐身在线、获得 10 人以上的空间访客或好友微视浏览量等加速行为还可以获得追加的基础活跃天数。QQ 等级最开始的符号是星星，升级之后依次是月亮、太阳、皇冠。同时，等级越高，可使用的特权也越多，如建群和自定义头像。QQ 等级制度刚推出时，绝大部分用户每天都会在线登录 QQ 升级，到后来，在线登录 QQ 就成了用户的一种习惯。

101级	☆☺☺☾☆	10605天
102级	☆☺☺☾☆☆	10812天
103级	☆☺☺☾☆☆☆	11021天
104级	☆☺☺☾☾	11232天
105级	☆☺☺☾☾☆	11445天
106级	☆☺☺☾☾☆☆	11660天
107级	☆☺☺☾☾☾	11877天
108级	☆☺☺☾☾☾	12096天
109级	☆☺☺☾☾☾☆	12317天
110级	☆☺☺☾☾☾☆	12540天
111级	☆☺☺☾☾☾☆☆	12765天

图 5-1　QQ 等级制度

QQ 作为即时通信软件，人与人之间的互动过程是 QQ 平台上的主要内容，当人们的互动次数越来越多时，平台存在的价值也就越大，那么如何引导人们维持和增加互动呢？QQ 推出了好友互动标识（图 5-2），用这种方式对互动状态进行可视化处理。好友互动标识按照人与人之间的关系类型分成了五类：新朋友、热聊好友、点赞好友、友谊巨轮和热恋情侣，每一类标识按照关系的不同状态也进行了细分。如果两个人成为好友并在成为好友的当天相互发了消息，就会获得"小幸运"标识；如果两个人连续互发消息超过 7 天，就会获得"友谊三叶草"标识；如果两个人连续互发消息超过 30 天，就会获得"挚友四叶草"标识。这种标识可以将人与人之间不可见的关系变得可见，这既是对双方关系的认定，也对双方关系的深入起到了促进作用（因为有更高等级的标识）。

图 5-2　好友互动标识

发红包作为我国的一种传统习俗，包含着人们对其他人的美好祝愿。QQ 红包不仅包含了传统意义上的祝福，更是一种家人、朋友之间的娱乐方式。当有人在 QQ 群中发出 10 个金额随机的红包时，可能不到 10 秒红包就被抢完了，而抢到红包的用户在拆红包的时候内心是非常激动的，因为不论金额大小，红包对用户而言都是奖励。这种兴奋来源于一种不确定性，就像买彩票中了大奖一样。抢到金额最大的红包的用户会被赋予"运气王"的称号。这个称号代表的意义可以提升用户的愉悦感。因为人们对于抢红包的热衷，红包也可以作为活跃群聊气氛的工具。用户如果想在群里聊天，但是这个群此时又没有人在聊天，就可以先发红包活跃气氛。因为 QQ 会及时提醒用户红包信息，再加上用户对红包的反应通常十分灵敏，所以很快就可以将群成员聚集起来。

上述案例对 QQ 中的等级制度、好友互动标识、发红包功能进行了介绍，让大家对于游戏化营销有了初步的认识，但是这仅仅是游戏化营销的一个小小的体现。随着互联网的发展以及各类营销工具的升级，企业对于游戏化营销的运用会更为丰富和多样，用户对于这种有参与感、富有乐趣的方式也表现出了极大的热情。那么游戏化营销究竟是什么呢？企业应该怎样策划一次游戏化营销呢？游戏化营销的元素又包括哪些呢？本章将对这些问题进行解答。

5.1　游戏化营销

古往今来，人们总是在尝试用各种方法让生活变得有趣，如举办各种比赛、给自己定一个小目标并设置相应的奖励等，这些将游戏融入现实生活的行为就是游戏化营销的体现。本节将先对游戏化营销的概念以及游戏化营销的元素进行介绍，然后引入游戏化营销的实际运用。

5.1.1　游戏化营销的概念

人们对于游戏的热情从未消退，而对于营销活动的态度往往是无感甚至抗拒的。这是为什么？因为用户认为大多数营销活动对自己来说没什么价值。用户价值等于用户感知价值减去用户感知成本。用户知道企业开展营销活动的目的无非是促使用户消费产品或服务、提升用户对品牌的认同感或满足企业的其他经营需求，即用户基本了解自己会付出什么。但是用户如果没有感受到功能价值、情感价值、社会价值等任何一个方面的感知价值有所提升，就会认为这种活动对自己没什么价值，也就不会参与这种活动了。如果把游戏元素融入营销过程，营销活动就可以用游戏化的方式得到更多用户的关注和喜爱，从而提高用户的感知价值以及参与程度。游戏化营销这种营销模式便由此产生。

游戏化营销是指企业将游戏思维和机制融入营销活动，使用户产生类游戏体验，进而提高用户服务价值。其中类游戏体验是游戏化营销的重点。很多时候，人们并不是沉迷于游戏本身，而是喜爱游戏带来的体验。各种各样的游戏会相应地带给用户多种体验，同时用户为了获得更好的体验也会集中注意力，快速熟悉游戏规则和游戏技巧，从而驱动心流体验的产生。因此，企业在进行游戏化营销的时候应该运用各种游戏元素，让用户获得类游戏体验，从而更加积极地参与营销活动。

除了十分典型的游戏化方式，讲故事的方式也能够在一定程度上起到游戏化的作用，这种方式往往能让用户更迅速地进入情境，将自己代入人物角色。2016 年，淘宝推出了一个美食分享活动，叫"淘宝二楼"（见图 5-3）。这个活动的开启时间主要集中在每天晚上 6 点到次日早上 7 点。在这个时间段，用户可以打开淘宝首页，下滑页面就可以进入"淘宝二楼"。在"淘宝二楼"这个活动中，淘宝用精心制作的文字、图片和短视频，为用户呈现了名为"一千零一夜"的系列故事。

在第一季第一期的"一千零一夜"里，"淘宝二楼"通过一个青岛姑娘的故事向用户介绍了鲅鱼水饺。这个姑娘生日那天的晚上下起了小雨，下雨的时候总是很难打到出租车，刚刚下班的她同样也没有打到出租车。虽然是过生日，但是她并不像小时候那样快乐，大概是因为长大了吧。这时姑娘看到了一个小帐篷，帐篷的主人说："今晚有鲅鱼水

图 5-3　"淘宝二楼"

饺。"这句话让姑娘放下防备接受了帐篷主人的邀请，因为来自青岛的她已经很久没吃到过鲅鱼水饺了。在帐篷里，姑娘吃到了跟家乡味道一模一样的鲅鱼水饺，也收到了来自帐篷主人的生日祝福。在故事的结尾，姑娘说虽然再也没见到过帐篷主人，但是那天鲅鱼水饺的家乡味道让她无法忘却。

家对于我们来说是情感的寄托、心灵的港湾，是一种无可替代的存在。故事中的青岛姑娘是千千万万离家奋斗的青岛人的缩影，她因为鲅鱼水饺而感受到的家乡味道也是大部分人都在追求的。这样一个故事让用户产生了想获得家乡味道的需求，进而产生了购买鲅鱼水饺的欲望，因为视频最后提到：正宗鲅鱼水饺，淘宝有售。"淘宝二楼"活动开始之后鲅鱼水饺的销量得到很大提升，一反淡季销量低迷的状态。

将游戏化元素加入营销活动可以增加人们对这种活动的喜爱程度。具体而言，游戏化营销的优势是增强企业对用户的吸引力、提升用户参与度、增强用户黏性，培养用户的使用习惯。游戏化方式可以提高用户的参与程度。人的大脑本身就渴望解决问题、得到反馈，所以也会渴望获得游戏提供的愉快体验。这种渴望促使游戏的吸引力的形成，也促使人们产生参与游戏的行为。当在营销中使用游戏化方式时，用户不再是被动地接收各种关于产品的枯燥信息，而是主动参与游戏，在轻松愉快的氛围中完成对产品或服务的认知和消费。乐事为了向用户传达"天然""健康"的信息，在"开心农场"游戏中植入自己的产品。在"开心农场"里，用户可以选择种植天然的土豆，然后把成熟的土豆通过"薯片加工机"制作成薯片，并以出售或赠送的方式把薯片分享给好友。用户通过这个游戏增加了对乐事的了解，同时用户对乐事的喜爱度和购买意愿都得到了提升。

对于企业而言，游戏化营销最主要的目的是增强用户黏性、增加用户存量。蚂蚁森林是支付宝为首期"碳账户"设计的一款公益活动。首先，用户可以在蚂蚁森林中选择自己想要种植的树苗，如梭梭树、沙柳或樟子松等。之后，用户每天可以通过行走、线上线下支付、使用共享单车、收取好友能量等行为获得能量，能量的收集和积累可以帮助游戏中的虚拟小树成长。小树长大（能量积累到一定程度）后，平台就会在内蒙古阿拉善、鄂尔多斯、巴彦淖尔和甘肃武威等地区种植一棵真树。图 5-4 所示为蚂蚁森林页面。

图 5-4　蚂蚁森林

现在，蚂蚁森林中平均每天可以种植 5 万～6 万棵虚拟树苗。因为能量每天都会形成，所以用户很容易养成登录支付宝的习惯。同时，因为蚂蚁森林与支付宝的其他功能（如交水费、网络购票、订外卖等）相互关联，这在一定程度上也增加了用户对其他功能的使用频次。这样的关联不仅增加了游戏的价值，也使用户可以在一个平台解决自己的其他问题，从而增加用户在该平台停留的时间。

营销活动一般都会以企业目标为导向。在进行游戏化营销时，因为外在激励和内在动机的影响，用户往往会更加愿意参与活动，从而帮助企业更好地实现目标。在推出新产品——椒盐脆饼时，M&M's 公司在社交媒体上发布了一张图片（见图 5-5）。在这张图片

图 5-5　M&M's 推出椒盐脆饼

中排列了许多 M&M's 巧克力豆，M&M's 公司让用户帮忙在这些巧克力豆中找出一块椒盐脆饼。这张图片很快便获得了 25000 多个点赞和 11000 多条评论，并且被分享了 6000 多次。这样一个简单的找茬游戏吸引了广大网友的参与，M&M's 公司也成功为自己的新产品——椒盐脆饼做了很好的宣传，达到了推出新产品的目的。

5.1.2 游戏化营销的元素

上一小节中，我们对游戏化和游戏化营销进行了简单介绍。由此我们可以知道游戏化可以吸引用户的注意力，提高用户的参与程度。要想进行游戏化设计，我们还应该了解游戏化元素。韦巴赫（Werbach）和亨特（Hunter）在 2012 年提出了 DMC 金字塔模型，把游戏化元素划分为三个层级：动力（dynamics）、机制（mechanics）和组件（components）。DMC 金字塔模型如图 5-6 所示，它们是按照抽象程度从高到低排列的。每个机制都被连接到一个或多个动力元素上，每个组件都被连接到一个或多个更高级别的机制元素上。本节将按照这三个层级对游戏化元素进行详细介绍。

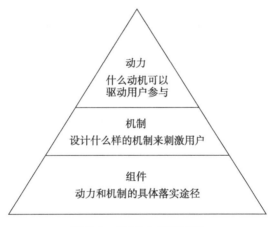

图 5-6　DMC 金字塔模型

1. 第一层级——动力

动力元素是最抽象的游戏化元素，是游戏化系统中需要考虑和设计的整体性概念，会影响游戏化设计的整个过程。动力元素包括约束（对限制或强制的权衡）、情感（包括竞争力、好奇心、幸福感和挫折感等用户在游戏中会产生的情感）、叙事（对故事情节的讲述）、渐进（用户在游戏中的成长和发展）和关系（用户在游戏中因为社会互动而产生的友情、地位、利他等感情）。下面以好奇心和叙事为例对动力元素进行详细介绍。

满足强烈的好奇心是对大脑的一种内在激励，往往会比金钱奖励等外在激励更为有效。百度是一家主要提供搜索引擎服务的互联网公司，于 2000 年 1 月 1 日由李彦宏、徐勇两人创立，现在已经是我国最具价值的品牌之一。百度为了提升平台吸引力和增加用户对平台及其相关产品的使用频次，于 2019 年与中央电视台春节联欢晚会（以下简称"春晚"）合作推出了"好运中国年"活动。本次活动从 2019 年 1 月 28 日开始，一直持续到 2 月 4 日，为期八天。除夕当晚，百度配合春晚的直播进行了四轮红包互动：好运临门（摇一摇红包）、星想事成（小视频红包）、祝福中国（搜索得红包）、梦想成真（摇一摇红包）。因为在观看春晚时，人们都处于悠闲放松的状态，有精力也有时间参与这种互动。同时因为互动的时间、是否能获得红包、获得红包的价值等都是未知的，所以人们对春晚红包互动更加关注，也更加兴奋。当与你一起看春晚的人开始摇晃手机参与互动时，你就会好奇自己能否获得红包、能否获得金额更多的红包，你的好奇心肯定也会因此被激发，从而驱动着你参与这种互动活动。

大多数游戏都会先引入一个故事，以此告知用户游戏的基本背景。用一段引人入胜的故事来叙述游戏背景往往是最有效的方式，它能更好地帮助用户理解游戏的意义，增强用户在游戏中的使命感。这样，人们在与企业、品牌或者网站互动的时候就可以了解到企业更高的愿景。Zamzee 是由非营利性机构 Hopelab 推出的提高儿童运动量的产品，这种产品可以戴在手腕、脚踝上或者放在口袋里，然后在用户运动的时候监测用户的活动情况，并把活动情况同步上传至对应的网络平台。利用孩子们喜欢玩游戏的心理，Zamzee 在线上开发了一款与运动绑定的游戏。通过在线软件界面，孩子们可以从 Zamzee 接到幻想任务，如成为魔法师学徒，学习一个咒语。孩子们为了完成这个任务，就需要在楼梯上跑上跑下 15 次。这样的游戏任务让孩子们相信有一个魔法世界，之后就会获得更多的动力进一步参与游戏。

2. 第二层级——机制

机制是指推进游戏进程以及吸引用户参与的基本流程。一个机制元素的设计可以用于实现一个或多个动力元素，也就是说用户在完成一个流程之后，可以获得一种或几种使其愿意继续参与游戏的动力。机制元素主要有 10 种，分别是挑战（需要花很多精力才能完成的任务，如数独游戏）、机会（随机性的元素，如抽奖）、竞争（一方用户获胜，另一方或其他用户失败）、合作（用户为了共同目标努力的过程）、反馈（与用户表现相关的信息）、资源获取（获得有用或值得收藏的物品）、奖励（对用户行动的结果表示赞同而给予的福利）、交易（用户之间直接或间接进行的买卖活动）、回合（不同用户轮番参与的过程）、获胜状态（竞争后的状态），不同的机制会给用户带来不同的刺激，从而促使其参与相关的行动。

近年来，网络直播越来越受欢迎。在直播平台上，用户可以选择自己感兴趣的内容进行观看。用户选择进入直播间通常有两个原因：一是对这个主播感兴趣，二是对直播内容感兴趣。而很多时候用户在观看直播时都会给主播送礼物。在斗鱼直播里，如果用户送给主播的礼物价值在 1000 元以上，如"飞机"等，平台不仅会进行全平台公告，还会开启"抢鱼丸"活动。因为鱼丸在斗鱼平台是付费礼物，如果其他用户抢到鱼丸，就相当于可以免费把鱼丸送给主播，所以当有人送出"飞机"后，就会有大量用户参与"抢鱼丸"活动。当用户送出"飞机"后，在屏幕左下方会有 15 分钟的礼物倒计时。在倒计时期间，如果用户有发送弹幕的行为可以提高其获得鱼丸的概率，发送的弹幕越多，获得鱼丸的概率就越高，所以直播间就会被弹幕"刷屏"，给人带来强烈的视觉冲击，当倒计时归零的时候，用户就可以通过点击"领取"来抢鱼丸。

一般在用户给主播送礼物之后，主播会念出用户的账号名称，并对其表示感谢。主播的感谢虽然可以让用户得到满足，但还是不能有效增加用户的消费行为。在增加了"抢鱼丸"活动后，用户不仅能收到感谢，还能看到刷屏的弹幕，可以获得极大的满足感，这就有效促进了用户继续产生消费行为。

在"抢鱼丸"活动中，对于送"飞机"的用户而言，主播的感谢、其他用户的刷屏都属于正反馈，可使送"飞机"的用户心理上得到满足。对于参与"抢鱼丸"活动的用户而言，抢到的鱼丸属于得到的资源，发送弹幕的过程也就是提高获胜概率的过程，属于竞争机制，最后获得鱼丸则是对参与活动的用户获胜状态的展示。

3. 第三层级——组件

动力和机制都需要用组件来落实。正如每个机制元素可以用于实现一个或多个动力元素一样，每个组件元素也可以用于实现一个或多个更高级别的元素。组件元素主要有15个，分别是成就（已经设置好的目标）、头像（可视化的用户形象）、徽章（可视化的成就标识）、打怪（为达成目标所做的努力）、收集（成套徽章的收集和积累）、战斗（短期的对战）、内容解锁（只有用户达到一定的目标之后才能显示）、赠予（赠送资源给他人）、排行榜（可视化的用户进展和成就）、等级（用户在游戏进程中获得的成长）、点数（数值化的游戏进展）、任务（预设挑战）、社交图谱（用户在游戏中的社交网络）、团队（为了实现共同目标而一起努力的多个用户）、虚拟商品（游戏的潜在价值或与金钱等价的价值）。通常提到的 PBL 是指点数、徽章和排行榜，也是属于这个层级的元素，是可以用于游戏化的具体组件。

在支付宝中，蚂蚁积分作为媒介把用户的行为和平台内的各个应用连接了起来。2016年，马云宣布支付宝要对提现收取一定的手续费。支付宝会提供给每一个用户 2 万元的基础提现额度，当用户提现总金额超过 2 万元时，支付宝就会收取相应的手续费。与此同时，支付宝也推出了蚂蚁积分，当有 1000 个积分时就可以免手续费提现。蚂蚁积分分为点击领取积分和无须领取积分。点击领取积分主要包括在"领积分"界面签到领积分、门店买单领积分、花呗支付领积分和公交地铁支付领积分；无须领取积分则主要是指在支付宝平台进行消费购物、生活缴费和金融理财等活动而获得的积分。这些活动也是蚂蚁积分的来源。而除了能够免手续费提现，支付宝还有其他有吸引力的积分兑换活动。用户可以用蚂蚁积分兑换其他权益，如爱奇艺黄金 VIP 周卡、优酷 2 个月 VIP 会员等（见图 5-7）；也可以兑换实物和周周乐以及抽奖；还可以在平台上的其他应用中享受优惠，如淘票票观影爆米花套餐、花呗电影卡等，这种方式也间接地将用户引向平台上的其他应用中。

支付宝通过积分的概念，引入了游戏化的概念，成功完成了用户使用应用、领取蚂蚁积分、运用积分、再次使用应用的闭环过程，并通过量化的手段为每个活动分配了相应的具体数值。在进行这些活动的时候都有相应的正反馈产生，用户受到激励，就会在平台上使用更多的应用。

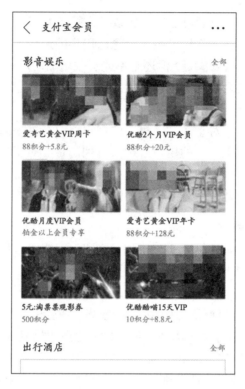

图 5-7　爱奇艺、优酷会员权益兑换

5.1.3　游戏化营销的实际运用方法

1. 广告管理

将广告与游戏结合起来，可以利用游戏对用户的吸引力完成对广告信息的传播。现在比较常用的两种方式为游戏内置广告和广告游戏。

（1）游戏内置广告

游戏因为拥有庞大的用户群而具有巨大的广告植入价值，而正是游戏的娱乐性或趣味性造就了其庞大的用户群。游戏往往比其他方式更能让用户感知到娱乐性。游戏内置广告是指将品牌、产品或者其他产品的相关元素植入游戏，通过增加产品与游戏用户接触的机会实现品牌的推广。在游戏中频繁地互动，会使用户在短期或长期内轻松地回忆起游戏的品牌。又因为用户往往会选择熟悉的品牌进行消费，那么这种在游戏中形成的熟悉感就会对之后的消费决策产生影响。

这种广告管理方式主要有三大特点：自然性、重复性和互动性。首先，因为广告融合在了游戏中，用户接触广告信息的过程更加自然。用户在玩游戏的过程中就接受了广告信息，这样可以避免用户对广告信息产生抗拒心理。其次，用户很少有机会多次看到电影、电视中的广告，而游戏内置广告使用户打开游戏时就可以接触到广告信息，由此广告的传播就没有时间上的限制了。最后，游戏内置广告的互动性可以增强用户对品牌的认同感，用户对品牌的不同体验也会在游戏中得到交流。

中粮集团在推出"悦活"产品时，通过对目标群体和传播媒介的分析，最终选择以开心网作为传播媒介，在"开心农场"中设置"悦活农场"的版块。"悦活农场"增加了许多新的玩法，相当于普通农场的升级版。

一般软件类游戏需要下载之后才能玩，而微信的 H5 小游戏是不用下载的。因为不用下载，想玩的时候就直接打开，所以人们接受 H5 小游戏就比接受软件类游戏更容易。但是 H5 小游戏比较简单，难以利用好各种游戏化元素。那么如何将需要下载的手机游戏与不需要下载的 H5 小游戏结合起来促进软件游戏的推广呢？下面以"动物餐厅"为例对这种推广方式进行介绍。图 5-8 所示为"动物餐厅"。

"动物餐厅"是一款经营类小游戏，但同时也是推广其他游戏的平台。游戏一开始会拥有一个经营场所、厨房和未解锁的花园。在经营过程中，不断会有小动物来吃饭，所以用户需要购买桌子、厨具以及学习新的菜谱。此时，这看起来就是一款简单的经营类游戏。渐渐地，客流量减少了，用户需要用"宣传"功能来增加客流量。"宣传"功能有两种获取方法：一是不停地点击"宣传"按钮；二是观看一段 15 秒的广告以获取 15 倍的宣传效果，如图 5-8（a）所示。因为连续点击比较累，而且效果也不显著，所以很快用户就会选择观看广告。然后就会出现如图 5-8（b）所示的广告界面，此时推荐的游戏也是经营类小游戏，但是在这个小游戏中，如果想要在游戏中获得奖励，用户需要观看一段广告，这个广告大多是为了推广一些需要下载的软件。

(a)　　　　　　　　　(b)　　　　　　　　　(c)

图 5-8　"动物餐厅"

这种游戏嵌套推广的方式，一方面可以聚集和筛选用户，可能爱玩某个小游戏的用户同时也会喜欢用某种软件，以此提升软件的下载量；另一方面，可以让用户不是以完全拒绝的态度来观看广告，毕竟通过观看广告还可以获得小游戏里的奖励，以此达到良好的宣传效果。

（2）广告游戏

广告游戏是指企业主导、发布的跟品牌、产品相关的游戏，从而高效地传递品牌、产品或服务信息。这种方式与广告植入相比，企业拥有更大的自主权，可以传递更多的品牌和产品信息。但是广告信息过多是否会影响用户的游戏体验、游戏玩法能否被大多数用户接受等问题就需要企业进行全面的考虑。

中粮集团在尝到游戏化营销的甜头之后，又推出了首款原创网络互动游戏"中粮生产队"，以此来让用户对中粮集团的产业链进行全面的了解。这款游戏与"开心农场"类似，于 2011 年上线。在游戏中，用户可以任意选择水稻、玉米、葡萄、小麦、可可中的一种作物，从种子培育开始，经过种植、照料、采收等环节，最终生产出大米、玉米油等终端产品。中粮集团宣称准备了价值百万元的奖品，主要是中粮集团的粮油产品。

与传统的社交网络游戏不同，"中粮生产队"只靠用户一个人是无法完成的。用户作为队长，必须要经过种植、照料、采收、加工、运输五个环节，过关才能有大礼。但是，除了种植环节，其他环节单靠自己是根本完成不了的，必须要靠朋友的帮助完成每个环节的小游戏才能闯关成功。

在这些环节中，作为队长的用户必须邀请自己的好朋友作为队员来帮助自己完成该环节的任务，受邀好友需要完成该环节的小游戏才能帮助队长成功闯关。这种独特的互动游戏设置，对于队长的人气指数和队员的靠谱程度都提出了极高的要求。此外，"中粮生产队"还引入了"靠谱生产率"的概念，队员的游戏通过率越高，靠谱生产率就越高。在"中粮生产队"里有很多不同类型的趣味小游戏，作为队长，用户必须十分了解自己的朋友，知道他们都擅长什么类型的游戏，这样才能提升朋友的靠谱生产率。这样的游戏不仅可以为用户带来丰厚的奖励，还能促进朋友之间的互动，加深对彼此的了解。

2. 用户管理

随着人们对企业营销信息的感兴趣程度越来越低，企业必须提供价值更高、刺激性更强的活动来吸引用户，这将直接导致企业营销成本的增加。营销游戏化为企业的营销活动提供了新思路。通过将营销活动与游戏化元素结合，用户会更加积极地获取活动信息，参与热情也会更高涨，而且对于企业来说营销成本也会更低。

（1）积极获取活动信息——帮某家居公司搬新家

某家居公司是一个充满创新的公司，其创新性地将游戏化营销的场景搬到线下，与顾客联动举办了一场全城参与的实景化大型游戏。位于挪威卑尔根市的一间某家居公司的线下店宣布搬迁，不同于以往的是，某家居公司这次广发召集令，请全城市民们帮忙搬迁，鼓励市民们在某家居公司的官网上认领自己的搬家角色，可以是某一个家居的看管员、搬迁的旧家具记录员、新店门前第一棵树的种植者等，搬迁过程中你能想到的角色都可以被认领。这样充满趣味性的活动吸引了全城 20%的居民参与，甚至连挪威饱受大家喜爱的嘻哈歌手也自愿报名，为新店开幕担任嘉宾。

这个活动将游戏化最大限度地运用到了现实生活中，小城中的人们都成了游戏的玩家，因为活动本身的趣味性激发了人们的参与热情，同时大家也都好奇自己身边的朋友是怎样变身"搬迁工"的，从而越来越多的市民自发获取活动的信息，并积极参与进去，大家在参与的过程中，由于是服务于自己认领的岗位，因此有着强烈的责任感，并对自己所做的工作有着价值认同，所以对活动的参与有着很大的积极性。这样的活动既帮助了某家居公司节省搬迁中的人力成本，又在用户参与过程中加深了联系纽带，强化了市民对品牌的认同感，对于品牌后续的经营活动有着很好的促进作用。

（2）提高参与热情——别克汽车和哔哩哔哩网站合作发布"FixFeel"游戏

别克汽车在推出别克威朗 GS 时与哔哩哔哩网站合作发布了"FixFeel"游戏。在这款游戏中，只需要晃动手机、找准角度，就可以将三无少女、高铁侠和汽车拼凑成原来的样子，并通过游戏展示出来。在完成游戏任务之后，会出现如图 5-9 所示的两个界面展示活动奖励。本次活动以哔哩哔哩网站的直播间定制蓝色弹幕抢先使用权、狗牌定制使用权和哔哩哔哩网站形象模型作为奖励，来提高用户的参与度和积极性；通过最后出现的推广界面将游戏中的合体汽车与现实中的汽车结合起来，对别克威朗 GS 试驾活动进行推广。与经过信息调查筛选获得试驾资格的传统方法相比，这次活动不仅提供了更多样的奖品，还能让用户在参与过程中体会到乐趣，极大地提高了用户的参与热情，达到了事半功倍的效果。图 5-9 所示为完成"FixFeel"游戏后的界面。

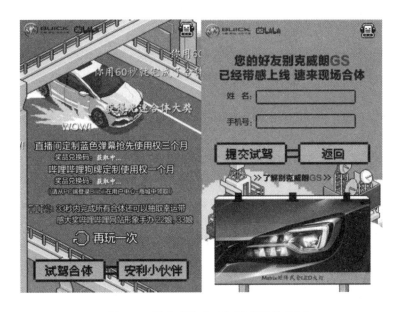

图 5-9　完成"FixFeel"游戏后的界面

3. 品牌管理

根据心境管理理论可以知道，人们处于积极状态时，往往会更加愿意接收信息，也会有更快的反应速度。人们参与企业的游戏化营销活动时，由于被激发出了愉快的积极状态，就会接收到更多企业传递的品牌信息，逐渐增加对品牌形象的认知和认同，进而与品牌建立起亲密关系，即形成品牌契合。

（1）树立文化传承形象——人民日报与腾讯合作发布"子曰诗云"游戏

2018 年 7 月，人民日报与腾讯合作发布 H5 小游戏"子曰诗云"。这款游戏以唐诗宋词为蓝本，配以泼墨山水中国画，让青少年能在游戏中亲密接触传统文化。图 5-10 所示为"子曰诗云"游戏界面。

图 5-10　　"子曰诗云"游戏界面

　　"子曰诗云"是一款解谜类游戏，用户需要根据自身积累的古诗词来完成每局解谜游戏。游戏分为"山、水、月、木、金、春、秋"七个章节，每个章节对应与主题相关的诗词。例如，在第一章"山"中，相关的诗词是《登鹳雀楼》《望岳》等。用户打开游戏后，会看到一幅关于山的中国画，点击这幅画即可进入第一章。第一，用户需要组合偏旁部首拼出正确的汉字，拼的过程也决定了之后汉字之间的相对位置；第二，用户需要把这些汉字连起来组成一句完整的诗。随着游戏进度的推进，难度也会不断增加。当用户组成完整的诗句后，界面中就会出现完整的诗句以及对诗句的解释，起到教育作用。另外，这款游戏还使用了排行榜来增加游戏的挑战性。通过这款游戏，人民日报可以很快在用户心中建立文化传播者的形象，同时能让人们了解到人民日报刊登的那些高质量的文章。通过游戏化营销的方式，人民日报将传统文化和自身品牌形象地结合起来，使其形象更加深入人心，起到了品牌推广的作用。

　　（2）共创平台价值——知乎

　　知乎以提供高质量的信息为目的，逐步发展成为目前国内比较成功的垂直型问答平台。在这个平台上，用户因为一个共同感兴趣的问题聚集到一起，并且可以从不同角度、不同立场充分发表自己的观点来帮助提问者解决问题。

　　当人们使用知乎这个平台时，其主要的目标就是获取信息，以解决自己的问题。每个人都难免会遇到问题，如学业问题、事业问题、家庭问题等。有些问题可以从书本上找到答案，而有些问题只能凭借经验来解决。但是个人的知识和经验是有限的，知乎就提供了这样一个聚集很多知识和经验的平台，用户通过提问就可以获得答案。

　　"闻道有先后，术业有专攻"，在接受了学校教育和社会教育之后，每个人都有自己已经掌握的知识、积累的经验，并且这些知识和经验往往对别人也有帮助。在回答问题的时候，人们可以获得对自我的肯定并提高自己在平台上的存在感。当你回答了某个问题之后，可以通过赞同、喜欢、收藏或者关注等方式收到来自其他人的反馈，这种反馈的过程可以让你知道自己的回答是否对别人有帮助、其他人怎样看待你的回答、怎样才能回答得更加全面等。这个过程可以促进用户继续回答问题以及帮助用户在之后回答问题的时候更加专业。

每个人都想被认可，在回答问题的过程中，赞同、喜欢和收藏等代表认可的积极反馈就可以对用户产生激励作用。除了这些用户之间的互动，知乎还通过出版电子书和《知乎日报》的形式对用户进行激励。《知乎日报》是用户对于一些热门话题的优秀回答的合集，并且在展示这些内容时都会附上回答者的账号名称，这种来自官方的认同无疑会对用户起到更大的激励作用。

5.2 内 容 营 销

内容营销是创造良好用户体验的另一种方式，并且已经广泛应用于各种新媒体营销活动中，反响良好。本节将重点介绍内容营销的概念与内容方向、内容营销的原则和内容营销的策略。

5.2.1 内容营销的概念与内容方向

1. 内容营销的概念

微课 5.1 泡泡玛特成功背后的底层逻辑

内容营销是指以图片、文字、动画等介质向用户传达有关企业的信息，从而促进销售的过程，也就是通过合理的内容创建、发布及传播过程，向用户传递有价值的信息，从而实现网络营销目的的过程。内容所依附的载体可以是企业的 logo、宣传图册、官方网站、广告，也可以是企业自制的 T 恤、纸杯、手提袋等。载体和传递的介质各有不同，但是其核心内容必须一致。

内容营销包括以下 3 个基本要素。

①内容营销适用于所有的媒介渠道和平台。

②内容营销要转化为一种有价值的服务，并能吸引用户、打动用户、促进用户和品牌及产品之间的正面关系。

③内容营销要有可衡量的成果，最终需要产生盈利行为。

内容营销这一营销模式最早出现在 19 世纪。时至今日，随着媒介的不断发展，内容营销一共经历了 5 个阶段：报纸、杂志、广播、电视、互联网。内容营销也从大公司的工具，变成了小公司的利器。同时，随着社会环境的不断发展，其内容形式也在不断变化。

21 世纪是信息大爆炸的时代，我们每个人每时每刻都在接收着不同的信息，平面广告、电视广告、网络广告或手机中的微博、微信公众号、新闻推送，甚至一首全新的单曲，从传统的意义上来说都是内容，但并不是真正的内容营销。内容营销在本质上是一种思维方式、一种战略性的指导思想，其并不仅仅是内容的发布，更重要的是发布的内容有没有吸引特定受众主动关注。也就是说，内容是否自带吸引力，让用户主动关注，而不是单纯地运用媒介进行曝光。这也是内容营销在新的时代背景下最重要的变化：从将关注点放在如何找到用户上转变为将关注点放在吸引用户主动关注上。

2．内容营销的内容方向

在内容营销的新概念的基础上，我们可以将内容营销的内容大致划分为以下 3 种。

（1）企业生产的内容

这类内容以企业为主体，是依据企业的核心文化而产生的，可为受众提供与产品、品牌相关的信息，目的是让企业成为用户心中的权威。比如，企业运用自己的官方网站或自媒体、线下门店等媒介开展的内容营销活动。

（2）专业生产的内容

企业借助代理或专业的第三方内容机构生产的外部内容，可为更广泛的消费群体提供品牌信息。比如，企业借助广告公司制作广告，或者通过冠名某一档综艺节目或广播节目进行内容的生产和传播。

（3）用户生产的内容

这类内容以品牌粉丝为核心，是来自他们原生的口碑内容。比如，用户在拥有了一次良好的消费体验后，通过微信朋友圈或微博等平台来描述这次体验，帮助企业进行内容的生产和传播。

也就是说，内容营销就是要求企业不断创造高品质的自我生产内容和专业生产内容，同时激发用户自觉地为企业生产内容，从而达到运用内容营销策略来助力更多营销活动开展的目的。

5.2.2　内容营销的原则

有学者对内容营销的过程进行了归纳总结，提炼出了在进行内容营销的过程中企业需要注意的四大原则，称为"B.E.S.T."原则，该原则由普立兹（Pulizzi）和巴雷特（Barrett）于 2009 年首次提出，旨在简化复杂的内容营销过程，使得营销策略具有行为性（behavioral）、必要性（essential）、战略性（strategic）和有针对性（targeted）。遵循这四大原则，企业在进行内容营销的过程中会更有规律、更容易进行模仿与学习。

1．行为性

行为性（behavioral）是指企业向用户传递的任何信息都应当是有目的的。在开展营销活动之前，企业需要思考自己想让用户拥有什么样的体验，希望通过用户实现怎样的目标，期待用户采取什么样的行动，如何测试用户的行为，以及如何促进用户购买企业的产品或服务。

2．必要性

必要性（essential）是指企业应向目标受众提供其在工作或生活中需要的或有用的信息。企业需要思考用户的真实需求是什么，如何向用户提供最有益、最有个性、最专业的内容，采用什么样的内容表现形式才能使信息产生的积极影响最大化，一场营销活动的必要元素有哪些以及需要涉及哪些媒介类型。

3. 战略性

战略性（strategic）是指内容营销工作必须是企业整体经营战略中不可或缺的组成部分。企业需要考虑的是内容营销是否能够实现企业的战略目标，它与企业内其他战略计划是否协调。

4. 有针对性

有针对性（targeted）是指企业所创建的内容必须针对特定的受众。企业应当明确自己是否选择了正确的目标受众，是否了解用户对于企业产品或服务的态度。

5.2.3 内容营销的策略

近年来，网络综艺节目如雨后春笋般出现，《奇葩说》在令人眼花缭乱的网络综艺节目中犹如一匹"黑马"脱颖而出。网易娱乐的统计数据显示，在《奇葩说》第三季收官时，《奇葩说》系列节目在爱奇艺的播放量已达到 16 亿次，并且微博话题的阅读量达到了 32.3 亿次。这样傲人的成绩使得《奇葩说》成为当之无愧的全网第一档"爆款"辩论真人秀节目。可能有人会很困惑，为什么一档鲜有人做的辩论节目能这么火呢？其实，辩论只是《奇葩说》的一种形式而已，这个节目火起来的真正原因，是《奇葩说》做的不是传统的营销，而是新型的内容营销。接下来，我们就借助《奇葩说》这一案例详细分析内容营销的策略。

《奇葩说》传递内容的特点就是有趣，就是让观众感到愉悦。从节目的开场来看，几位导师会有一段有趣的开场白，并且会就大众最关注的娱乐新闻或者社会话题与当期的嘉宾进行互动，满足屏幕前"吃瓜"群众的好奇心；从辩论的环节来看，辩手们对辩题的切入点打破常规，并且几乎每位辩手在辩论的过程中都会说一些有趣的段子，导师们在辩手辩论的过程中更是会见缝插针地创造"笑点"，不断地掀起一个又一个有趣的高潮。下面我们来分析一下《奇葩说》的内容营销策略。

1. 打造内容生态体系

《奇葩说》的制作单位是由马东创办的北京米未传媒有限公司（以下简称"米未传媒"），这档节目的成功使得米未传媒在 5 个月内估值达到 20 亿元。如果你以为《奇葩说》背后的米未传媒只制作了这一档节目，那就大错特错了，米未传媒在《奇葩说》的基础之上深耕细作，致力于打造一套垂直的内容生态体系。米未传媒的生态体系是三维的，首席执行官马东曾指出这个生态体系是由 X 轴、Y 轴、Z 轴组成的，X 轴是内容轴，主要包括《奇葩说》《饭局的诱惑》《拜拜啦肉肉》等五档网络综艺节目；Y 轴是衍生轴，主要为 X 轴提供相应的服务并反哺 X 轴，包括负责明星经纪的北京爱米未文化传播有限公司（以下简称"爱米未"）、负责音频产品的米果传媒以及趣味电商——米未小卖部；Z 轴是投资轴，目前米未传媒投资了两家初创公司。

米未传媒看似在进行漫无目的的扩张，但是所有的业务都符合米未传媒的价值观，即打造趣味性内容，成为"内容巨头"。首先，我们来分析一下 X 轴上的内容产品，这是米未传媒的核心产品。在《奇葩说》中走红的明星，米未传媒会为他们打造脱口秀或者网络综艺节目，将《奇葩说》的基因复制到更多的节目中。这样做一方面可以利用《奇葩说》中当红明星的名气宣传公司旗下的新产品，另一方面可以培养这些优秀明星独当一面的能力，由此就形成了一个正向循环。Y 轴产品是 X 轴产品的衍生品，爱米未主要为那些当红的明星提供服务，而米果传媒于 2016 年 6 月在喜马拉雅调频广播（frequency modulation，FM）上推出了付费音频《好好说话》，这档音频栏目是由《奇葩说》中的当红明星编制的，是一个教人"怎样避免雷区，把话说得漂亮得体"的音频课程，每一期的音频时长大约 6 分钟，一年有 260 期，全年的价格是 198 元。因《奇葩说》的粉丝效应，这档音频栏目自上线以来，总销售额达到 3000 万元。2017 年 4 月 7 日，米果传媒在《好好说话》之后又推出了一档付费音频栏目《小学问》，该栏目以场景为导向传授给用户看待事物的方法。电商米未小卖部卖的产品直接利用了粉丝经济，打造了 69 元两盒的"粑粑瓜子"，打破了"嗑瓜子吵架"的壁垒，做到了辩论的全产业链覆盖，米未传媒相信《奇葩说》的死忠粉会为这些有趣的产品买单。

所以要想成功地进行内容营销，打造内容产品是核心。这就要求企业要为所传递的内容设置一个基本的、有价值的定位，然后根据这一定位对产品进行宣传。比如，要进行有创意的内容广告宣传，不但要将产品和内容融合在一起，而且在广告的播放中也要将内容融入进去。下面我们来了解一下《奇葩说》是如何进行内容广告宣传的。

2. 进行有创意的内容广告宣传

《奇葩说》第三季的招商总额破 3 亿元，这个节目的"吸金能力"为什么这么强？这是因为这个节目中有个"在用生命打广告"的人——马东，马东"奇葩式"的广告植入方式得到大量观众的好评。与传统的广告植入不同，《奇葩说》中的广告可谓是花样百出、趣味性极强。很多观众表示"城里人真会玩，非常喜欢看这种有趣的广告"，那么《奇葩说》是如何进行有创意的内容广告宣传的呢？图 5-11 所示为《奇葩说》的"花式"广告口播。

图 5-11 《奇葩说》的"花式"广告口播

第一，为赞助商的广告进行定制化的设计，并且大方地插播广告。米未传媒的内容营销团队首先会考虑赞助商的品牌诉求、品牌受众，然后会考虑怎样将《奇葩说》与这个赞助商联系起来，接着选择恰当的场景和时机插播广告。传统的广告现在已经不容易打动用户了，但是这种内容广告的宣传方式可以结合恰当的场景和时机，这样不仅使赞助商更好地传递自己的广告诉求，也使用户更心甘情愿地"被洗脑"，从而增加用户对赞助商的好感，更易使用户产生情感共鸣。比如，冠名了《奇葩说》第二季和第三季的有范 App，《奇葩说》为其宣传的广告语有"有钱有势不如有范儿""穿衣用有范，争取不犯二"等，节目上的广告宣传使得有范 App 的品牌认知度上涨了 433%；还有伊利谷粒多燕麦牛奶经过《奇葩说》主持人马东的口播之后，销售量环比增长了 300%。

第二，全体成员，包括整个节目的布置都在"用生命打广告"。你以为整个《奇葩说》只有马东在打广告吗？《奇葩说》绝对是在搞全民营销。首先，奇葩说的"广告狂魔"马东打广告的功力可见一斑，不但在辩论开始前会插播各位赞助商的广告，而且他能在与各位导师的谈话或者辩手们的辩论中见缝插针，或者在讲"段子"时突然插播一条广告。比如，在 2017 年 4 月 22 日的节目中，几位导师在谈论有没有难以丢弃的东西时，马东说最难以丢弃的东西是秋裤，他不知道怎样处理，但是直到他知道了一个叫"闲鱼"的 App 就解决了这个问题，引得几位导师和现场观众捧腹大笑。其次，奇葩说的辩手们在辩论中也会进行广告宣传。比如，以 1.4 亿元冠名《奇葩说》第四季的小米的广告语是"掏出来搞事情的小米手机"，就有一位辩手在陈述自己的观点时多次强调了"搞事情"这几个字，随后屏幕上紧接着弹出了"小米手机"的字样。最后，就连整个节目组的现场布局、辩手们穿的服装、辩手们喝的饮料、写有正方反方的标牌也都有赞助商的身影，所以我们可以看出《奇葩说》中所宣传的内容广告也是"奇葩"风格，并且深受观众喜爱。将产品、广告融入娱乐内容，不但可以使广告变得更有趣，而且会让观众期待节目下一次是怎样插播广告的，使观众越来越爱看广告。这种内容广告使得各个品牌也"放下身段"，以《奇葩说》为载体与用户进行对话，提高了用户对广告的接受程度。一个个内容广告实在让人反感不起来，每一次都变着花样打广告，让观众在捧腹大笑的同时也对品牌有了更深的了解。

3. 找对的人进行内容营销

传统营销的目的就是粗放式地让更多的人了解产品，但是现今的内容营销将目标用户的范围缩小，找准一个精细且有巨大潜力的市场进行营销，既能节省经费，又能产生好的效果。因此《奇葩说》要进行内容营销，也得有人买账才行。米未传媒认为"90 后"掀起了一波新的消费浪潮，所以《奇葩说》进行内容营销的目标用户就是"90 后"及"85后"，可以先对这部分群体进行深入细致的发掘、分析，然后再进行有效的内容营销。据统计，爱奇艺超过一半的用户都是喜欢观看新颖、有趣视频的年轻人，这些用户成为爱奇艺的主要创收来源。米未传媒认为"85 后"和"90 后"的特点是喜欢新鲜有趣的事物，所以米未传媒开展的一些业务都围绕着有趣进行，如《奇葩说》里有趣的辩题、有趣的辩手、有趣的观点、有趣的广告植入。这档节目非常精准地找到了目标用户，把握了用户的需求，并且创造出来的产品满足了用户的需求，所以它才能在众多的网络综艺节目中拔得头筹。

《奇葩说》是一档"会说话"的节目，也是一档具有巨大商业价值的节目，它是内容营销的标杆。懂内容、懂客户、会营销是《奇葩说》成功的原因。由此可见，"内容为王"已成为趋势，拥有好的内容再辅以一定的营销手段可以助力企业创造更大的商业价值。

小讲堂

本章小结

　　随着互联网的发展以及各类营销工具的升级，企业对游戏化营销的运用更为丰富和多样，用户对这样有参与感、更有乐趣的方式也表现出来更多的喜爱。在这样的发展背景下，企业逐渐倾向于使用这种既有互动性又能迎合用户喜好的方式开展营销活动。本章详细介绍了游戏化营销的概念，并结合游戏化营销的理论模型，对如何进行游戏化营销进行了详细的描述。希望通过对本章内容的学习，读者可以了解企业应该如何策划一次游戏化营销，并带给游戏化营销更多的发展机会。除此之外，本章也向读者介绍了内容营销的概念与内容方向。同时，通过了解内容营销的原则和策略，读者可以更好地完成游戏化营销的内容策划。

微课 5.2　年轻化白酒：江小白

案例讨论

用音乐传递美好力量——网易云音乐的内容营销之道

　　2020 年是充满挑战的一年，由于疫情防控的需要，音乐成为人们最好的陪伴。面对疫情的考验，网易云音乐与其他音乐平台一众发起了以"对抗焦虑，回归日常"为主基调的"相信未来"线上义演，用音乐的方式安抚所有受伤的心灵，向每一位平凡而又努力的普通人致敬，让人们真真切切地感受到了音乐的力量。网易云音乐一直致力于打造一个有温度、有态度、有力量的社区环境，"发现美好、创造美好、分享美好"是其不变的初衷，为此，网易云音乐创造性地提出了"音乐社交"这一理念，使其从各大音乐平台中脱颖而出。2020 年全年财报显示，网易云音乐所在的创新及其他业务板块净收入达158.9 亿元，同比增长 38%。网易云音乐在成立后短短的 7 年时间里，用户数量迅速突破8 亿，成功位列国内在线音乐行业第一阵营，成为中国最大的音乐社区和原创音乐平台。作为中国在线音乐市场中的一匹"黑马"，它是如何传递音乐的美好力量的呢？

案例正文　　　　　案例使用说明

即测即练

第 6 章

社群：社交裂变营销 + 社群运营

 知识框架图

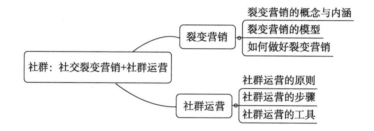

◆ **知识目标**

1. 掌握社群和社群营销的概念。
2. 掌握裂变营销的概念和模型。
3. 明确如何应用裂变营销模型开展裂变营销活动。

◆ **技能目标**

1. 熟练运用裂变营销的模型。
2. 熟练运用社群运营的工具。

◆ **案例导入**

《我不是药神》——社群运营的成功案例

2018 年暑假，许多人的微信朋友圈都被《我不是药神》这部电影"刷屏"。这部根据真实事件改编的电影让大家都感触颇深。为什么在本章开头要提到这部电影呢？因为它和本章的主题有关——如何做好社群运营。

电影中有一段剧情是这样的：主人公程勇一开始很难把药卖出去，后来他认识了一个叫刘思慧的 QQ 群群主，药品瞬间卖断货。

电影的主人公程勇以卖印度保健品为生，由于生意不景气、房租交不起，他的妻子与其离婚，并且要带着他们的儿子移民。本来以为这辈子就这么过下去的程勇认识了找上门来的慢粒白血病患者——吕受益。吕受益托他从印度带格列宁（治疗白血病的药）回来，因为印度仿制药的价格大约是国内正版药价格的1/21，而且需求量很大。一开始程勇没有答应，因为这属于走私，被发现是要坐牢的。但是后来因为老父亲重病在身，需要一大笔手术费用，他不得不铤而走险，答应吕受益的请求。一开始，程勇发现药并没有那么容易卖出去，他和吕受益去了各个医院的挂号窗口，对白血病患者进行一对一销售，甚至到白血病患者群居的地方挨个敲门销售，但结果都是一样的——没人买！

直到后来，吕受益想到了一个人——上海六院病友群的群主刘思慧，刘思慧的女儿是白血病患者，而且她认识全上海白血病病友群的群主。因此刘思慧就变成了打通销售印度格列宁渠道的关键人物。在说服刘思慧这个关键人物的时候，吕受益发挥了很大的作用，因为他是印度格列宁的亲身试验者。在说服刘思慧后，刘思慧就将全上海所有病友群的群主带来和程勇见面，一起商讨印度格列宁的销售方法。这样，程勇和吕受益通过刘思慧在QQ群内的推广获得了一大批目标用户群体和产品购买者。为了维持这个共同的利益群体，他们建立了需共同遵守的规则。

"以后买药就通过QQ群，大家要低调，出了事，谁都没药吃。"

有了大量的用户群体，就需要有源源不断的药品，想要拿到印度格列宁在我国的代理权，还需要一个会说英语的中间人。吕受益便给程勇介绍了会说英语的牧师老刘，他的信徒也全都是白血病患者，老刘平时会给他的信徒传授坚持下去的信念，这些患者很信任他。这次程勇主动出击，让老刘帮助他在信徒中进行药品的推广售卖，这样就可以带来更多的用户群体。程勇的销售团队建立起来，吕受益辅助刘思慧搭建了QQ群宣传渠道，牧师老刘利用自己的影响力使更多的人信任并购买印度格列宁。自此，程勇的销售团队拓宽了销售渠道，为自身带来了丰厚的利润。

这个电影情节其实是一个很好的社群运营案例。

程勇：为了生存售卖药品。确定了建立社群的目的——销售治疗白血病的印度格列宁。

吕受益：为满足自己的需求购买药品，在体验了效果之后帮助销售印度格列宁；作为产品的首批体验者，他是社群中展现产品效果的真实案例，也是产品的推广者。

刘思慧：她是病友群的群主，带来了更多的群主和群成员；她是社群运营中的开拓者和意见领袖。

牧师老刘：他是病友们的精神支柱，平时聚集并直接接触病友，给他们加油打气，大家都信任他，他推荐的东西大家都会欣然接受；他是社群运营中的分化者和活动策划者。

电影中销售团队的成功归因于成功的社群运营。到底什么才是社群运营？社群运营在企业营销活动中起着什么样的作用？裂变营销与社群营销有着什么样的关系？这两种运营方式在互联网飞速发展的今天又能给用户带来什么样的改变呢？本章我们就来详细了解一下。

6.1 裂 变 营 销

裂变营销的增长方式使用越来越广泛，利用裂变营销成功实现用户增长、建立社群的案例比比皆是，那么究竟什么才是真正的裂变营销？怎样才能做好裂变营销呢？这些都是学界和商界共同关注的课题。

6.1.1 裂变营销的概念与内涵

1. 社群与社群营销

提到裂变营销，我们得先了解裂变营销最常发生的载体——社群。"社群"这一概念出现在 20 世纪 80 年代，一般社会学家与地理学家所指的社群，在广义上指在某些边界线、地区或领域内发生作用的一切社会关系。它可以指实际的地理区域以及在某区域内实际发生的社会关系，或指较抽象的、思想上的关系。简单来说，社群是社会关系的连接体。沃斯利（Worsley）于 1987 年对社群的含义进行了解释：社群即地区性的社区，用来表示一个承载用户相互关系的网络。他认为社群可以是一种特殊的社会关系，包含社群精神或社群情感。

在今天，我们可以简单地认为社群就是一个群体，一个基于共同需求、共同爱好而聚集到一起的群体。但是社群要有一些它专属的表现形式。比如，社群要建立它的社交关系链，不仅仅是拉一个群，而是基于共同需求和爱好将大家聚集在一起。社群要有稳定的群体结构和较一致的群体意识，成员要有一致的行为规范和持续的互动关系；成员间分工协作，具有行动一致的能力，这样的群体才是社群。社群的作用就是通过线上线下的高频互动把那些本来跟企业没有任何关系的用户转化成弱关系用户，把本来的弱关系用户转化成强关系、强连接的超级用户。

而由于互联网强大的高连接性和承载力，致使社群更容易形成和扩大，社群的构成限制也在逐步缩小。最明显的体现就是，现在打开你的手机，你会发现你几乎在每一个平台都有各式各样的社群。比如，微信中的家族群、微博中的超话社区、QQ 中的班级群、钉钉中的工作群，各式各样的社群给我们身上的每一个标签都找到了归宿，也让每一种行为都有了相应的抒发空间。

至此，我们已经了解了什么是社群，而社群营销就是企业通过与目标客户组建社群，创建与目标用户群体长期沟通的渠道的社会化过程。简单来说，社群营销需要透过一种能够聚集用户的网络服务来进行。这种网络服务早期可能是论坛，近期就是博客、微博以及微信等。这些网络服务具有互动性，能够让用户在一个平台上彼此沟通与交流。而群体（当然包括企业）也可以运用这种网络服务，与目标用户沟通、交流。

社群营销有三种模式。第一种是个人构建的兴趣社群，企业会筛选出兴趣与自己的产品卖点相匹配的社群，也就是利用社群进行精细化营销。简单来说，就是在相应的兴趣社群里，企业结合产品卖点与社群中用户的共性开展有针对性的营销活动，这也是早期社群营销的模式。

第二种是用户自发建立的社群，用来一起讨论某一产品的效果，用户在社群中交换产品的使用心得。这类社群往往是忠实粉丝自发建立和交流的基地，它们有着很强的能动性，在这里，企业不用营销产品就能收获很好的营销效果。这里也是粉丝文化和口碑营销的重要发源地。

第三种是由企业主导建立的社群。企业会在日常运营中将自己的用户纳入社群中，并在社群中对用户进行更直接的维护，包括更频繁地交流、更直接地回答问题、提供更优惠的销售价格等。通过在社群内的交流，企业可给予用户更多被重视的感觉，从而更高效地完成营销行为。

社群营销看中的不是一次性交易，而是持续复购。社群看中的不是一件产品，而是一站式解决方案。以前在企业眼里用户是让自己赚钱的，所以很多企业与用户之间的关系是一次性的交易关系，后来企业发现只有跟用户交朋友，才有可能实现复购和口碑裂变。以前企业认为一个用户就只是一个用户，后来发现在人以群分的时代，一个用户背后完全有可能是一群用户。以前企业认为用户就是用户，后来发现用户完全可能转化为粉丝，转化为员工，甚至转化为股东、投资人、合伙人。因此，企业必须重新思考，自己与用户之间到底是什么关系？是对立博弈的一次性交易关系还是共建共享的一体化社群关系？这也是决定企业能否飞速发展的重要因素。

2. 裂变营销的概念

裂变首先需要以一个（或几个）点为基础，成功突破了一个（或几个）点后，再进行严格的复制，由一个成功的点复制出另一个点，再由两个点裂变为四个点……以此类推，先慢后快、逐步推进，最终快速高效地全面启动整个区域市场。

在裂变中，点上突破的操作方法的科学性、合理性、可操作性和可复制性决定了点上突破的效率，而效率的高低是能否快速启动市场的关键，因而要求点上突破的操作方法必须满足操作性强、适应面广、简单、易学、易教、易复制的特点。"裂变六步曲"就是满足这一特性的有效操作方法，它包括选点和建点、科普宣传、流动宣销活动、终端制胜、建立统一战线、准确完整地复制。它们环环相扣、相辅相成，以点带面、层层递进，实现全面启动区域市场的目标。

（1）选点和建点

这里的"点"是指实际意义上的销售终端点，如一家药店、超市或社区门诊等。选点时应选择一个周边有丰富的用户资源的点，并且此点对用户要有一定的影响力，要形象好、口碑好，用户对其有一定的信任度。

选点时要掌握"遣前备后法"，即先让下属"打前阵"，让其按事先准备好的思路谈，找到谈判中的分歧点，能解决的当场解决；不能解决的，把主要分歧汇报给上级后，让上级去"总攻"。也就是说，企业要提前找到解决分歧的方法，"打有准备的仗"，一举拿下销售终端点。

（2）科普宣传

这一步类似于会务营销中的科普讲座，唯一的区别在于根据销售和渠道政策自己决定是否进行现场销售，其核心含义是通过相关数据资料有针对性地聚集部分目标用户，对其进行科普宣传。此宣传区域要围绕点的周边开展，扎扎实实地为后期的宣传和促销打下基础，增强营销效果。科普宣传时要注意，对用户来说企业是否具有权威性和可信性。

（3）多方位流动宣销

流动宣销包括公园、社区和销售终端等目标群体聚集区域的宣传，其核心战术要旨是抓住可乘之机（如节假日），针对目标人群所在点的周围区域，以宣传为主，充分展示企业或产品的品牌形象的宣传活动。此种宣销要多方位围绕一个点（重点终端）组合展开，不要重此薄彼，更不能只做终端，在宣销中的服务方法是：提供咨询、提供免费体检、讲解和答惑，并且宣销人员的言行、穿着要规范统一。

（4）终端制胜

终端陈列和包装是展示产品形象、吸引用户眼球的重要手段，是影响顾客购买决策的重要内容，它包含了三大块。

终端陈列：陈列位置要靠近竞争对手，便于以后对竞品的拦截；陈列面要大于竞争对手，凸显形象，吸引用户的眼球。

终端生动化建设：即终端包装。其操作原则是提前与终端协商，最重要的是抢在竞争对手的前面预定，抢占最佳的包装面位置，包装形式主要有橱窗、灯箱、店招、遮阳篷等。

终端拦截：原则是在启动初期终端没有任何销量的情况下，暂不考虑让专职人员促销，可做好店员关系，利用店员和其他厂家的促销员兼职促销。在终端有了一定的基础销量，客情关系达到一定程度后再考虑让专职促销员促销；在专职促销员上岗前要对其进行培训，使其掌握一套促销技能，专职促销员上岗后要帮助其迅速上量，树立专职促销员和终端的信心，从而将该店建成稳定上升、持续发展的终端。

（5）建立统一战线

统一战线是指在终端建立时，有利于促销工作开展的协作体。包括与其他厂家终端促销员、终端营业员、柜组长、经理建立攻守同盟或相互协作的关系。建立统一战线的原则：对同一店内其他厂家的促销员，团结一批，打压一批；对原有人员进行情感沟通；对消费者尽可能地提供优于竞争对手的售前、售中和售后服务。

（6）准确完整的复制

对实践中的每一个步骤都进行分析总结，不断完善细节；确定成功的操作规范，经理、主管亲自带队，熟手带新手，现场严格（传、帮、带）；人员裂变，仍然是以老带新的裂变，逐步补充新人；准确快速地复制，进行点的裂变。

但是这仅仅是传统裂变营销的概念和步骤，在现在的互联网发展态势下，裂变营销的主要载体是人与人之间的强裂变，随着拼多多、瑞幸咖啡、趣头条、coco奶茶等新兴品牌在短时间内的暴富，实现用最少的成本飞速发展，这时，我们才发现，做营销必须品效合一。而裂变营销，便是品效合一最好的方式之一。

6.1.2　裂变营销的模型

不论是社群营销还是裂变营销，都是一种依附于用户的营销模式。在这些营销模式下，用户的运营就显得尤为重要。部分学者在分析了众多的企业案例后，结合用户的心理，对用户在营销活动中各个阶段的表现进行了归纳，最后总结出了一个裂变营销模型——AARRR 模型（见图 6-1），该模型也因其掠夺式的增长方式被称为海盗模型，对应产品生命周期可帮助大家更好地理解获取用户和维护用户的原理。

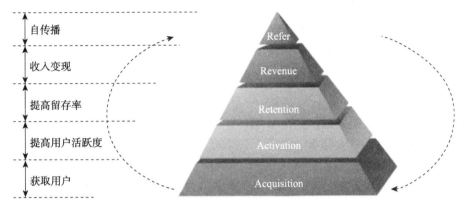

图 6-1　AARRR 模型

AARRR 代表了 5 个英文单词：

①acquisition，获取用户，即如何让用户从不同渠道了解你的产品。

②activation，提高用户活跃度，即让用户在你的产品上完成了一次参与行为。

③retention，提高留存率，即让用户继续使用你的产品。

④revenue，收入变现，即让用户在你的产品上完成了可使你获得收益的行为。

⑤refer，自传播，即用户主动引导他人来使用你的产品。

AARRR 模型其实并不仅仅是一个"漏斗"，漏斗只能表示营销活动的各个阶段所包含的用户容量，实际上这个模型是产品闭环的一个过程，从用户增长、获取收入到传播裂变，即可完成闭环。归根结底，这个模型其实还是在研究用户的需求，将每一层用户的价值增加，把潜在用户转变为自己产品的新用户，把新用户留住，变成忠诚用户，再让忠诚用户去拉动新用户，从而形成闭环，实现销量的增长。

1. 获取用户

获取用户（acquisition）是模型中的第一个阶段，往往发生在产品的推广阶段，也是产品运营的第一步。在这一阶段，运营人员需要通过各种推广渠道，以各种方式来获取目标用户，并对各种营销渠道的效果进行评估，从而更加合理地制定策略，来达到获取更多目标用户的目的。

在这一过程中，企业要解决的首要问题就是如何让产品在首次被使用时就能得到用户的喜爱。在推广产品的过程中，用户会依次经历"接触、认知、关注、体验、使用、付费、习惯"7 个过程，应该采取怎样的策略去获取第一批用户的关注，吸引他们的注意力，促进产品的用户数量增长，这是需要企业着重思考的问题。

获取用户不仅仅存在于产品的导入阶段，而是贯穿于产品的整个生命周期，用户永远是企业生产产品的不竭动力。在此，不得不对"获取用户"这一概念进行时间上的区分，增加对最早获得第一批用户这一行为的概念，即冷启动。冷启动是指在产品推广之初尽管尚未形成完善的生态体系，但能提供足够多可消费内容的情况下，从零开始导入第一批用户和制造内容的过程。

获取用户的方式有很多，如网站广告、媒体传播、线下推广、搜索引擎优化等。现在是自媒体时代，我们也可以结合自媒体来宣传自己的产品以获取用户，如官方微博、微信公众号、知乎专栏等。不同的方式会产生不同的效果，企业可以根据自身产品的特点来寻找属于自己的潜在用户。但无论使用哪种方式，只要能够获得属于产品的第一批用户，企业就应该去做。

2. 提高用户活跃度

成功获取用户后，能否激活这部分用户并提高用户的活跃度（Activation）是检验一个产品是不是好产品的重要指标，这个阶段需要运营人员对这批用户进行一定的指导和服务。在产品正式上线之前，运营人员还需要针对产品编写使用指引和操作提示，同时需要建立后台运营管理系统，关注每天新增用户、登录用户、注册用户、流失用户的数据，从而进行运营优化、产品迭代。比如，产品是 App，需要用户注册，这时运营人员就需要制作一个比较简洁的注册页面，编写简单的操作步骤，并且在页面中设置一定的引导。如果注册过程比较复杂，可能会导致一部分种子用户流失。

提高用户的活跃度是用户进行自主裂变的重要步骤，只有用户足够活跃，积极参与企业为产品策划的活动，才能使用户更好地了解企业及其产品，并具有将产品推销出去、吸引其他用户前来购买的动力。提高用户活跃度的常规做法是积极策划相关的活动，设置与时下热点相结合的话题、吸引用户自发进行讨论。需要强调的是，用户的活跃度不仅仅表现在用户对活动的参与度或者对话题的响应上，用户每日查看企业的产品信息，或出于习惯打开企业的官方 App 都是高活跃度的表现。

在这一阶段，有一些明显的指标可以用来对用户的活跃度进行直观的衡量，如日活跃用户数，即每日使用过产品的用户数。这个定义并不是一成不变的，企业可以根据实际需要对这一数值进行定义和排重，作为符合不同产品需求和运营重点的数值参考。对日活跃用户数的监控一般也可以帮助企业解决一些问题，如明确产品的核心用户规模、对产品目前所处的生命周期进行分析和定义、对比分析出产品的活跃用户流失速率并以此来计算产品的用户总量等。除了日活跃用户数，周活跃用户数和月活跃用户数也是阶段性的重要指标。

这一阶段的另一个重要指标是日均使用时长，即每日总计在线时长除以日活跃用户数所得的结果。这一数值主要记录的是用户对于活动或者产品的黏性，数值越大，证明用户对于产品的黏性越强，用户就越有价值，产品目前的销售情况也就越好。同时，企业也可以将这一指标进行不同维度的划分，观察不同时间维度的用户的平均使用时长，来了解不同用户的使用习惯，将用户进行分群，并根据群组的不同形式和特性对用户进行精细化营销。这一数据也是衡量渠道质量的标准之一，日均使用时长最长的渠道，就是目前用户匹配程度最高、质量最高、可以重点发展的渠道。

3. 提高留存率

对于企业产品来说，获取一个新用户的成本总是高于留住一个老用户的成本，所以提高用户留存率（retention）才是维持产品价值、延长产品生命周期的重要手段。在这一阶级，企业或许需要根据产品的缺点来进行更新迭代，甚至需要运营人员了解用户真实的痛点，以及用户在使用过程中还会遇到哪些问题需要运营人员进行优化，或者由客服人员为用户提供满意的服务。此外，企业还需要关注用户注册和流失的比例，了解用户流失的原因，找出这一阶段存在的问题，提高用户的留存率。

在现今的市场环境中，用户很容易被企业的产品吸引，但企业的产品很难让用户对其保持长久的兴趣，正所谓"用户来得快，走得也快"。面对这样的情况，企业需要做的就是想办法增强用户的黏性、调动用户的积极性，使其持续购买企业的产品。为了实现用户的长久留存，对用户进行重复的"洗脑"是一种很好的方式。现在我们每个人都有很多的社群，在社群中我们几乎每天都会收到"问候"，同时伴随着当天的新闻、天气等信息，这种"每日问候"就是一种提高用户留存率的重要方式。当你习惯每天在社群里收到"每日问候"后，如果它突然有一天没有出现，你就会很不习惯，并且会因为这个"问候"而养成每日浏览社群的习惯，从而对产品产生依赖。

这一阶段的衡量指标就是留存率。留存率是用本阶段的用户数除以上一阶段的用户数得出的，它是用来评判产品质量的重要指标。但是在关注留存率的同时，也要分析流失率。留存率关注的是从用户获取的角度综合分析获取用户的渠道和方式是否合理、产品的用户规模是否能够扩大。而流失率关注的是为什么有些用户会放弃产品，这可能是在获取用户阶段就存在的问题，但是当产品发展到用户规模已经稳定之后，一个用户的流失可能就会让企业的利润大幅下滑。

4. 收入变现

在互联网时代，几乎所有的产品都以盈利为目的，这就会涉及产品设计的一个目标：收入变现（revenue）。一般来说，在互联网时代，企业想要盈利都会先免费提供服务以获得海量用户，然后通过交叉补贴的方式盈利，从免费用户中获取付费用户。任何一个平台、一个产品，都是以商业价值为导向，进行各种产品的促销、广告的宣传，获取一定的收入，这也是运营人员在这个过程中面临的一个指标。如果在这个过程中用户还没有流失，并且能为你带来一定的收入，那说明该产品的运营手段还是比较合适的。

收入的来源有很多种，主要包括应用付费、应用内功能付费、广告收入、流量变现等，主要的考核指标为客单价，即企业每收获一个用户所付出的成本。客单价越低说明企业获得用户的能力越强，相对来说企业在单个用户身上所获得的收入也就越高。

除了这个指标，在收入变现阶段，我们还应该关注的是付费率，即付费用户数在活跃用户数中所占的比例。通俗地说，付费率也被称为"付费渗透率"，付费率的高低不代表产品的付费用户增加或减少，只代表企业在这些用户身上所能获得的收入的高低。这个指标可以帮助企业解决如何提高产品的收益转化能力、了解用户付费关键点和转化周期、评估付费转化效果等问题。

5. 自传播

自传播（refer）是用户自发推荐产品的一种方式，这种方式往往有着很高的效率和很大的体量，因此也被称为"病毒式传播"。所谓"病毒式传播"，是指通过类似病理和计算机方面的自我复制的病毒传播方式进行传播的过程，具体来讲，就是利用已有的社交网络去提升品牌知名度或者达到其他的市场营销目的。病毒营销是指利用大众的积极性和人际关系，把要传播的信息像病毒一样扩散开，这些信息将被快速复制，然后传向数以万计甚至数以百万计的受众。比如，微信、微博等，就利用了病毒式传播的特点：传播速度比较快、信息能够高效率地被接收。

绝大部分的产品推广还不能完全依赖于自传播，必须和其他营销方式结合。但是，在产品设计阶段就加入有利于自传播的功能还是有必要的，毕竟这种免费的推广方式既可以加深用户对于产品的感情，又可以发挥用户的主观能动性，使其自发地进行产品宣传，这类似于传统的口碑传播。这种一传十、十传百的传播速率可以以最快速度帮助产品提高知名度，这也是互联网时代经常出现爆款的原因。

6.1.3　如何做好裂变营销

前面我们了解了裂变营销的运营模型，那么这个模型在实际的运营过程中该怎么应用呢？应用过程中又应该注意些什么问题呢？接下来，我们就用王者荣耀这款大家熟知的游戏来详细讲解一下，看看王者荣耀是如何运用裂变营销收获上千万用户，开创竞技手游新时代，将大型手游的客户成功转移到了手机端，并且收获了从"80后"到"00后"的年轻用户。

1. 粉丝圈定：完美"冷启动"保留种子用户

王者荣耀的"冷启动"是从内测开始的，游戏团队在2015年6月首次内测，在内测期间，利用网络邀请了众多端游用户，通过内测社群的形式收集用户的反馈，并根据用户的反馈对产品进行了快速的调整和迭代。

2. 精准营销：直播对战吸引一批核心用户

与之前常规的手游主打社会化营销的方式不同，王者荣耀选择了对游戏用户精准营销，在经过对同类型端游英雄联盟的观察后，他们发现玩家很喜欢看直播、看比赛，并且将这类内容运营成了产品的衍生物，通过原生达人的自制内容，英雄联盟既能扩大游戏的内涵，又可以持续地吸引各界的用户进入到游戏中来。王者荣耀在拓宽营销渠道的同时也能同步发展粉丝营销的魅力，更持续、直观地获取关键核心用户。

3. 用户激励：完善的激励体系，用心的游戏

王者荣耀游戏具有很强的社交属性，因此在进行用户激励时也仅仅依靠社交属性进行，对情感和社交链的运用已经炉火纯青。从情感激励上看，一款游戏的社交关系影响着用户的生命周期。王者荣耀基于社交激励，新增了微信/QQ邀请好友、与附近的人"开黑"、组队界面加好友功能，新增了师徒、恋人系统，这种庞大的社交关系链，营造了人人"开黑"打王者的现象，成为了一种社交娱乐方式。游戏内的排行榜也激发了用户的竞争意识，满足了用户的成就感。

4. 线上线下联动：拓展商业体系

推广商业体系是指腾讯通过产品礼包、Q币、线上曝光等资源与地方供应商置换，由品牌合作伙伴或网吧承接赛事推广，利用线下比赛或网吧的特性，进一步在玩家当中宣传品牌，吸引更多的用户参与进来，掀起竞技热潮。这套体系经穿越火线（cross fire，CF）、地下城与勇士等游戏多次验证后，一直延续到英雄联盟、王者荣耀的推广中，是腾讯系电竞产业链上最重要的一环。

5. 用户自传播：社交裂变的爆发

王者荣耀自带的社交属性导致其成为一个很容易进行社交裂变的产品，除了"5V5"的自带裂变，它还积极利用分享聚集的功能，引导用户进行持续化的、长时间的游戏元素收集以及获取隐藏的英雄或者珍贵的皮肤等。

6.2　社群运营

在上一节中我们已经提到了何为社群运营，社群营销就是商家通过组建社群与目标用户群创造长期沟通渠道的社会化过程。简单地说，社群运营需要通过一个能够群聚网友的网络服务进行经营。由于这些网络服务具有互动性，因此能够让网友在一个平台上彼此沟通与交流。而个人或群体（当然包括企业）可以运用这样的网络服务与目标用户来往、沟通、认识彼此。所以社群运营对于企业来说是非常重要的，本节将介绍社群运营的原则、步骤以及工具。

微课6.1　裂变营销——
丹麦蓝罐曲奇

6.2.1　社群运营的原则

随着互联网的迅速发展及社群经济的兴起，社群运营开始被诸多企业所重视，企业开始意识到社群对于维系企业与用户之间的关系、促进用户重复购买的重要性。社群所能带给企业的不是一个用户，而是一群可以自发宣传、重复购买的忠实用户，而社群看中的不是一件产品，而是一站式解决方案。因此，对于企业来说，社群运营的重要性可见一斑。为了更好地进行社群运营，学者们归纳了社群运营的三个原则。

1. 以用户为中心

社群运营有两个目的：一是自然构建更多和用户的接触点，将企业和用户之间的连接时间变得更长、连接次数变得更多；二是让用户之间互相服务、实现黏着。这两个目的都有一个共性，就是提高用户在企业关系中的自主性。对于社群运营来说，最重要的一个原则就是要以用户为中心，社群要为用户服务。社群的主人是用户，社群是用户自发建立的，企业扮演的是帮助用户在社群中更好地行使他们的权利的角色。

在社交网络中，每个人的关系链和好友圈形成了一个个社群，社群会随时随地根据高频的大众需求展开讨论，寻求解决方案。对于企业来说，在高频需求下，现有用户、合作伙伴的关系链、好友圈就是社群，分享会协助企业进入社群。社群为传统企业进入社交网络提供了一个新的自然入口：跟随用户进入现有社群，或者鼓励用户建群。社群一旦形成，其成员会互相介绍、推荐好友加入。强关系好友相互介绍也是用户加入社群的常见方法之一，由此使社群自然生长和分化，一个大社群会变成多个小社群，这些小社群会再度扩张成更大的社群。每个优质社群的诞生都遵循着一些基本规律。通常，在社交网络中，如果需要用户结为好友加强互动，企业的运营团队会在活跃用户中，将地域或行业相近、活跃度排名相近（这样不至于太悬殊，进步可期）、兴趣相近、不同性别的用户组合在一起，这种组合规律被简称为"三近一反"。此外，运营团队还会将有相同经历（如都在某一家公司工作过）、年龄相同、行业相同等的活跃用户组合在一起，以提高用户的活跃程度，使用户互相影响、互相激励。

用户是社群的核心，因此企业在构建、运营社群的过程中一定要以用户为中心，了解用户的需求，构建用户喜爱的、可以持续活跃的社群，而不是为了自身的某个项目去运营社群，这样的社群会很快失去活力，也不能为企业创造价值。

2. 以价值为导向

以价值为导向即在社群运营的过程中，企业要不断地为用户创造价值，创造价值的方式可以是给出简单而清晰的目标，促使用户在社群中逐渐实现这些目标。实现目标的过程既可以帮助社群维持用户的活跃度，又可以使用户在社群运营中找到自身的价值。企业通过不断实现目标，完成价值的升华，让用户更好地强调自身在社群中的核心地位。

自助激励是用户创造价值的重要方法，即用户主动寻找属于自己的游戏或社交激励。自助激励随着时间的推移和用户的不同而不同。自助激励能否实现依赖于用户能否在社群中树立属于自己的自助目标。以我们熟悉的微信"跳格子"小游戏为例，这款于2013年下半年推出的小游戏，是当时最火的轻量游戏之一。许多用户纷纷在微信朋友圈、微博分享自己的战绩，仅仅是在好友中排名多少，就能促使众多用户进行反馈。在分享信息时体现了用户不一样的诉求，有人希望在好友中成为第一，有人期望能超越最高纪录，有人只是想比上一次得分更高，这就像是为自己定下了一个自助目标。目标的实现，即激励的获得。游戏通过协助用户在不同阶段树立不同的自助目标来使用户获得激励。在自助激励和自助目标的联合作用下，用户得以留存，并反复体验企业的产品或服务，这就是为用户创造价值的重要体现，当价值足够明确时，用户会启动自助激励，自发为达成价值而努力，并帮助企业提升社群的活跃度和价值。

但是价值导向并不是企业制定的固定的价值，这个价值会因为用户的诉求不同而发生变化，这种变化往往是在自助激励的情况下发生的，自助激励的方向不同，所实现的价值也就不同，但是不同的价值可以帮助企业更好地拓展社群的内涵。

比如，在"MYOTee脸萌"游戏中，用户会将自己的目标设定为"我要制作出更好、更萌的画像"，并为此努力。因此，即使用户都想做到好友中的第一名，最终目标也会因人而异。用户一旦确立了自己的个性化目标，就会为实现目标而努力，并用最终目标的完成来不断激励自己。比如，刚注册微信账号，需要添加更多好友；想建一个群，将一些特定的朋友拉到群里；打开微信朋友圈，看看有没有有趣的内容。目标不断在变化，激励就变成有越来越多的微信好友了、群里的聊天内容太有趣了、看到了有趣的文章等。

3. 以可持续发展为目标

社群运营的最终目的是帮助企业维系用户关系、培养忠实用户，为用户提供一站式解决方案。基于这样的目的，社群运营最重要的原则就是以可持续发展为目标。社群的搭建和解散都是一件很容易的事，但是好的社群一定是长时间存在、可持续发展的。

激励是帮助社群实现可持续发展的重要工具，上文已经提到用户为了实现自我价值会进行自助激励，但是仅仅依靠自助激励并不能帮助企业的社群实现可持续发展。自助激励是用户不断激励自己实现自我价值的手段，是一种自驱力。当用户拥有足够的自驱力时，社群这一载体对于用户来说将失去价值，社群也会因此不复存在。所以，为了社群的可持续发展，我们还需要进行互助激励和群体激励。

用户在社交网络中分享信息，产生的被浏览、转发、评论、点赞等互动行为获得的结果，都是对发布者的互动激励，即互助激励。通常情况下，互动越多，用户越活跃。除此之外，用户在社交网络中还会为自己设定一个目标，并努力实现它。我们把这个目标叫作自助目标，完成目标的过程是自助任务，获得的结果是用户给自己提供的自助激励。自助激励和互助激励都是用户自发进行的激励。这两种激励之间的差异在于，自助激励是目标导向的，是用户完成给自己制定目标之后的激励；而互助激励是结果导向的，是用户在互动中自然而然获得的。

互助激励和自助激励的实时提供，已经解决了大部分用户的激励问题。这些激励实时而个性化，远非企业提供的奖励所能实现的。企业提供给用户统一且大型的奖励远远比不上实时、细微的小奖励，更比不上用户主动寻找并获得的激励。如果企业不断提供面向用户的统一且大型的奖励，多半会出现一种局面：忠实用户会不断离开，最终只剩下"刷奖党"用户。

群体激励是企业可以提供的一种更大型的、作用更强的激励，在提供这种激励时，企业需要关注两点：一是让用户实时了解在完成目标的过程中自己能作出的贡献，以及其在社群（或好友）中的占比、排名、贡献值等。将个人贡献与社群成长和竞争联系在一起的做法，正在被越来越多的企业借鉴。二是实时告知全员，将最优秀的结果通过群体激励明确下来，并实时告知所有参与者，这就像是方向的指引。我们倾向于认为对结果的选择不是企业自身做出的最终决定，而是用户根据自身需求做出的。企业要做的，恰恰是接纳这些多样化的结果，并通过宣传、进度表格指引、关键数据指标等方式来确认。成百上千个社群会按照各自的方式竞争，并创造最优结果。企业需要一个"结果"，但用户会创造出无数个结果，企业只需要选择接纳其中最优的一个结果。这时候，企业激励的及时告知会成为引导之一：如果某一个社群中的成员完成得非常好，那么超越他就会成为下一个任务。企业设置这样的群体激励规则，会更好地促使用户在社群内通过多种多样的方式来实现自己的价值，从而实现社群的可持续发展。

6.2.2　社群运营的步骤

在消费升级的背景下，企业发展的方向就是人们对美好生活的向往。当人们不再满足于物质层面的功能诉求，而是更看重产品承载的价值主张、生活态度、人格标签等精神方面的品牌文化时，产品就成为人们表达自我、彰显自我的道具和载体。当用户认为品牌所宣扬的体验价值、形象价值与自己秉持的人生观、价值观相契合时，就容易产生共鸣，进而渴望与一群有相同认知的人同频共振。这就是在传统电商哀鸿遍野时，社交电商可以长驱直入、一骑绝尘的原因，也是拼多多、什么值得买等社交电商备受资本市场追捧的原因，而社群就是帮助企业向用户传递企业文化的载体。

移动互联网时代传播的核心就是找到合适的场景，在恰当的时机影响那些在社群中有影响力的用户，然后通过这些用户引发社群效应，"撬动"更多用户的朋友圈。

社群运营包括构建知识产权（intellectual property，IP）、搭建社群、搭建场景、发展商业四个步骤。接下来将借助罗辑思维这一现象级社群营销产品详细讲解社群运营的四个步骤。

1. 构建 IP

第一步是构建一个 IP，这个 IP 是帮助企业确定目标用户的重要连接点。在这一步，企业首先需要确定目标用户，然后根据目标用户确定产品的使用场景，再根据使用场景连接 IP 圈层。罗辑思维是近年来最火的社群营销产品之一，它是围绕着罗振宇这个 IP 发展起来的。罗辑思维是由央视《对话》栏目前制片人罗振宇和独立新媒创始人申音于 2012 年 12 月 21 日合作推出的，该节目主要在优酷网播出，播出形式以罗振宇讲知识、分享书籍内容为主。节目播出之后马上就吸引了一批忠实观众，他们喜欢罗振宇输出的内容，并愿意为其输出的内容买单。至此，一个 IP 就构建完成了。

2. 搭建社群

第二步是搭建社群，由 IP 联合超级用户共同搭建社群，影响更多潜在目标用户。其商业逻辑是用 IP 来抢占认知高地、解决流量问题。这一步的关键是以 IP 为用户连接点，促使用户自发地搭建社群，并在社群中拥有共同的目的和交流意愿。罗辑思维的用户是一群年轻的知识分子，他们追求知识、渴望知识，认同其"死磕自己，愉悦大家"的理念，喜爱罗振宇每一期节目"有种、有趣、有料"的话题。因此罗振宇将他们对知识的狂热转变成了对自己这个 IP 的狂热，引导他们自发搭建社群，在社群中对知识和内容进行进一步的探讨与深究。

3. 搭建场景

第三步是搭建场景，旨在用场景来强化体验、挖掘用户的延伸需求。罗辑思维通过每日固定的"60 秒语音分享知识"的形式给用户创造了一个"短、平、快"的知识获取模式，每天只用 60 秒来总结一个现象、一个知识，甚至一本书。这样的场景本就符合其"死磕自己"的 IP 理念，并且进一步延伸了用户对于碎片化知识的需求，从而更好地为其后续发展产品矩阵、创建罗辑思维 App、进行知识的加工和二次售卖做铺垫，让用户习惯获取精简提炼出的"二手知识"，并愿意为这种高效的知识获取模式付费。

4. 发展商业

第四步是发展商业，也就是商业化，即利用社群的高黏性和高分享性进行商业化流量转化。在社群具有了强有力的用户黏性后，用户就愿意为获得更多的相关知识付费。

罗辑思维的商业化变现之路就是如此进行的，其通过在社群中将知识进行售卖，提高用户获取知识的门槛来实现知识付费；通过对社群的运营使社群中的用户对每日提供的知识产生依赖，并且希望获得更多的知识；也通过不断搭建"二手知识"的获取场景，使用户渴望更快、更好地获取更多有趣的知识，从而实现知识的售卖，完成商业闭环。

总的来说，社群运营的四个步骤就是：通过构建 IP 来帮助用户设定目标；获取用户以搭建社群；用社群来催生强关系，解决信任问题；借助电商形成商业闭环，完成商业变现。社群运营的核心是构建企业与用户一体化的关系，关键是通过社群赋能个体，实现自我价值，最终使用户与社群相互赋能，形成良性循环。

尽管互联网的发展可以让天南海北的人们感受到"天涯若比邻"的便捷，但其实人们更向往的是"海内存知己"的共鸣，而只有在社群里才能遇见"相逢何必曾相识"的同类。互联网的发展极大地降低了人们的沟通成本，但只有在社群里才能基于群体共识降低信任成本，而信任正是商业交易的前提。因此，社群是每个企业与用户沟通的成本较低、效率较高的路径，社群强关系的确立也为企业赢得了无限的商业机会和盈利空间。

6.2.3 社群运营的工具

1. 管理工具——小 U 管家

小 U 管家是一款综合性的社群管理工具，同时也是上线时间比较早的一款软件。小 U 管家有引流、新人入群及时欢迎、群签到、关键词自动回复、查询群内成员发言数、积累群积分、保存群内聊天内容、开展多样化的群游戏、统计群数据、快速踢出群内"广告户""潜水者""僵尸粉"等上百种功能。

2. 社群直播工具——一起学堂

一起学堂是一款集直播、录播、重播、移动互动在线教育功能于一体的、简单好用的社群直播工具。它以工具和内容为核心，专注于帮助学习型社群更有效地进行快速传播、管理和变现。同时，它也是一个微信群同步工具，能实时同步语音、图文、小视频、小程序、文件和链接等，群内课程还会即时保存在直播间内，以便随时重播。

3. 图片设计工具——创客贴

创客贴是一款简单易用的线上图片设计工具，用户可使用平台提供的大量图片、字体、模板等素材，通过简单的操作，轻松设计出精美的海报、壁纸、公众号首图等。创客贴解决了大多数人的设计痛点，让不会使用专业制图软件的运营人员也能快速制作出自己想要的图片。用户可以将作品直接分享给他人，也可以将作品导出为 PNG、PDF 等格式的文件。

4. 裂变工具——进群宝

进群宝是一款通过微信朋友圈转发来帮助企业实现粉丝增长的高效引流工具。它不仅有快速建群、智能机器人自动发送消息、灵活分配二维码等功能，还有后台统一管理、广告拦截、快速推送消息、群托管等功能。作为一款社群管理利器，进群宝确实非常实用，有大量建群需求的企业，应该会很需要它。

5. 分析工具——诸葛 io

诸葛 io 是一款精细化数据分析工具，致力于辅助中小企业快速实现用户行为数据的采集、分析与管理。诸葛 io 拥有用户行为画像、自定义留存分析、流失人群漏斗分析、行为路径图谱等多项功能，能够深度挖掘用户行为的分析价值，实现以数据驱动产品决策。

6. 活动发起工具——活动行

活动行是一款发起线下活动的便捷工具，能够提供免费发布活动、多元化推广资源、线上线下收款、会议签到、收集报名表等一系列专业服务。用户可以在这个平台上进行免费或付费参加优质活动、便捷报名、安全缴款、快速分享等一系列可拓展人脉的操作。

7. 信息收集工具——麦客 CRM

麦客 CRM 是一款在线表单制作工具，同时也是强大的用户信息处理和关系管理系统。它可以帮助企业轻松完成信息收集与整理，实现用户挖掘与消息推送，以便持续开展营销活动，也适用于在社群运营过程中收集用户信息，进行精准化运营。

8. 协同工具——石墨文档

石墨文档是一款轻便、简洁的在线协作文档工具，PC 端和移动端全覆盖，支持多人同时对文档进行编辑和评论，帮助用户轻松完成协作撰稿、方案讨论、会议记录和资料共享等工作。石墨文档非常适合用于策划社群活动方案，支持多人同时写作、修改、阅读、同步信息等。

小讲堂

本章小结

社群营销和社交裂变是现在最常见的营销模式，对于企业来说，如何应用社群进行自传播和与用户沟通是当今营销的重点任务。本章介绍了这两种营销模式的概念，并结合实际案例对社群营销的方法和社交裂变的策略进行了详细的分析。希望本章内容可以使读者对这两种营销模式产生较为完整的认知，并且初步懂得应该如何运用这两种模式进行营销。但需要注意的是，读者切忌生搬硬套，要懂得灵活运用这两种营销模式，来挖掘用户的巨大价值。

微课 6.2　裂变营销——瑞幸

案例讨论

海川沉浮：从网站论坛到移动端 App 的社群营销之路

2020 年 1 月 6 日的清晨，一缕阳光照进张峰的办公室……

办公桌上放着王宁交上来的上个月的报告，用户交易比、业务渗透率、活跃用户转化比……这些指标从新公司成立以来就一直是张峰的心病。

作为全国化工互联网行业的开创者之一，张峰一直以为只要流量足够大，内容质量高，活动丰富，变现是水到渠成的事。其他行业的互联网平台都是这样的逻辑，做流量是根本。

海川平台目前共计拥有 420 万注册会员，在化工互联网行业也算是佼佼者，但是变现之路却举步维艰，如果不是 2019 年的天使投资到位，公司连生存下去都很难。

怎么才能解决海川的盈利问题呢？这个问题困扰了张峰 4 年……

而实际上，张峰在化工互联网行业已经摸爬滚打了十几年。这十几年的跌宕起伏，酸甜苦辣，各种滋味，张峰都经历过。张峰依然还是那个相信化工互联网灿烂明天的少年……

案例正文　　　　案例使用说明

即测即练

自学自测　　扫描此码

第 7 章

数据：大数据营销

知识框架图

知识目标

1. 掌握大数据营销的概念。
2. 了解大数据营销的步骤。

技能目标

1. 了解管理 KOL 的方法。
2. 了解投放程序化广告的技巧。

案例导入

《纸牌屋》走红的秘密

2012 年，奈飞（Netflix）凭借电视剧《纸牌屋》一炮而红，这也成为大数据分析成功应用于具体行业的经典案例。借助大数据分析技术，投资方奈飞甚至在《纸牌屋》开播前就知道该剧一定会受到市场的追捧。

在《纸牌屋》开拍之前，奈飞建立了包含 3000 万名用户的收视选择、400 万条评论、300 万次主题搜索的数据库。从受众洞察、受众定位、受众接触到受众转化，每一步都由精准细致、高效经济的数据引导，从而实现大众创造的 C2B，即由用户需求决定生产，根据数千万名观众的喜好来决定拍什么、谁来拍、谁来演、怎么播。

对奈飞订阅用户数据的追踪和分析不仅包括观众偏好的电视剧主题，还包括观众的观看方式、观看过程以及观看过程中暂停的次数等一系列观看操作。这样一来，奈飞就能精准定位观众的偏好，如"最爱科幻剧"等。

在上述案例中，奈飞决定开拍《纸牌屋》的依据是什么？你认为影响奈飞开拍《纸牌屋》的因素还有哪些？如果你是奈飞的营销人员，你会如何使用大数据开展营销活动？

7.1　大数据营销的概念

大数据已经被应用于现代社会的各个方面，利用大数据进行营销也将逐步成为主流趋势。在信息化时代，大数据负责捕捉用户行为留下的痕迹，形成具有一定规律和特点的数据图谱，每个人的行为都是由各种数据和标签组成的图谱。要利用大数据进行营销，首先要了解大数据的内涵和特点，这样才能充分发挥大数据的优势。

7.1.1　大数据的内涵

在了解大数据的内涵之前，首先需要明确数据的内涵。数据不仅仅是一般意义上的由简单的数字组成的数值；事实上，图片、文本、视频、实物信息等都是数据，如各种档案以及信息资源、博物馆内的文物等。

在信息化时代到来之前，数据的内涵和范畴是相对狭隘的，很多文字信息都不算作数据。随着时代的发展和变迁，文字信息越发重要，特别是在社交媒体迅猛发展的当下，用户生成的内容成为最主要的信息和数据来源。可以预见，随着未来科技的不断发展，数据的内涵会不断丰富，数据对于世界的发展会变得越来越重要。

通过海量数据的积累，并且结合信息处理技术，企业可以做出更精准的决策。大数据的出现和应用使得人类的思维模式发生了改变。在大数据出现之前，人类的思维模式主要是机械思维，机械思维最主要的思想可以概括为可预测性和因果关系。借助这种机械思维，人类社会在思想和科学上实现了许多突破。但是在信息化和智能化时代，事物的不确定性越来越强，许多现象无法用机械思维进行解释，因而，大数据思维应运而生。借助大数据思维，可以厘清数据之间的相关性以及整个世界的不确定性。

"大数据"一词最早起源于国外，其英文表达是"big data"，而在学术界，早期的很多论文都采用"large data"或"vast data"来表述大数据。但是，由于"large"和"vast"表示的是数量和体量上的大，二者只是在程度上略有不同；而"big"强调的是抽象意义上的大，这种抽象意义所涵盖的范围更加广阔，因此用"big data"来表述大数据更加贴切。综上，可以看出，大数据应当是一种抽象的信息资产，其规模之大导致人们无法仅靠人脑或者简单的操作软件加以收集和处理，而是需要通过更加高级的技术加以控制和开发，从而帮助人们获得更强的洞察能力和决策能力。在新的大数据时代风口，我们需要新的思维模式和方法论来理解世界，而大数据正是能够帮助我们理解这个世界的工具。

7.1.2　大数据的特点

随着大数据的不断普及，我们在了解了大数据的内涵后，要进一步把握大数据的特点。结合以往专家、学者的研究，本书将大数据的特点概括为四个"V"，即数据量大（vast）、多维度（variety）、时效性（velocity）以及价值（value），在以上特点中，价值（value）是最重要的。

1. 数据量大

由大数据的名称可以看出，大数据的特点之一就是海量的数据。如果将大数据存入计算机或者云端，那么从计量单位来讲，至少要以 PB、EB 甚至是 ZB 来计数。但是海量的信息和数据意味着数据内部的价值密度会相对较低，想要让大数据发挥出相应的价值，还需要进一步对大数据进行清理，清除无效数据，提取出有价值的数据并进行相应的分析。

2. 多维度

多维度是指大数据的丰富性和多样性，其数据结果包含事物的各个维度的信息。网易云音乐通过分析、盘点用户的年度听歌报告，挖掘用户每一次听歌的信息，从而生成相应的结论。比如，通过文本挖掘，提取出用户在听歌时最常听到的某个词语，网易云音乐"年度听歌报告"的用户文本挖掘结果如图 7-1 所示；通过频率分析，提取出用户最常听的某一首歌或某位歌手的歌，从而更精准地对用户进行内容推送。

网易云音乐的数据维度不仅涉及用户所听的歌，还包括用户听某一首歌的具体次数、听某一位歌手的作品的次数等。网易云音乐还将通过统计不同性别、职业和学历背景的用户的听歌习惯，以及使用不同设备的用户的听歌习惯，分析用户的财务状况。从而在音乐付费不断普及的今天，实现进一步的精准营销。

图 7-1　网易云音乐"年度听歌报告"的用户文本挖掘结果

3. 时效性

时效性是指对海量信息做出迅速有效的处理。比如，通过大数据分析获知实时的交通路况，获得用户的实时位置信息等。因此，借助大数据的时效性，人们可以获得更加强大和全面的洞察能力，这也为整个社会的发展提供了无限可能。

4. 价值

我们身边的数据深度和广度都在呈几何级甚至指数级增长，成功运用大数据的企业往往能够通过大数据给用户和自己带来价值。企业需要从以下三个方面来思考大数据的价值。

（1）借助大数据识别身份。将行为数据串联在一起，有助于企业识别一个"碎片化的人"，同时，只有识别出用户的身份，这种数据收集的行为才会更加有意义。

（2）大数据本身的价值角度。大数据的本质是还原用户的真实需求，因此，需要从不同的角度来看待数据的价值，在衡量价值时需要考虑到不同的受众和数据提供者。

（3）大数据需要依托于具体的场景。数据本身是杂乱无章的，在运用大数据时，一定要基于具体的场景。还原出具体的产生大数据的场景是一项重要的工作。

7.1.3　大数据营销的优势

大数据营销是以海量的数据为前提，依托大数据的挖掘、分析、预测等技术，从而获得深入洞察的结果，并以此实现精准营销以及优化营销效果的营销工具。

在实际应用过程中，营销人员应首先转变营销思维，通过应用大数据思维厘清瞬息万变的营销环境，同时弱化外部环境的不确定性的影响。除此之外，大数据营销作为一种营销工具，能够帮助营销人员把握用户需求，从而提高营销工作中的投资回报率和营销效果。

菲利普·科特勒将营销划分为四个时代。营销 1.0 时代强调以产品为中心，营销活动被认为是销售的艺术；营销 2.0 时代强调以用户为中心，企业应通过实现产品的差异化，与用户建立更加紧密的联系，并且凭借独特的市场定位，实现品牌的价值；营销 3.0 时代强调价值驱动，企业需要借助科技力量完成与用户的对接与互动，营销的价值主张从功能与情感的差异化升级为精神与价值观的相互呼应；而最新的营销 4.0 时代则强调以价值共创为导向，企业应借助大数据等工具让用户和自身实现更高层次的价值追求。

从营销的发展过程可以看出，不论时代如何变化，营销为用户创造价值这一本质并没有发生变化，同时，时代的变化也带来了营销工具的更替。自营销 3.0 时代和营销 4.0 时代孕育而生的大数据技术，可以将网络上的碎片化信息进行重构，还原用户的真实消费状态和消费行为。

为了让读者更加清楚地理解大数据营销，我们还需要对大数据营销在实际运用中的优势做进一步的讲解。

1. 将营销行为数据化

大数据的一个重要优势是可以将用户的消费行为进行数据化重构。比如，大数据技术可以将用户的网络行为进行数据化，包括在某一页面的点击次数、访问时长，以及在网络上生成的各种原创内容等。营销人员结合不同的行为数据生成具体的变量，进一步分析这些具体的变量对达到某一具体的营销目标有何影响，从而采取有针对性的营销措施。此时借助大数据，可以形成一个营销闭环，即"行为—数据—营销—营销目标—行为"，这个营销闭环能够帮助营销人员有效追踪用户行为，从而实现精准营销。

总体而言，营销行为数据化是指通过将行为进行数据化重构，企业能够精准地发现用户的需求，甚至是用户自己都还没有察觉的需求。借助大数据技术实现消费需求的精准发掘，就是大数据带给企业的价值。

2. 使企业平台更具价值

在网络技术不断发展的今天，企业每天都会收集大量的用户数据，而数据内容则是企业的重要资产。企业可以通过对平台上的海量数据进行处理，发掘用户需求，并以此开展营销活动，从而增强用户黏性，提升企业平台的整体价值。

不论是传统企业还是互联网企业，大数据都能帮助其提升运营效率和管理效率，并实现更加精准的营销。在数字化时代，推进大数据建设、开展大数据营销是外部环境的要求，同时也是企业发展的助力。大数据以及大数据营销的价值，正在于此。

3. 提升营销效率

传统的营销模式强调通过调研寻找目标用户（如问卷调查、深度访谈、头脑风暴法等），但是这种模式效率低且成本高。而大数据营销可以挖掘用户的潜在需求，寻找最普遍的消费规律，精准触达用户的需求。并且针对差异化的用户需求，企业可以提供定制化的产品或服务，这样既能降低营销成本，也能提高营销工作的效率。

传统的营销模式（如 STP、4P 等），在大数据技术的辅助下可以更准确。以产品定位为例，传统的市场调研普遍存在样本量不足的问题，但是大数据技术能够很好地弥补这个不足。此外，企业都希望能够更加精准地实现差异化定价，但是没有足够的用户信息作为支撑。大数据技术使得更加精准的差异化定价成为可能，有助于提高整体的营销效率。

4. 推动商业生态环境的数字化进程

精准触达用户需求虽然是大数据营销的一个体现，但是这并不完全等同于大数据营销。大数据营销推动的是整个商业生态环境的数字化进程，主要体现在实现商业智能化和消费智能化两个方面。商业智能化可以帮助企业实现整个经营活动的数字化运营，从而控制企业成本、提高经营效率；消费智能化可以通过大数据分析出用户的需求，从而提升用户体验。总而言之，大数据营销可以使企业将经营活动和用户需求更好地融合、连接起来，打造更加全面的商业生态环境。

良好的商业生态环境的建立离不开大数据的发展。借助大数据等工具，商业生态环境的建设才能更完善，系统内资源的流动才能更有效率。

7.2　大数据营销的应用

在互联网逐渐步入大数据时代后，企业及用户的行为不可避免地发生了一系列的变化与重塑，其中最大的变化莫过于用户的一切行为在企业面前似乎都是可视化的。随着对大数据技术的深入研究与应用，企业的专注点日益聚焦于怎样利用大数据实现精准营销服务，进而深入挖掘用户潜在的商业价值。选择合适的 KOL、制作社交图谱和兴趣图谱，以及投放程序化广告等都是企业运用大数据所进行的成功实践。在上一节中我们已经了解了大数据及大数据营销的相关内容，那么企业应该如何将大数据应用于营销实践呢？我们先从"KOL的管理"讲起。

7.2.1　KOL的管理

在互联网快速发展的背景下，KOL市场作为互联网文化产业的新生力量，得到了快速的发展，而KOL对人们生活产生的影响也越来越大。那么何为KOL？

1. KOL的概念

KOL通常被视为拥有更多、更准确的产品信息，为相关群体所接受或信任，且对该群体的购买行为有较大影响的人。简单来说就是在某个领域拥有一定影响力的人。该群体的范畴没有绝对限定，可以大到一个行业、一个亚文化圈，也可以小到一个兴趣小组。锤子科技的罗永浩、小米的雷军；贴吧的吧主、某读书群的领读人……都可以被称为"KOL"。他们通常有一定的粉丝基础，其影响力大小取决于粉丝数量的多少及粉丝黏性的强弱。

KOL基本上就是在行业内有话语权的人，包括在微博、微信等社交平台上有话语权的人，也就是我们所说的"圈层红人"。他们分布于社会上的任何群体中，在某一行业内可能是专业的或者是非常有经验的，因此他们的话通常能让粉丝信服。在大多数产品的用户中，KOL占比很小，但其影响力以及对产品的贡献极大。

此外，我们要简单区分一下KOL和"网红"这两个不同的网络运营主体。KOL往往是长期持续输出专业知识或因发布的内容而走红的人，如papi酱、办公室小野等；而"网红"往往是因为他的某个事件或某种行为被大众关注而突然走红的人，如犀利哥、凤姐。但是这两者之间是有一定的交集的，且"网红"可以向KOL发展。

2. KOL的类别

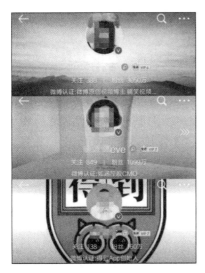

图7-2　头部KOL

KOL的类别其实是根据其粉丝数量进行划分的。KOL的关键在于影响力，而KOL影响力的核心就在于信任。互联网时代的商业看重社群和人脉，而真正维系社群的因素是信任。有了足够的流量，才意味着对KOL的管理踏出了第一步。

（1）头部KOL

头部KOL拥有百万甚至千万粉丝，如图7-2所示，在某种程度上头部KOL拥有相当大的影响力，甚至不亚于一些明星。

（2）腰部KOL

腰部KOL的粉丝数量相对较少，通常有几万粉丝或者十几万粉丝。他们一般针对的是某一个领域，吸引的粉丝群体自然也和他们的偏好相似，不过他们拥有更多时间和粉丝进行互动交流，亲和力更佳，粉丝黏性更强，投放广告时的性价比相对更高。

（3）长尾 KOL

现阶段，粉丝数量相对更少的长尾 KOL（纳米 KOL）开始受到越来越多的广告主的重视。这些 KOL 的影响力一般基于自身的艺术、才艺、知识、语言等能力，他们可能来自各个垂直领域，包括白领、画家、游戏玩家、舞蹈演员等，与有数百万粉丝的头部 KOL 相比，他们与粉丝的距离更近，更容易接触其他志同道合的人并与之建立更紧密的联系。特别是一些小众群体中的 KOL，将会成为各大广告主的重点关注对象。只要能找到合适的 KOL，就一定能找到其对应的用户群体，这使广告主可以更好地对目标用户群体进行营销。

此外，长尾 KOL 拥有一定的用户影响力和带货能力，但是对于品牌整体的影响力又较小，即使发生了一些对品牌有伤害的事情，其对品牌产生的负面影响也能够及时得到控制。相对来说，与他们合作成本较低也更为安全。对于不同体量的 KOL，企业要有不同的选择策略，不同体量 KOL 的选择策略如图 7-3 所示。

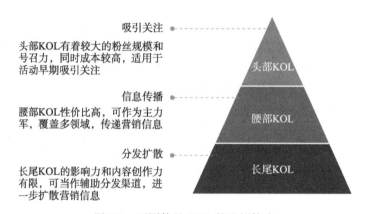

图 7-3　不同体量 KOL 的选择策略

3. KOL 的价值

从上文中我们了解了 KOL 的概念和类别，但是对于企业而言，KOL 又存在哪些价值呢？

（1）持续的活跃度

KOL 持续的活跃度可以用于持续带动粉丝和普通用户留意其所用的产品及品牌。KOL 通常会在平台上直播或发布软文和好物分享视频等，来保持一定的活跃度，加强与粉丝的联系和互动。微博作为社交媒体，每年都会举办 "V 影响力峰会"，旨在支持和鼓励 KOL 的发展，现已成为微博各领域的盛会。

（2）带动粉丝消费

KOL 带货已成为电商界的共识，KOL 一般通过直播、写软文等方式推广产品，带动粉丝消费。对于一些产品来说，其免费用户向付费用户的转变，普通用户向高级用户的转变，KOL 都可以在其中发挥作用。KOL 做电商便是一个典型的例子。KOL 凭借其影响力和粉丝的信任售卖产品，以促进销售转化。

直接销售产品无疑是最常见的 KOL"带货"方式，其一般是有特定消费群体的品牌主，以销售转化为目标，直接销售具体的产品。直接销售产品需要 KOL 本身具有较强的专业性，在垂直领域拥有超强的专业技能。

除了直接销售，"种草"也是 KOL 常用的一种"带货"方式。虽然"种草"的最终目的也是销售产品，但是相较于直接销售来说隐蔽性更强，是一种优于直接销售的"带货"方式。一般产品的特性与 KOL 的调性有关，品牌通过 KOL 触及受众群体，从而完成有效的营销信息传播。超强"种草机"——小红书上就有很多"种草"型 KOL。值得注意的是，"种草"的核心要点是要建立"中立感"，弱化明显的销售导向，同时 KOL 也需要持续地运营账号，保持热度。

KOL 已经逐渐成为一种商业模式。KOL 平台不断丰富，其营销价值逐渐受到广告主的认可和重视。近年来，广告主们不再把它当作"一次性"的营销手段，而是把它当作一种长期的推广手段，广告主们不但增加了在 KOL 推广上的营销成本，还开始制定长期的 KOL 营销策略。

在实际操作中，广告主往往不止选择一个 KOL，而是在产品推广的不同阶段选用不同层次的 KOL。通过头部 KOL 打响品牌名，通过腰部 KOL 打入粉丝群体，从而更深层次地对产品进行推广并且引导用户进行消费，再利用尾部 KOL 辅助宣传推广。KOL 的魅力就在于他推荐的产品相对更加真实，和粉丝之间的距离更近，针对的用户群体更明显，宣传效果相对更好，性价比更高。

值得注意的是，广告主在选择 KOL 时，要注意做好 KOL 的背景调查，筛选过滤掉劣迹 KOL。广告主也可以与第三方公司进行合作，逐一查看想要合作的 KOL 的背景，了解他们的更多信息，包括他们曾经发布过什么内容、发表过哪些言论、他们的价值观等方面。

7.2.2 制作社交图谱与兴趣图谱

既然 KOL 对于企业而言非常重要，那么我们怎样才能找到他们呢？我们可以通过制作社交图谱和兴趣图谱来寻找 KOL。

1. 社交图谱

社交图谱是一种表明"我认识你"的网络图谱[①]，是人们的线下关系在线上的映射，它反映了用户通过各种途径认识的人：家庭成员、工作同事、开会结识的朋友、高中同学、俱乐部成员、朋友的朋友等，社交图谱主要由一些主流的社交网络产生（如图 7-4 所示），用户向自己认识的人发送邀请来构建和维持他们的社会关系，微博就是社交图谱的典型代表。社交图谱的作用在于可以看到用户通过各种途径认识的人所构成的关系网，可以直观地帮助企业找到分享传播路径中传播能力最强的人。社交关系以强弱为表现，主要有以下几种形式。

---

① 苏杰. 人人都是产品经理[M]. 北京：电子工业出版社，2017.

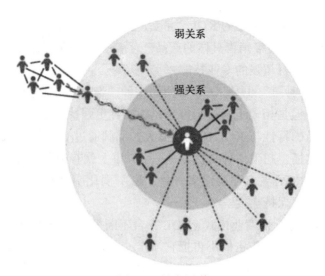

图 7-4　社交图谱

（1）社交图谱的强关系

与我们互动较多的人，如好朋友、家人、同事、同学等。

（2）社交图谱的弱关系

与我们互动较少、不怎么熟悉的人，如朋友的朋友等。

（3）社交图谱的临时关系

我们不认识但与之临时产生互动的人。临时关系是人们没有承认，但是会临时与他人产生联系的关系，如在微博互相回复评论的网友，或者淘宝客服和用户。

与盲目开发用户、投入产出低、品牌传播速度慢的传统营销模式相比，基于社交图谱的数据化营销可以帮助企业对用户进行分层管理，制定更具针对性的营销策略。利用社交图谱，一方面，企业可以找到传播能力强的用户并使其成为营销人员，从而在一定程度上减少营销费用；另一方面，企业可以通过传播能力强的老用户对其社交关系圈的好友进行口碑传播，大大提高传播速度。

2. 兴趣图谱

兴趣图谱则是一种表明"我喜欢这个"的网络图谱，我国网民的兴趣图谱如图 7-5 所

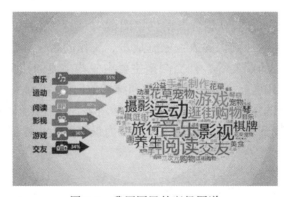

图 7-5　我国网民的兴趣图谱

示。它是以人和人的共同兴趣为线索的图谱，以分享共同的兴趣为基础，通过相同的兴趣将众人聚集在一起。

在互联网时代，"兴趣"成为组织用户群体、对信息进行分组的一种工具。基于用户兴趣，企业将兴趣不同的用户分类组成不同的群体，以实现对信息的分类处理，这对于用户来说，在很大程度上降低了他们的信息处理成本。

3. 社交图谱与兴趣图谱的区别

社交图谱与兴趣图谱的区别如表 7-1 所示，两种图谱实际上是用户在网络上的两种不同角度的诉求：社交图谱承载了用户与好友进行沟通互动的情感需求，而兴趣图谱则体现了用户追求品位、获得知识的自我实现需求。

表 7-1　社交图谱与兴趣图谱的区别

社交图谱	兴趣图谱
社交图谱以人为最小单位	兴趣图谱以兴趣为最小单位
多为双向关系	多为单向关系
强关系	弱关系
关系维系	关系拓展
默认私人	默认公开

4. 社交图谱与兴趣图谱的融合

目前主导社交网络的两个核心脉络就是社交图谱和兴趣图谱，继社交图谱和兴趣图谱之后，又将发展为"是什么"，是两者之间的融合，就是通过展示用户过往的经历实现兴趣聚合和社交的目的。那么如何才能实现两种图谱的融合呢？目前我们可以看到国外已经在进行积极的尝试，尤其是 Google+的推出，将极大地刺激社交网络的转型，Google+如图 7-6 所示。在 Google+中，用户可以很容易地将其关系图谱的成员拖到一个或者更多的图谱中，而这些图谱则是基于共同的爱好或者分享的内容而产生的。

图 7-6　Google+

兴趣图谱和社交图谱在慢慢地融合。再比如，脸书的创始人扎克伯格（zuckerberg）对脸书的总体规划是，当网站建立了一张囊括了所有认识的人的社交网络之后，用户能够进一步利用这种社交信息。比如，了解你的朋友们正在搜索什么、买什么、看什么、喜欢什么或者说什么。时间轴（timeline）是两者结合的一种表现形式，脸书已经将个人主页变成了时间轴，用于更加形象地展示用户的经历，如关注了谁、哪一天做了什么、关注了什么等，从而使用户的形象更加具体，呈现更多的信息。在大数据时代，以后也许会有更多的图谱形式出现。

7.2.3 投放程序化广告

投放广告无疑是非常有效的一种营销手段。在我们的日常生活中，广告无处不在，不论是在电视上、大街小巷的海报和广告牌中，还是我们看视频、"刷"微博或浏览新闻时，广告总是以图片、视频等各种形式出现。而近年来，广告似乎变得更加"人性化"：当我们想要购买某个产品时，在搜索引擎上搜索之后，我们在其他购物网站上也会看到相关产品的推送；或者网上聊天时提到的产品，也会以广告的形式出现在我们眼前。由此可见，在大数据技术快速发展的互联网时代，与传统广告相比，借助"技术+数据"的力量，程序化广告已经可以精准地投放给目标用户。由于移动端在主导媒体消费和自媒体购买，且程序化广告发展得很快，传统广告商越来越不容易接触到真实用户，而充分利用程序化广告，可以帮助广告主在新的移动广告领域占据一席之地。

1. 程序化广告的概念

程序化广告是指利用技术手段进行广告交易和管理的一种广告形态，它使用软件和实时"智能"数据来自动化购买和销售广告资源[①]。广告主可以程序化采购媒体资源，并利用算法和技术自动实现精准的目标受众定向，只把广告投放给"对"的人。媒体可以程序化售卖跨媒体、跨终端（如计算机、手机、平板电脑、互联网电视等）的媒体资源，并利用技术实现广告流量的分级，进行差异化定价（如一线城市的价格高于二、三线城市，黄金时段的价格高于其他时段）。因此，程序化广告是以人为本的精准定向广告，也是媒体资源的自动化、数字化售卖与采购。

例如，一名互联网公司的 30 岁男性程序员，打开今日头条 App 时，发现广告页中显示的是一个与脱发、增发有关的广告；一名 24 岁的职场女性，同样在打开今日头条 App 时，发现广告页中显示的是新款护肤品的广告。今日头条 App 的广告页面如图 7-7 所示。

所谓的"精准投放"，便是针对用户的基本信息进行相关的广告推送。上例中互联网公司 30 岁的男性程序员在压力大的工作环境下很可能会面临脱发的风险，因此他便是脱发产品广告主的首选投放对象。而 24 岁的职场女性更加在意自己的外貌打扮，护肤品广告主认为她或许是一个不错的投放对象。

由此我们可以看出，程序化广告购买的是受众，而不是广告位，广告的策略是从用户匹配的角度出发的。针对"千人千面"的精准投放，需要广告主以用户为中心，定位目标人群。广告位对于精准投放来说只是一个次要条件，广告主关心的是自己的广告是否能投放给"对"的人。

而程序化是指根据需求方的要求，依据广告策略和算法自动完成出价。就像突然点

---

① 梁丽丽. 程序化广告：个性化精准投放实用手册[M]. 北京：人民邮电出版社，2017.

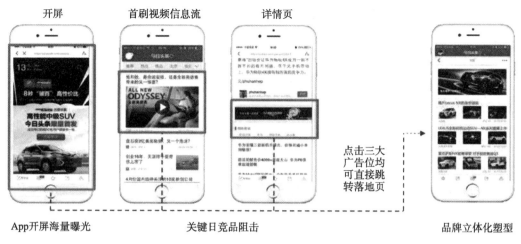

图 7-7 今日头条 App 的广告页面

开一个 App 弹出的广告一样，在打开的那一瞬间，程序化广告的运作已经完成了。这中间包括了许多工序：用户将信息传给供应方平台，供应方平台再将信息迅速发给需求方平台，需求方平台做出竞价选择，最后通过竞价结果将广告返回给用户，这些过程总共用时不超过 1 秒。

数字媒体的使用绝大部分被移动应用所驱动，而现在智能手机 App 的使用已经占用户时间的 59%（计算机为 34%，智能手机网页为 7%）。因此，为了跟上移动设备的发展步伐并成功吸引新的用户群体，品牌就需要不间断地部署、测试和优化广告活动。借助程序化广告成熟的数据驱动定位功能与丰富的移动媒体相结合，可以使广告主在合适的时间使用合适的广告素材吸引合适的用户，并且价格合理。由此可见，程序化广告不单单是一种算法，更是实现更高效的营销模式的核心。

2. 程序化广告的参与者

（1）需求方

需求方即广告主，是购买流量进行广告投放的最终需求方。需求方也可以是代理商，负责对接广告主的需求，并代表广告主寻求媒体渠道进行合作。

（2）需求方服务平台

需求方服务平台是需求方（即广告主或代理商）提供实时竞价的投放平台，同时也是一个允许需求方通过单一来源跨多个广告交易平台购买广告流量的平台，该平台汇集了各种广告交易平台、广告网络、供应方平台，甚至包括媒体的库存。需求方可以使用需求方服务平台的后台来管理出价，设置目标和重定向等操作的标准，包括设置目标受众的定向条件、预算、出价、创意等，并汇总不同的数据，实时优化广告竞价。有了这一平台，就不需要再完成另一个烦琐的购买步骤——购买请求。

采购交易平台为需求方提供整合多个需求方服务平台的技术解决方案。在采购交易平台上，需求方可以统一管理多个需求方服务平台的投放，具体包括分配投放预算、制订和调整投放策略、查看数据报告等。采购交易平台一般服务于广告主，因为广告主通常会在多个需求方服务平台投放，而采购交易平台可以实现广告主对整体预算、频次控制等在多个需求方服务平台的统一管理。

采购交易平台主要有以下三种类型。

代理交易平台：由大型媒体采买方和经销商搭建，在大型媒体流量购买中独立工作。其交易路程如图 7-8 所示，该平台有助于管理通过竞价系统获得的寻找特定受众的程序化媒体。营销专家利用代理交易平台获得程序化广告，并使用需求方服务平台来优化结果，尤其是在广告表现不佳需要重定向时。

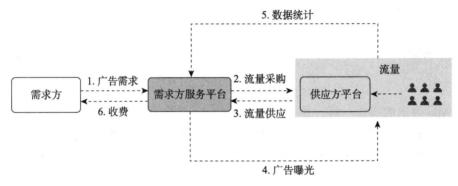

图 7-8　代理交易平台交易流程

独立采购交易平台：其与代理交易平台的区别在于，独立采购交易平台可以服务多家广告代理商。

品牌广告主内部采购交易平台：该平台是由广告主自己搭建的或由技术提供商搭建的仅供广告主内部使用的自由采购交易平台。

（3）供应方

供应方即流量的拥有者，为广告主提供接触用户的平台，是现金流向的终端，主要包括一些媒体网站、App 和广告联盟。

（4）供应方服务平台

供应方服务平台允许变现方将其数字广告（应用或网站）流量资源"出售"给同时通过多个广告交易平台、广告网络和需求方服务平台进行出价的广告主。通过供应方服务平台的后台，变现方可以管理广告展示库存，并根据广告质量、用户体验和产生的收入来选择或排除广告主。现在供应方服务平台的功能与广告交易平台基本一致。

广告交易平台是一个可以让广告主和变现方通过实时竞价的方式购买和销售广告的数字市场。广告交易平台最常用于销售展示广告、视频广告和移动广告资源。广告主或代理商通常使用需求方服务平台来挑选他们想要购买的广告展示方式。这些决策通常基于用户的历史行为、活跃时间、设备类型以及广告位置等信息实时做出。广告交易平台是一个开放的、能够将媒体和广告主联系在一起的在线广告市场（类似于股票交易所），而需求方服务平台与广告交易平台的关系，如同买菜的人在菜市场里寻找摆摊的菜贩。

（5）广告服务与数据管理

数据管理平台能够收集和汇总第一方数据以及第三方人口统计和行为数据，为广告投放提供标签，实现用户精准定向，并通过投放数据建立用户画像，然后进行标签的管理以及再投放。数据管理平台提供了用户在线上和线下的活动数据，通过将不同的用户数据整合到一个视图中，帮助广告主定义关键用户，再细分用户，并向用户发送有针对性的消息，以激发用户的共鸣并激励他们采取行动。

程序化创意平台专注于对广告创意的投放进行优化，通过技术自动生成海量创意，并利用算法和数据对不同用户动态地展示广告并进行创意优化，这个过程叫作动态创意优化。每个人看到的广告可以是不一样的，即使是同一个人，其在不同场景下看到的广告也可以是不一样的。

监测分析平台是广告主在广告投放过程中，用于对广告投放数据进行同步监测的第三方平台。广告主还需要评估广告投放平台数据的真实性，验证投放的相关数据（如展示量、点击量、受众属性等）是否与第三方平台的监测报告一致。

3. 程序化广告的优势

在传统广告模式下，广告主需要与众多媒体逐个谈判或通过广告代理购买媒体资源。这种模式价格高、覆盖面小，虽然广告主现在可以同时在多个媒体进行投放，并且可以自主选择具体的投放地区、投放时间等定向条件，但是用户的标签是不明晰的，不能根据广告主的需求定制个性化的用户标签。同时，传统广告模式无法识别不同用户的个性化需求，同一用户在单一创意或多创意随机轮播的轰炸下极易产生审美疲劳，广告点击率自然难以提升，媒体自身的流量也会因糟糕的用户体验而下滑。传统广告的劣势与程序化广告的优势如图 7-9 所示。

传统广告的劣势	程序化广告的优势
1. 不同媒体间用户重合度高，无法实现跨媒体频控	1. 通过Ad Serving跨媒体控制投放，实现用户去异重，统一频控，扩大受众覆盖面
2. 大媒体单价高，中小媒体覆盖面小	2. 整合大、中、小媒体实行媒介计划，找到最优组合
3. 报告间隔长，难以防止作弊	3. 实时查看投放表现，系统自动优化投资回报率，常报警，多维度报告支持深入分析、洞察投放数据
4. 按广告位采购，商务成本过高	4. 按人购买，最大化目标用户覆盖率，有效提升目标用户到达率，降低IGRP
5. 采购效率低，需要单个采购与谈价	

图 7-9　传统广告的劣势与程序化广告的优势

程序化广告的出现极大程度地改变了互联网广告的投放模式。

在程序化广告模式下，广告主可以通过需求方服务平台或需求方服务平台广告代理商将广告投放到广告交易平台或供应方服务平台中的众多媒体上。从广告联盟到程序化广告，广告主实现了从预定义用户定向到自定义用户精准定向的跨越。除了简单的定向条件，广告主还可以对用户属性进行精准定向（如对已有用户群或流失用户群进行重定向投放等），使广告主的每一分钱都尽可能地投向精准的目标用户。通过数据管理平台和程序化创意平台的个性化创意制作，可以实现"千人千面"的创意展示，甚至实现针对同一用户在不同时刻、不同场景的广告投放，与用户进行更高效的信息沟通和互动。另外，借助广告验证平台的投放验证，程序化广告还可以满足广告主对品牌安全、反作弊过滤、广告可见度分析等方面的要求。

相较于传统广告模式的靠人力进行媒介洽谈、广告管理和对用户进行无差别投放的特点，程序化广告的优势（图 7-10）是为广告主和媒体带来了营销效率和效果的双重提升。

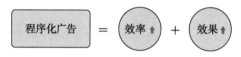

图 7-10　程序化广告的优势

（1）广告主角度

①效率提升。提升媒介采购效率：在传统广告模式下，需要通过人力联系各个媒介渠道进行价格谈判、排期、投放等，成本高、速度慢而且不稳定；而在程序化广告模式下，直接加入交易市场就可以采购海量媒体网站和移动应用等资源。

提升广告投放效率：在传统广告模式下，采购的媒体资源在广告活动中无法进行统一管理；而程序化广告通过整合的平台就可以跨媒体、跨终端进行投放资源规划和效果跟踪。

②效果提升。提升广告投放效果：精准是程序化广告投放的一大优势。程序化广告投放已经不再是购买广告位，而是购买目标用户，他们是被贴上了各种定向标签的目标人群，这些标签可能是用户的移动设备型号、兴趣爱好等不同的组合。精准度的提升意味着更接近广告的目标用户，向这些目标用户投放广告，避免了广告主将资金花费在非目标用户上，减少了资金浪费。因此在程序化广告模式下，广告的投放更精准，也更可控，在减少资金浪费的同时提升了广告投放效果。

缩短优化周期：程序化广告具有实时竞价投放和实时优化的特点，这使广告数据的收集、分析和优化过程变得更加简单、高效。

（2）媒体角度

①效率提升。提升媒体资源售卖效率：在程序化广告模式下，媒体可以将资源接入交易市场，有需求的广告主、代理商和程序化广告平台能够直接在交易市场中购买各类资源，而不需要逐一谈判。

②效果提升。提升流量利用率和用户体验：程序化广告关注的是每一个广告流量的销售，这会提升优质流量和长尾流量的有效利用率。基于用户的属性、兴趣等标签，媒体可以针对不同流量给出不同售价，提升流量库存的收入。同时，相较于传统的长期展示同一个广告的模式，程序化广告更贴近每个用户的需求，因此用户体验也会有所提升。

小讲堂

本章小结

　　通过对本章的学习，我们对大数据营销有了比较全面的认识，同时掌握了大数据、大数据营销的概念以及大数据在营销中的应用。

　　建议读者在学习本章的过程中，对大数据时代的各种营销模式进行对比学习。特别是在企业所有的业务活动皆可以数据化的今天，通过选择恰当的营销模式，企业可以更好地拓展自身的业务。对于从事企业实际工作的读者来说，本章的内容将很有帮助。

微课 7.1　广东中烟营销数字化

案例讨论

大数据把脉《微爱》：见微识著，精准营销

　　会议室里，张总慢慢转着桌上的杯子静静地听着大家谈话，不时轻轻皱下眉头。他心里很清楚，姜文执导的《一步之遥》和徐克执导的《智取威虎山》与《微爱》同属贺岁档期影片，而《微爱》相较前两部影片并不具有绝对优势。如何与体量有差距的影片竞争，如何以小博大成为同档期的票房黑马，这无疑是摆在他面前的一大难题，而目前团队还没有讨论出更好的突围之策。"姜文的实力太强了，又拥有大批崇拜者，他本身就是一个很好的宣传者，他的《一步之遥》肯定会吸引大批观众。"郭亮说。"'徐老怪'的想象力天马行空，他用自己的方式去演绎红色经典还是很让人期待的，因此我认为《智取威虎山》会更有吸引力。"刘飞说。"那可不一定，如果让我选，我这个'跑男粉'是一定会去看《微爱》的，因为有 Angelababy 和陈赫啊！"王娟不平地说道……张总像是突然想到了什么，笑着说了一句："太好了！"

案例正文　　　　案例使用说明

即测即练

自学自测　扫描此码

工 具 篇

第8章

微 信 平 台

知识框架图

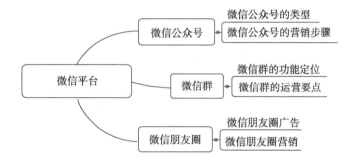

技能目标

1. 掌握微信公众号的类型和营销步骤。
2. 明确微信群的功能定位和运营要点。
3. 了解微信朋友圈的营销方式。

技能目标

1. 能够识别不同类型的微信公众号及其营销步骤。
2. 能够利用微信平台对产品进行营销推广。

案例导入

美丽说利用微信成功建立口碑

　　美丽说是一家互联网技术型公司，其就综合形象、服务、招聘三个方面分别创建了三个微信公众号。"美丽说"微信公众号会给用户推送当季的潮流搭配指南和穿衣方式，图文并茂的消息内容，让用户看完之后不但能够学会搭配，还能从中得到便利的购买方式。"美丽说服务中心"是美丽说的一个服务类微信公众号。在这里，用户可以随时随地查询所购买的产品在"美丽说"的购物订单状态，用户还可以从这个微信公众号直接跳转至"美丽说"小程序进行快速购物。"美丽说招聘"顾名思义就是美丽说的招聘类微信公众号。分工如此明确的 3 个微信公众号,既让美丽说这个购物类电商平台在微信上的系统更加完善,又能彰显其权威性。这样的专业性和权威性也为美丽说在微信平台赢得了良好的口碑。

作为服装类电商,其最终的目的就是让用户购买产品。美丽说深刻意识到这一点,于是采取了做用户全方位的时尚顾问的方法。首先,利用微信公众号为用户提供更多的潮流资讯和信息,让用户对美丽说产生依赖性,这样就能增强用户黏性,让用户成为美丽说的粉丝。其次,美丽说还在微信公众号平台上,为用户推出"值得买""当季潮流""今日精选"等版块。这些版块旨在吸引用户购买产品,其专业性和对潮流的解析,让用户无法抗拒购买产品的欲望。比如,在"今日精选"版块中,美丽说每天都会为用户推出当日值得购买的潮流单品,用户看到这些单品,不但能够了解当日的流行元素,还能快速购买。

图 8-1 "2018 微信数据报告"
中的部分数据

2019 年 1 月 9 日,微信发布"2018 微信数据报告","2018 微信数据报告"中的部分数据如图 8-1 所示。数据显示,微信月活跃用户已经达到 10.82 亿人(根据 2019 年的数据,微信月活跃用户已达到 11.51 亿人),其中 55 岁以上的用户为 6300 万人。用户每天发送消息 450 亿次,同比增长 18%;每日音视频通话 4.1 亿次,同比增长 100%。其中,视频通话用户相较于 2015 年增长了 570%。

在社交方面,相较于 2015 年,2018 年微信用户人均添加好友数量增长了 80%,微信朋友圈日发布视频数量增长了 480%。而且微信已经渗透到生活的方方面面,每月使用微信出行和消费的用户大增。在微信打造的智慧生活方面,每月使用微信搭乘公交地铁的用户比 2017 年增长了 47%,每月使用微信消费的用户比 2017 年增长了 15%。

显而易见,现在的微信已经成为一个拥有超级流量的大平台。对于企业来说,微信就是一座宝矿,如果利用得当,就会像美丽说一样享受微信带来的红利。微信这座宝矿的内部结构究竟是怎样的?有哪些功能可以作为营销的工具呢?企业又该如何利用微信进行营销呢?

8.1　微信公众号

如果想要利用微信公众号开展营销活动,企业有两种方法:第一种是和有影响力的微信公众号合作，借助他们的平台影响力来达到自己的目的，这种方法的好处是节省时间、节约人力成本等，但是宣传效果如何，企业无法控制；第二种方法是创建自己的微信公众号，派专人运营，这种方法虽然会增加企业的人力成本，但是可以提升企业在微信平台上的品牌影响力，及早进入微信营销领域也可以使企业抢占先机。

8.1.1　微信公众号的类型

熟悉微信公众号的人应该都知道，微信公众号的账号类型主要有三种，分别是企业号、服务号和订阅号，下面我们分别来了解一下这三类公众号。

1. 企业号

企业号顾名思义，是为企业服务的，其主要用于公司内部的通信。企业号的特点是想要关注企业号的成员必须先通过身份验证，只有验证通过，确认为企业通讯录成员才可以关注企业号。这种设计在一定程度上保证了企业内部信息的安全性。比如，中南财经政法大学创建了自己的企业号，用于为学生提供服务和进行校内通信，学校有任何消息都会在如图 8-2 所示的"中南大微校园"企业号上发布。所有考入中南财经政法大学的学生都会关注它，以便获得最新的校园资讯；同时它还有一卡通、图书馆等功能专区，为学生提供线上服务，该学校将原来的线下工作转移到线上，既方便了学生，也方便了工作人员。

图 8-2　"中南大微校园"企业号

2. 服务号

企业号是为企业内部提供服务的，而服务号是企业为外部用户提供服务的，其被定义为"为企业和组织提供更强大的业务服务与用户管理能力的微信公众号"。服务号的主要使用者是媒体、企业、政府或者其他组织，其特点是认证之后每天可以群发多条消息，突破了订阅号每天只能群发一条消息的限制。如果企业想要进行产品销售，可以选择创建服务号，后续可以进行认证，以申请微信支付。

银行属于典型的服务行业，目前我国基本上所有的银行都有自己的微信服务号，如中国工商银行的服务号为"中国工商银行电子银行"（如图 8-3 所示）。其主要功能有"微金融"和"微生活"，囊括了银行的基本服务类目，同时还为自己的手机 App 进行导流。当银行有活动时服务号会推送消息，为活动进行宣传。

3. 订阅号

订阅号的服务范围比较广泛，所有人都可以申请创建订阅号。在三种微信公众号类型中，订阅号的创建门槛是最低的，运营也是最为简单的，对技术的要求较低。即使对微信公众号不了解，毫无微信公众号运营经验的人也可以进行尝试，其上手比较容易，基本的操作短期内很容易掌握。当然，如果想要打造成有影响力的微信公众号，还需要学习一定的运营技巧。

订阅号的适用范围十分广泛。企业可以通过申请订阅号来进行企业宣传，个人也可以申请订阅号用于抒发情感或分享日常生活。现在已经涌现出越来越多的自媒体作者，他们在自己的订阅号中定期发布内容，如果做得好甚至可以将其作为自己的副业。随着微信公众号的发展，出现了越来越多的订阅号运营团队，如"十点读书"，其主要针对的是女性用户，每天定时进行内容推送。"十点读书"订阅号如图 8-4 所示。

图 8-3 "中国工商银行电子银行"服务号 　　　图 8-4 "十点读书"订阅号

4. 三种公众号类型的对比

选择公众号类型时要结合自己的实际需求和公众号类型自身的特点，不同的公众号类型适用于实现不同的目标，二者相匹配才能达到良好的效果。表 8-1 所示为三种公众号类型的对比，企业可以根据自己的需要选择合适的公众号类型。

表 8-1　三种公众号类型的对比

	企业号	服务号	订阅号
消息显示方式	在好友会话列表	在好友会话列表	在订阅号目录中
消息次数限制	每分钟 200 次	每天可多次	每天只能发一次
可关注者	企业内部成员可关注	任何用户可关注	任何用户可关注
消息保密	支持消息保密,不可转发	消息可转发、分享	消息可转发、分享
定制应用	可根据需要定制应用	不支持	不支持

8.1.2　微信公众号的营销步骤[①]

1. 粉丝圈定:扩大阵地建设

利用微信公众号进行营销的关键是微信公众号要拥有足够多的粉丝,使用一个没有粉丝的微信公众号进行营销只是白费力气,所以使用微信公众号进行营销的第一步就是扩大自己的粉丝数量,让自己的微信公众号成为一个流量平台,这样才有利于进行下一步。这一步称为粉丝圈定,主要有内容圈粉、互动圈粉和资源圈粉三种实现途径。

(1)内容圈粉

内容营销已经不是什么新鲜的词汇了,内容圈粉即依靠优质的内容来吸引粉丝、留住粉丝。优质的内容要有趣,更要丰富多彩,也要有个性、有价值。

个性化是优质内容最难把握的一个要点,企业在推送消息时无论是形式还是内容风格都应倾向于长期保持一致,因为这样既能够培养用户的习惯,也可以给用户一种系统且直观的感受。也正因为这样,企业要想实现长期的个性化内容输出就很困难,搞不好还会"赔了夫人又折兵"。但是,如果想要从众多微信公众号中脱颖而出,个性化内容是必不可少的。个性化内容可以增强用户黏性,获得用户持久的关注。

优质内容的另一个要点是有价值,如果推送的内容对于粉丝来说没有任何意义,那么他是不会点开这篇文章的,久而久之,也就不会再打开这个微信公众号了,甚至会直接取消关注。只有能够为用户解决问题的内容才是有价值的,其价值体现在以下几个方面:为用户传授生活常识,如一些打扫卫生的小技巧等;为用户提供信息服务,如地铁微信公众号会推送运营路线等;向用户提供促销、打折、领奖等活动的信息,如现在的一些美妆类微信公众号等。内容有价值的微信公众号如图 8-5 所示。

图 8-5　内容有价值的微信公众号

---

① 龚铂洋. 左手微博右手微信 2.0:新媒体营销的正确姿势[M]. 北京:电子工业出版社,2017.

（2）互动圈粉

互动的目的在于增强用户黏性，一篇互动型的推文不但能够产生增多评论的效果，而且那些评论了推文的用户很有可能转发这篇推文，这样就大大提升了内容的曝光度，也提升了微信公众号的曝光度和知名度。有的微信公众号甚至会每隔几天就发一次互动话题，然后将用户的评论直接整理成推文，所有的素材都源于用户本身，这样用户就有点开推文的欲望，甚至会因为自己的评论被选入推文而增加对微信公众号的喜爱程度，更愿意为其进行宣传。

（3）资源圈粉

资源圈粉就是利用其他平台的用户资源、流量资源植入广告信息进行跨界"圈粉"。比如，华为的微信公众号通过和海航合作，在海航的官网和微信公众号上进行导流宣传，在 20 天内涨粉 20 万。

2."粉丝"洞察：优化传播诉求

积累了一定的粉丝之后，不能急着开展营销活动，而是要先观察粉丝、了解粉丝，知道这些粉丝关注微信公众号的原因，并根据后台的数据来探究粉丝的阅读习惯和偏好等，这样才能够留住粉丝，降低用户流失率。那么如何让粉丝保持关注热情呢？可以从粉丝自带的三个驱动点入手，即利益驱动、情感驱动和商务驱动。

（1）利益驱动

常见的利益驱动有提供平台优惠权益共享的免费服务，提供新品试用服务，提供整合的、有创意的、独特的产品服务，利益驱动如图 8-6 所示。粉丝能通过微信平台得到免费快捷的服务，也能通过微信申请试用品或领取礼品。

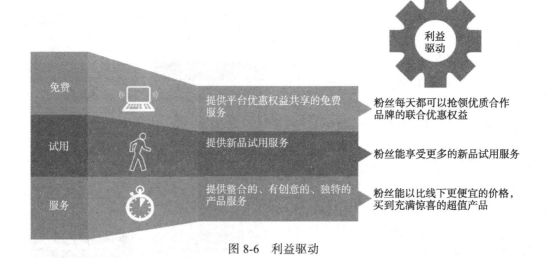

图 8-6　利益驱动

（2）情感驱动

情感驱动侧重于通过开展能使粉丝产生情感共鸣的活动或内容，让粉丝乐于参与和分享。比如，推文内容新潮、创意十足，让粉丝情不自禁地转发分享；微信活动有趣、好玩，粉丝愿意参与互动；也可以通过微信平台将有相同爱好的人聚集起来，营造社群感，并组织活动让大家参与，情感驱动如图 8-7 所示。

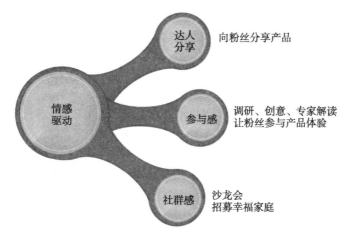

图 8-7　情感驱动

（3）商务驱动

商务驱动主要表现为数据精准分析营销。

数据精准分析营销以粉丝购买行为为核心，通过数据挖掘和监测，建立消费行为分析模型，并通过商务上的主动接触，驱动粉丝增强对企业微信公众号的黏性。商务驱动如图 8-8 所示。

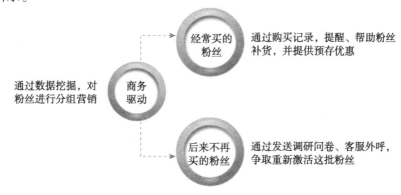

图 8-8　商务驱动

3. 粉丝引爆：转化粉丝促进销售

前两个步骤都是在为这一步做铺垫，企业运营微信公众号的最终目的还是销售服务或产品。通过前两个步骤，微信公众号已经积累了大批粉丝，而且其中大部分都已经成为忠诚的用户，他们对于企业的信任度已经达到了一定的高度，这时对其进行销售转化是很容易成功的。

罗辑思维在微信公众号的销售转化方面做得比较成功。它首先通过每天发布高质量的内容来积累粉丝，之后了解粉丝的需求，最后销售书籍等知识内容。罗辑思维的微信公众号如图 8-9 所示。

图 8-9　罗辑思维的微信公众号

8.2　微　信　群

如前文所述，微信群其实就是一个较为典型的社群形式，但是微信群是熟人的社群，大多以一个或者几个人为核心人物，围绕这些人组成了微信群。微信群对于核心人物的传播影响力能起到较大的帮助，但稍有不慎也会对核心人物产生反噬，因此对微信群的运营也是非常重要的。本节将介绍如何对微信群进行功能定位并开展运营工作。

8.2.1　微信群的功能定位

微信的使用群体逐渐扩大，随之而来的就是微信群越来越多。每个使用微信的人都会有群聊，如家庭群、公司群、同学群等，以上所说的这些都是用于加强人际关系沟通的。随着微信群的增加，其功能也远远超出了最初简单的沟通工具的定位，我们现在需要重新对微信群进行功能定位。

1. 粉丝群

粉丝群的主要成员可能是某个微信公众号的粉丝，有些运营得比较好的微信公众号会建立自己的粉丝群，可能还会有专人负责微信群的管理与运营。这时微信群的主要功能定位就是用于增强粉丝黏性，增强企业和粉丝的沟通互动，粉丝可以在群内自由讨论、相互交流，也可以对公众号的运营提出建议。

2. 内部优惠群

这种群现在越来越常见，有时你会被拉入"淘宝内部优惠券分享群"或者"某某公司内部优惠群"，某私人代购群如图 8-10 所示。这其实也是一种营销手段，通过分享这

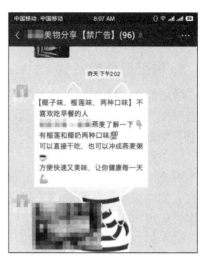

种优惠信息促进产品的销售，这时微信群的功能就可以定位为促销工具。

3. 信息分享群

大学生在找工作的时候会加入各种实习、招聘信息分享群，这就是典型的信息分享群。有的群允许所有成员发布信息，有的群则只允许管理员发布信息，这种群有的是私人建立的，有的是隶属于某些公司的。图 8-11 所示为某实习信息分享群，该图所示的信息分享群就有可能是隶属于某猎头公司的。

4. 经验交流分享群

致力于大学生求职的爱思益就创建了多个

图 8-10　某私人代购群

经验交流分享群，群成员可以自由发言，交流面试和笔试的经验或者技巧等。某经验交流群如图 8-12 所示，群内也会不定期地发布一些课程广告，甚至会有"托"来配合发布课程广告，以达到预期的营销效果。

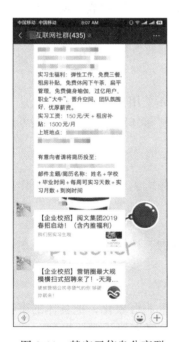

图 8-11　某实习信息分享群

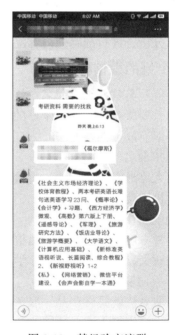

图 8-12　某经验交流群

8.2.2　微信群的运营要点

为什么有的微信群每天都十分活跃，而有的微信群每天却像没有人一样？这就与是否运营以及运营效果的好坏有关。如果肯花点时间了解微信群的运营技巧再加以实践，那么你的微信群也会变成一个巨大的流量平台。想要做好微信群的运营，需要注意以下六个方面的内容。

1. 做好微信群定位

微信群在商业用途上的核心功能就是用户关系管理。作为微信群的管理者，应该将微信群作为用户关系管理的工具。若将用户关系管理运用到微信群的管理中，需要注意以下三个方面的内容。

（1）微信群目标用户定位

不管你有多大的雄心壮志，都要明白一点，很多产品或服务是有用户分类的，不是所有人都能成为你的目标用户，尤其对于在细分领域或小众领域发展的运营人员来说，锁定目标用户很重要。

（2）微信群充当的角色定位

企业存在的目的之一就是盈利。毫无疑问，运营微信群的最终目的就是促进转化。除非你是个大品牌，产品已经做得很成熟了，否则作为实体转型或创业的运营人员，就要好好思考微信群在转化中充当的角色。

（3）内容（主题）定位

微信群建立以后必然要开展活动和交流，交流时要规定主题内容，要不然群成员只会闲聊或发广告。内容定位也是微信群管理的核心，从内容功能来说，我们对内容的分类是有用、有趣、有共鸣。那么我们要给群成员提供什么样的内容定位呢？可以根据用户特点进行分析，进行准确的内容定位，不能什么都有，要少而精。

2. 起个好的微信群名称

给微信群起名就像给人起名一样，群名称的好坏是用户愿不愿意加入这个群以及是否会退群的首要影响因素。一个好的群名称往往能直接体现群的价值、服务理念等。微信群起名一般有以下四种方法。

（1）直接命名法

这也是大家最常用的方法，直接以企业名称、品牌名称、产品名称等作为微信群的名称，如学校学院的微信群名为"工商管理学院"。

（2）功能实用法

使用这种方法可以直接将微信群的价值和服务理念体现出来，让用户更直观地了解加入该群的意义，如常见的"教你学做饭群"。

（3）形象词取名法

形象词取名法就是将产品、服务形象化，或将企业形象化，把具体的事物或抽象的事物形象化，运用拟人法、比喻法取名，如"微信互联网轻松赚钱模型"。

（4）地区限定法

使用这种方法取名的一般是本地商家，这种取名方法能使区域性用户明确加群目的，如"北京三里屯吃货群"。

3. 设置微信群门槛

没有门槛的微信群会导致群成员素质参差不齐、人员混杂、广告满天飞，而微信群的价值是从信息中提取的，是群成员通过交流信息产生的。无门槛的微信群百害而无一利，必定会走向解散。所以设置门槛会让群成员重视群的存在，经过设置门槛吸引而来的群成员质量也会较高，而且有一致的目标。

那么微信群要设置什么样的门槛呢？最终要依据微信群的类型确定，看企业要打造一个什么样的微信群。下面从群类型入手分析如何设置门槛。

（1）产品 VIP 会员群

建议门槛：必须消费过产品、认可产品（当然企业有信心保证产品的性价比高），负能量用户勿留。

很明显，这是企业为了把消费过产品的用户集中到一起而组建的会员群。其目的无非是为用户提供更好的福利使其成为回头客，新品特惠会优先提供给会员群中的成员等。该群属于会员福利性质群，某课程会员交流群如图 8-13 所示。

（2）资源交流群

建议门槛：群成员推荐，有项目或个人能力。

比如，各行各业的老板群、个体户的负责人群、骨科专家交流群、互联网专家交流群等。这种微信群应该都是由行业专家或有资源、有项目的顶尖人才组建的。群成员之间主要以交流促进合作，基本都要经过群成员的推荐才能入群。比如，微信互联网创业者也可以组建互联网创业推荐微信群，以达到提高群成员质量的目的。

图 8-13　某课程会员交流群

（3）高价值服务微信群

建议门槛：收费，外加其他必要条件。

如果你的微信群价值比较大，那么收费就是唯一的手段，收费才能过滤出质量更高的用户。只有收费才能让你持续性地提供高价值服务，也只有收费才能保证稳健地发展你的高价值服务微信群，逐步让你的微信群知名度越来越高。比如，培训群就要付出很多的精力和资源维护群价值。

4. 设置微信群群规

没有规矩不成方圆，无论哪种类型的微信群都少不了群规。该谈论的话题、不该谈论的话题，允许传播的内容、不允许传播的内容都要有明确的规定。新人入群做哪些方面的介绍、群内名称等，都要有统一的规范。一个长期缺乏管理的微信群会沦为广告群、"灌水群"，生命周期会较为短暂。因此拥有健全的管理规定对于运营一个微信群来说是非常重要的。

比如，一个社区商业模式的微信群的群规如下。

①微信头像必须是本人，如发现有作假现象将被清理出群。

②领取群友的红包要道谢！必须是纯文字，以 GIF 格式动态图的形式道谢属违规。

③不能连续发送 3 张以上图片，否则视为刷屏。

④欢迎微商加入，但不能在群里发广告（包括链接、图片等）。

⑤网名不得带有广告、手机号、微信号或含有歧视、辱骂的含义。

⑥群内不得发布色情、血腥、暴力的视频、图片等负能量的内容。

⑦问候语必须是纯文字。

高质量微信群的组建，旨在帮助志同道合的用户进行交流、交友以及学习。因此，群管理人员应要求群成员共同守规、相互尊重，共同成长。

5. 提高微信群活跃度

一个成功的微信群肯定是活跃的，大家会自主地在群里进行交流分享，否则时间一长就成了广告群，离解散也就不远了。那么怎样才能提高活跃度呢？以下几点可供参考。

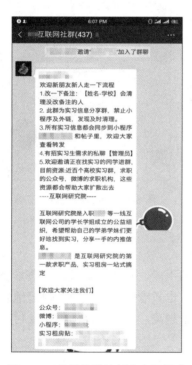

图 8-14　某微信群的新人欢迎仪式

（1）新人欢迎仪式

群管理人员可以设置一句简短的欢迎语，欢迎语中也可以增加一两点对新人的优点修饰，之后可以发个红包引导大家一起欢迎新人，某微信群的新人欢迎仪式如图 8-14 所示。群管理人员也可以引导新人做一个简单的自我介绍，新人可以使用设置好的简介模板，也可以自己编写。

（2）主题分享或讨论

微信群要定期分享与群主题相关的资讯。比如，管理新媒体交流群可以及时发布最新新媒体业态的有价值的资讯，每天进行晨读分享、话题讨论，每周再开展一个主题总结会等。其形式多样，但目的都是提高群活跃度、提升群价值，并且使群成员都能有所收获。

（3）积极解决群成员的问题

当有群成员提出疑问时，群管理人员应积极帮助群成员解决问题，让群成员有被重视的感觉。即使自己解决不了，也应尽可能地寻求有能力的人帮忙。乐于助人、无私分享才能提升群价值。

6. 微信群"养熟"，建立信任

人们进入一个微信群，不外乎几个需求：学习知识、掌握新的资讯、拓展人脉、寻找一些新的项目或者机会。微信群提供的价值，可以从人们的需求开始"养熟"。

（1）明确群的主题和规则

在组建一个高质量的微信群之前，就应该明确群的主题和规则，这两点久而久之会形成一种群思想、群文化，对群成员"养熟"形成一种思想价值。

（2）多贡献价值，多帮助别人

帮助别人就是帮助自己，尽量为群成员提出的疑问提供解决方案或好的建议。当别人获得你真诚的帮助后，他会信任你；当微信群内有很多人都获得了你的帮助时，那就是一群人信任你。这就是通过帮助别人来"养熟"别人。

（3）越分享越成功，把自己的经验分享出去

尽可能地为群成员分享有价值的经验，这也是在微信群内打造"偶像"的方式。你分享的经验如果对群成员有帮助，你就会成为群成员的"偶像"，大家自然就会信任你，被信任了就是"养熟"了。

（4）组织线下活动

线上聊千遍，不如线下聊一遍，线下活动的"养熟"效果很明显，能够让群成员之间产生很多话题。

8.3 微信朋友圈

随着使用微信的用户越来越多，微信朋友圈已经由原来的熟人交际圈变成了泛交际圈，可能平时从来都不私下聊天的人发了一条动态也会引起你的关注，甚至你连他是谁都不知道，但是你却可以经常看到他的微信朋友圈。"刷"微信朋友圈已经成为现代人的生活习惯，所以我们要好好利用微信朋友圈这个蕴藏着巨大流量的平台。

微课 8.1 丝芙兰的微信私域运营

8.3.1 微信朋友圈广告

微信朋友圈的广告越来越多，平均每 10 条微信朋友圈里就有一条是广告。这些广告不外乎两种形式：一种是微信用户个人账号分享的微信朋友圈，大多是一些微商或者代购；还有一种形式就是广告主在微信朋友圈投放的广告，这种多以视频广告为主，可以直接点击查看详情。

微信朋友圈广告是基于微信生态体系，以类似普通用户的原创内容形式在用户的微信朋友圈进行展示的原生广告，微信朋友圈广告如图 8-15 所示。通过整合亿级优质用户流量，利用专业数据处理算法，微信朋友圈广告为广告主提供了一个互联网社交推广营销平台。

图 8-15 微信朋友圈广告

微信朋友圈广告当前已开放 28 个一级行业类目，广告主发布的广告只要符合微信朋友圈广告准入行业要求，即可投放至微信朋友圈。微信朋友圈广告支持常规式广告、基础式卡片广告、选择式卡片广告和投票式卡片广告

等形式。

微信朋友圈广告支持按照地域、性别、年龄、手机属性（如品牌型号、手机系统及互联网环境）、婚恋情况、学历状况、兴趣行为等属性进行定向投放。

微信朋友圈广告支持曝光排期购买和曝光竞价购买两种购买方式，按千次曝光收费，按核心、重点、其他城市三类地域进行阶梯定价。除微信朋友圈本地推广广告以外，其他广告均支持曝光排期购买和曝光竞价购买，微信朋友圈本地推广广告仅支持曝光竞价购买。

在发布微信朋友圈广告时要审核广告素材、外层文案、外层图片、推广页等，只有通过审核的广告才会被发布在微信朋友圈中。

8.3.2 微信朋友圈营销

近年来，微信朋友圈的"爆品"层出不穷，总体来看，这些"爆品"有两个共同点：一是内容有价值，二是展现形式新颖。微信朋友圈"爆品"的内容方面可以参照"微信公众号"一节中的内容，本小节主要讲述其展现形式——H5。

H5是一项高级网页技术，是一系列制作网页互动效果的技术合集，被称为"目前最受欢迎的网页编程语言"。比如，支付宝年账单等就使用了H5。H5的类型多种多样，那么究竟什么样的H5才能够"刷爆"微信朋友圈呢？

1. 测试类H5

如果你在微信朋友圈看见一个测试类H5，是不是有点想要进去查看的欲望？如"测一测你是5种人格中的哪一种""测测你是《延禧攻略》里的谁"等，大多数人看见这类内容都会忍不住点进去进行测试，而且测试之后还会将测试结果分享到微信朋友圈。

测试题本身契合了人类低成本了解自我的需求。每个人都有对自己的关注点：出门之前照镜子、问男/女朋友为什么喜欢自己、同学聚会中某些人特别喜欢聊自己……这都是人们未曾意识到的"自我关注"。这种关注自我的需求，可以理解为"自恋"。这里的"自恋"不是一个贬义词，它与自尊有关。

人们会天然地关注那些关乎自身的信息，同时也乐于用这些信息在微信朋友圈塑造自己的形象。比如，网易哒哒推出的"测试你的哲学气质"H5，图8-16所示为"测测你的哲学气质"页面。策划团队抓住了大众的"自恋"需求，用"哲学""浪漫主义""理性"等一系列积极的标签满足了用户完善形象的需求。在形象管理这一动机的驱动下，大量用户将测试结果分享至微信朋友圈也在意料之中了。

需要注意的是，测试类H5满足的是"低成本有趣地了解自我"的需求，而不只是"了解自我"。那么什么是低成本有趣呢？

如果你在H5里让用户做一大堆严谨复杂的专业心理测试题，显然，用户会因为时间成本太高、占用的大脑资源太多而放弃。如果你的测试题本身就很无趣，即使设计交互做得再花哨，传播效果也不会好。像爱奇艺泡泡推出的"2017直男七夕考卷"H5，就是靠题目有趣"刷爆"微信朋友圈的典型案例。

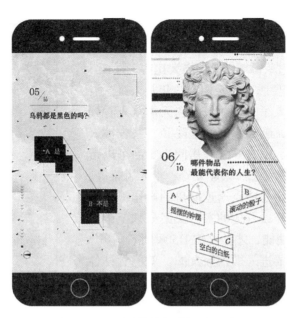

图 8-16 "测测你的哲学气质"页面

除了有趣，还得有新意，很多人可以接受相同的套路，但不会接受相同的内容。"打亲情牌"是常见套路，但在这一套路之下，设计人员又会利用专业数据处理算法实现不重样的内容，给用户带来更多新鲜感。

所以，在迎合用户心理的同时，无论在题目数量、有趣性上，还是在易读性上，记得多替用户想想，你能给他带来什么新鲜感。

2. 游戏类 H5

游戏类 H5 的特点是趣味性比较强，用户通过简单的小游戏可以放松身心，而且大家都在玩，与朋友玩同一款游戏也就成了一种乐趣。

例如，same 在圣诞节期间推出了一款 H5 小游戏"圣诞老人拯救计划"（如图 8-17 所示），界面清新可爱，与 same 的招牌画风一致，游戏角色也是 same 的品牌角色。用户只需用手指交替上滑，把角色的脖子向上拉长即可，游戏会记录用户取得的最好成绩。这款 H5 小游戏操作简单，可以达到解压的目的，同时还可以通过与朋友比较拉长脖子的距离达到分享传播的效果，从而达到向用户传播 same 产品文化的目的。

3. 展示自我类 H5

现在很多人都希望自己是独一无二的。如果你推

图 8-17 "圣诞老人拯救计划"页面

出的 H5 能够满足用户展现自我的心理，那么必定能达到较好的营销效果。

网易哒哒曾推出过一款名为"睡姿大比拼"的 H5，如图 8-18 所示，其主要瞄准年轻用户，年轻人喜欢展现自己，也渴望被别人了解。相较于白天被众人看到的精心打扮后的自己，睡眠空间则更隐私，甚少被人观察到，而还原睡姿、睡衣样式和房间小物品可以帮助用户展示自己的情感状态、兴趣爱好、个人风格等。用户可以根据自己的睡姿特点通过简单的操作，得到属于自己的睡姿，再配以有趣的宣传文案分享至微信朋友圈。也正因这些功能，才让这款 H5 瞬间"刷爆"微信朋友圈，当时只要进入微信朋友圈，就能看见各种人的"睡姿"。

图 8-18 "睡姿大比拼"页面

小讲堂

本章小结

微信已经成为一个拥有超级流量的大平台，对于当今的企业来说，利用微信进行营销是非常重要的。本章按照微信生态体系将微信内的产品分为微信公众号、微信群和微信朋友圈，并详细讲述了微信公众号的类型与营销步骤、微信群的功能定位与运营要点，以及如何进行微信朋友圈广告投放和营销，使读者对微信平台有较为完整的认知，并且初步懂得应该如何利用微信进行营销。本章也选取了较为经典的案例进行讲解，使微信营销的相关知识点更加具体地展现在读者面前，读者切忌生搬硬套，要懂得灵活运用知识要点，发挥微信平台的巨大价值。

微课 8.2 猿辅导的微信营销之路

案例讨论

在路上，自有远方：华泰保险集团分公司
——K 公司微信营销的华丽绽放

2014 年 5 月 20 日下午 2 点多，K 保险公司总经理李伟接到客户王老板的电话，说他要替公司全体员工买保险。几个月来公司生意一直都不太好，面对上门来的生意，李总这个高兴啊！可还没来得及在电话中讲完，突然间公司停电了。天哪！李总这心情立

马晴转多云了，突然的停电给他带来了几个困难：第一，客户比较着急，要求下午提出保险意愿后尽快选择合适的保险产品给他送过去；第二，工作人员需要上网查找适合客户公司员工的保险产品并进行保费测算；第三，相关材料和保单要以最快的速度发给客户，让客户尽快最终确认；第四，还需要和客户进行直接的询问沟通，了解客户的准确需求；第五，客户要求看投保信息及相关资料，但还没有时间来公司里。这一没通电，二没网络，三没相机，突然的停电使公司的固定（光纤）电话都没办法使用了。好不容易接到一笔订单，这该怎么办呢？正当李总一筹莫展的时候，他的手机又响了："怎么回事呀，生意不想做了吗，打你们公司电话怎么都没人接呢？"这个王老板发出了如此的抱怨，接着他又说："我有事要出去一会儿，你把那些相关资料和报价直接发到我微信上吧，我要在路上确认一下。"

微信？微信！李总瞬间感觉像是在绝望中抓到了一根救命稻草，是啊，还有手机网络，还有微信在呢！他赶快就打开了手机和网络，迅速找到了王老板的微信号，打开了对话窗口。李总首先和客户保持了稳定的联络关系，客户通过微信语音给他发来了消息。他了解到客户公司扩大规模，想给公司所有员工购买保险。王总又赶快通过手机的网络查询本公司最近销售的最实惠的产品及相关参数，很快在微信上给客户传了过去。由于王老板还想看看投保合同，李总又通过微信拍摄了几张实物图片，第一时间给他发了过去。对于客户不清楚的地方，李总通过微信语音及时给客户做了解释和说明。很快王老板就定下保单项目和价格，公司第一时间准备好一系列保单，顺利送到了王老板的公司。

王老板对 K 保险公司的产品服务和价格优惠非常满意，第二天他就把在 K 公司良好的购物体验发到了朋友圈，并被很多人分享和转发。到今天为止的 2 个多月的时间，仅仅通过王老板朋友圈的介绍，K 保险公司就陆续接到了很多客户的咨询，成交了 50 个客户，销售了 100 套保险。微信，让李总及其公司员工又一次看到了口碑传播的良好效应，从此 K 保险公司坚定地选择手机互联网，选择微信平台，选择通过微信传播公司的产品和服务。

案例正文　　　　案例使用说明

即测即练

自学自测 扫描此码

第 9 章

微 博 平 台

◆ 知识框架图

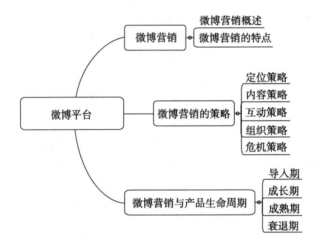

◆ 知识目标

1. 掌握微博及微博营销的概念。
2. 了解微博营销的特点和微博营销的策略。
3. 了解微博营销与产品生命周期相结合的营销手段。

◆ 技能目标

1. 能够利用微博营销策略对企业官方微博的运营提供建议。
2. 能够依据生命周期特点提供产品的微博营销方案。

◆ 案例导入

微博：新时代的营销平台

微博作为新媒体时代的重要平台之一，自创立之初，就因其即时性、互动性吸引了大量的用户。新浪微博的月活跃用户超过 5 亿，覆盖了我国近一半的网民。凭借其强大的影响力，微博时常引领社会热点，甚至成为政府对外发布信息的重要渠道。

作为一个聚合信息、人群和渠道的平台，企业自然不会放过如此良好的营销渠道。通过建立企业官方微博的方式，每个企业都想让更多的用户了解自己的品牌和产品。

但微博也是一个竞争激烈的平台，用户每天都会面临成千上万条信息的轰炸。如何借助微博的特点，通过适当的营销模式，在众多内容中脱颖而出；如何通过微博传播品牌、吸引用户，并最终实现企业的新媒体营销效果，是每一个希望借助微博获取更多利润的企业必须解决的问题。

微博作为新媒体时代的营销平台，在如今的新媒体营销中发挥着重要的作用，很多企业甚至是政府机构都会在微博上发声。那么微博的特点是什么？如何通过微博开展企业的营销活动呢？本章将对这些问题进行解答。

9.1　微　博　营　销

在微博上，大量原创内容被生产出来，标志着个人互联网时代的到来。微博将新媒体进程向前推进了一大步，人们纷纷开始建立自己的网上形象，"沉默的大多数"在微博上找到了属于自己的舞台。那么，微博营销的发展历程是怎样的呢？微博营销又有着怎样的特点呢？

9.1.1　微博营销概述

1. 微博营销的概念和作用

微博营销是指企业以微博作为营销平台，利用自身创建的微博账号或联合其他的微博账号，设计与网友的互动博文，让网友主动关注、评论、转发，参与企业的营销活动，从而达到营销的目的。借助微博的诸多特点，企业可以很好地利用这一平台开展营销。对于企业而言，微博营销有以下四个作用：品牌传播、用户关系管理、市场调查与产品开发推广、危机公关。

（1）微博是品牌传播的利器

微博的信息传播模型可概括为"微博传播=用户+情绪+行为"。其中，用户是意见领袖和忠实粉丝，情绪是为用户制造一个传播的理由，行为是引导用户创造内容或参与活动。企业可以利用微博展示品牌形象和产品特点，宣传企业文化，提供企业的前沿资讯、服务及新产品的信息，也可以通过微博组织开展市场活动，打破地域及人数限制，实现线上和线下的互动营销，引导用户创造内容，助力企业营销和品牌传播。

（2）微博是用户关系管理的绝佳助手

许多企业选择借助微博进行用户挖掘、维护和服务，通过与目标用户的一对一沟通、交流和反馈，将目标用户转化为购买用户或追加购买用户，实现用户关系管理的拓展和深化，与目标用户建立感情，听取其对产品的意见及建议，及时发现用户对企业和产品的不满，并快速应对。在以用户为中心的商业模式中，用户关系管理强调时刻与用户保持和谐关系，不断地将企业的产品或服务及时传递给用户，同时全面、及时地收集用户的反馈信息。因此，利用微博进行用户关系管理，极大地降低了企业进行管理运作的成本，缩短了企业与用户沟通渠道的长度，减少了信息损耗，有利于企业与用户关系的良性发展。

（3）微博是市场调查与产品开发推广的创新工具

微博庞大的用户基础让企业可以利用其进行市场调查和产品开发推广。基于大数据的用户信息挖掘和分析以及算法的智能推荐系统，企业可以通过微博迅速、精准地将产品广告、活动投向潜在的用户，也可以通过市场调查的方式探寻用户的潜在偏好和购买意愿，实现高效精准的调查和推广，助力企业营销活动的顺利开展。

（4）微博是危机公关的理想选择

微博既可能成为扼杀品牌的"利剑"，又可能成为品牌的推手，帮助企业转危为安。当危机事件发生时，微博是很好的公关"阵地"。由于微博具有即时性的特点，用户在与企业进行互动的过程中，如果遇到什么问题，就可能直接发一条投诉企业的微博，而经过大量的传播之后，就会演变为企业的一次公关危机。同样，企业在进行危机公关时，也可以借助微博及时对危机事件进行反馈和处理，与提出问题的用户进行直接、合理、有效的沟通，并通过发布公告的方式阐述企业立场和解决方法，让更多不明就里的用户了解事件的来龙去脉和企业的应对措施，挽救企业形象，并在较短的时间内解决用户的疑虑和问题，妥善处理危机。

2. 微博营销与博客营销、微信营销的区别

与微博营销相比，"老大哥"博客营销有着众多的不同。第一，博客营销以博客文章的价值为基础，以个人观点表述为主要模式，每篇博客文章表现为一个独立的网页，对内容数量和质量有一定的要求，受众较少且难以形成广泛传播，这是博客营销的瓶颈之一。第二，博客的内容密度较低，企业利用博客开展营销的成本也相对较高。而微博则以平台的方式呈现，用户可以在固定区域内阅读多条微博，其接收的信息量相较于博客有了质的提升，也更加具有即时性，便于企业向用户传递营销信息。

而在新媒体时代，尤其是移动新媒体时代，微博和微信已经超越了几乎所有的其他平台，成为最流行的社交平台。二者在特点和营销模式上有以下区别。

①微博主打信息，微信主打交流。微博更像是新闻媒体平台，微信则是一个典型的熟人社交平台，两者在推出之初就针对不同的市场，因此在平台设计、价值理念方面有着诸多区别，营销模式也就有所不同。微博是广场，所有人之间不管认识与否都可以聚集在这个平台上；微信是圈子，只有朋友才能进入这个圈子。微博便于开展陌生化的营销活动，而微信则更便于开展熟人营销活动，利用微商、微信朋友圈广告等方式进行营销。

②微博适合曝光，微信适合推送。微博有媒体属性，更适合做企业品牌的曝光，用于维护公共关系和媒体关系；微信是一个社交圈子，适合信息的定向推送和用户关系的

定向维护。二者应用的场景和条件存在一定的不同，所擅长的营销模式和营销目的也就有所不同。

9.1.2　微博营销的特点

从传播的角度进行分析，微博营销具有以下四个特点。

1. 传播主体：平民化、个性化

在传统媒体时代，只有媒体一方才有制作、传播新闻的权利，一般人很难向公众发布信息，媒体的传播途径也几乎只限于报纸、电视等信息流向单一的渠道。每个人通过这些渠道获取到的信息几乎都是相同的，那么观看者对其进行传播也就没有意义，人们对这些新闻往往只是进行观看以及偶尔的评论。而微博则不一样，微博的传播主体更加平民化，每个人都可以是信息的发布者，都可以根据自己的意愿进行信息的传播和扩散。人们拥有了比之前更强的话语权，成为传播的主体，即自媒体，能够在微博平台上表达自己的个性。微博内容的个性化也越来越强，与原创性相结合，成为微博的重要特点之一。

2. 传播内容：碎片化、去中心化

作为互联网技术和思想发展的产物，移动互联网让用户的阅读时间越来越碎片化，人们会利用候车、等餐等短暂的几分钟时间，拿出手机浏览新闻、"刷"微博，很少再像以前一样用大段的时间进行阅读。相较于传统媒体提供事件的来龙去脉，强调整体化的传播内容而言，微博传播的内容更加碎片化。与时间碎片化的使用情景相匹配，碎片化内容更受用户青睐，微博既顺应了碎片化时代的发展，又引领了碎片化阅读的风尚，其通过提供碎片化的内容契合用户的新特质，实现了迅速发展。

在微博上，每个人都有发言的机会和权利，而每个人都想抓住这样的机会，让自己"出名15分钟"。和传统媒体中相对统一化、官方化的语言体系不同，微博十分注重原创性，用户往往不愿意拾人牙慧，而更希望能够通过自己的才智，写出具有高度原创性的内容，以抒发自己的见解或传递自己的看法。因此，微博是一个具有高度原创性的平台。微博上的内容大部分是微博用户自发传播的，每个人都可以发声，每个人都可以是传播的中心。微博通过组合不同的内容和主体形成了多姿多彩的对话平台，实现了去中心化的传播。

3. 传播方式：交互性、病毒化

微博能够获得飞速发展，所依赖的重要特点之一就是强调互动的传播方式。微博平台的设计本身就具有极强的交互性。用户可以随意评论、分享、转发内容，而这些都能够被内容的上传者和其他用户即时看见和反馈，进行进一步的评论、转发等互动，这样就形成了传播主体和传播客体之间的交流。即使是他人上传的内容，其他用户在进行转发或评论后，实质上也变成了新的传播主体，实现了新一轮的传播。强交互性更容易让用户上瘾，用户可以在与他人的对话、评论中感受到趣味性，自己发布的内容被点赞、

评论、转发时，也会使用户产生被重视、被关注的感受，提升了用户进一步交互的意愿，也就会使用户更加依赖微博这一平台。

病毒营销是指通过类似病理或计算机的病毒传播方式，即自我复制式的传播过程，利用已有的社交网络条件提升品牌知名度或者达到其他的市场营销目的。病毒营销由信息源开始，通过种子用户的先期体验和感受，依靠用户自发的口碑宣传实现迅速扩大，达到一种快速滚雪球式的传播效果。基于微博的分享特质，可以很轻易地实现内容、信息的"一传十，十传百"，利用病毒传播的方式将信息迅速地在人群中传播开来，形成极为强大的传播力，这是传统媒体难以比拟的。

微博病毒化的传播方式也是其"撒手锏"之一，微博的病毒营销案例层出不穷。2018年11月，王思聪为了庆祝旗下战队获得英雄联盟世界赛冠军，在微博上发起了113人平分113万元现金等一系列抽奖活动。最终，通过用户间的口耳相传，仅该条微博就获得了2200余万次的转发量，形成了病毒营销的风潮，引起了巨大的社会轰动并形成了传播效应。

4. 传播时效：高速度、便捷性

微博在不同终端上都推出了客户端，如手机、计算机、平板电脑等，使得大量的用户可以通过便捷的终端来即时发布、获取信息。在移动互联网渗透我们生活的方方面面的今天，只要是有网络的地方，人们就可以随时随地打开微博，其实时性、现场感都大大优于传统媒体，为用户提供了一个迅速获取信息的渠道。微博的设计也便于进行浏览、评论、转发，可以为用户提供良好的使用体验，用户可以在热门微博、热门搜索中迅速找到当下的时事热点和新鲜动态，了解最新发生的事件，并进行转发或者讨论。这些都是微博在传播时效方面的优越表现。

大多数使用微博的用户都会使用"微博热搜"功能，这个功能是将热点新闻按照实时热度进行排名，生成热搜榜，并且每分钟更新一次，可谓是热点新闻的集中地。当需要查询某些热点新闻时，如今的用户更倾向于打开微博进行搜索，而非打开百度。正是由于微博迅速、便捷的特点，很多热点事件都在微博首发，相较于传统媒体，微博具有速度上的绝对优势。微博极具大众性、用户数量多且构成复杂，可能形成不同的社交连接和社会网络，便于促进信息的传播。传统媒体拥有较大的规模和复杂的流程，获取、辨别、制作信息需要经过重重关卡，而微博这种大众媒体则没有任何门槛，任何能够连上互联网的人都可以加入其中，进行内容的制作和浏览。在任何时间、任何地点即时发布和传播信息，让一条微博可以在很短的时间内传遍网络，实现微博传播的时效性。

在本节中，读者已经对微博与微博营销有了一定的了解。对于企业来说，应该如何系统化地运营企业的官方微博呢？也就是说，在微博营销中，企业成功的关键是什么，这是营销人员必须了解的。下一节就将对微博营销策略进行介绍。

9.2　微博营销的策略

在新媒体时代，企业需要不断地利用社交媒体开展营销活动，维护与用户的关系，以打造更好的竞争环境、获得更多的竞争优势，而如何利用好新媒体，就成为企业开展营销活动时需要关注的问题。企业如何在微博这样一个充满机遇与挑战的平台上有效地开展营销活动，是对每一个参与其中的营销人员提出的巨大挑战。因此，在进行微博营销时，企业必须抓住成功的关键，采用合理的策略。本节将对微博营销策略进行介绍，从定位、内容、互动、组织、危机五个角度入手，阐述企业进行微博营销的相应措施，帮助读者理解和应用微博营销策略。

9.2.1　定位策略

企业微博账号的创建和运营归根结底还是为了营销，做营销自然少不了定位。企业应该确立朝哪个方向去做、目的是什么、以怎样的形象出现在微博上，这些都是十分重要。企业不仅需要考虑自己在市场上的定位，还需要考虑自己在微博上的定位，从而提供相应的内容。拥有了清晰的定位，企业的微博运营可能已经成功了一半。企业可以从品牌传播、舆情监控、产品销售等角度对自己的微博账号进行功能定位，并依据不同的定位开展相应的营销活动。

1. 品牌传播

微博是一个拥有超高流量的社交媒体工具。企业创建自己的微博账号后，可以很好地进行品牌传播，利用微博的传播性，将品牌的相关信息和活动广而告之，同时与用户进行亲密互动，这些都有利于品牌的传播。

2. 舆情监控

现在的微博用户以"90后"居多，这一用户群体的典型特点之一是不但坚决维护自己的权益，而且善于运用网络武器来为自己和他人发声。遇到与企业相关的问题或疑虑时，"90后"用户可能会在微博上直接"@"相关企业的官方微博或者媒体。微博是一个开放性的平台，有着极强的传播性，话题一经发酵就容易一发不可收拾，如果不及时处理这类信息可能会给企业的形象带来损害。因此，企业的官方微博需要对相关的微博话题进行检测和控制，及时处理相关危机，防止损害企业形象的事情发生。不仅仅是监控舆情，微博更是一个处理舆情的平台。作为发声渠道，微博可以让企业更好地将自身的想法、做法告知用户，从而解决潜在或已经发生的问题。

3. 产品销售

微博的用户多且在线时间长，是一个进行产品销售的优质平台。基于此特点，有些企业选择利用自己的官方微博直接开展销售活动，在微博上建立商品橱窗，附上购买链接，用户在看到相关广告微博后可以选择直接下单，实现购买行为。这类企业官方微博就将自身定位为产品销售的引流渠道，采用直接销售产品的方式进行营销。

联想中国的官方微博如图 9-1 所示，联想集团就经常在官方微博上直接推销自己的产品。联想中国经常利用微博宣传自己的产品和优惠活动，并附上购买链接，利用图片和视频的形式展示产品，并结合抽奖的方式引导用户分享，让用户产生购买冲动和购买行为，直接推动产品销售。

图 9-1　联想中国的官方微博

9.2.2　内容策略

在新媒体时代，用户对内容的要求有了空前的提升，而微博是典型的"内容为王"的平台，只有优质的内容才会被用户所喜爱，才能吸引到用户参与。企业微博究竟应该发布什么内容、如何进行制作、何时发送微博，这些都是在微博营销的过程中需要注意的问题。

1. 内容定位

企业微博发布的内容一定是要有意义的。即使是一些看似和企业没有直接关联的内容，也往往蕴含着与用户进行沟通、增强用户黏性的意义。如何运用文字达到以上目的，可以参考内容定位的以下几个基本原则。

（1）关联性：微博内容与企业相关联

如果企业发布的微博内容和企业没有任何关系，那么这条微博几乎达不到宣传的目的，无法体现企业的价值和意义。无论是"软广"还是"硬广"，企业发布的微博内容都应该是和企业本身或者其产品、服务相关联的，也许你没有在这条微博上展示你的产品，但是发布的内容也要体现出企业的价值观和企业文化，能够有利于企业品牌文化的传播。

旺旺集团旗下的"旺仔俱乐部"账号，就在 2020 年 3 月 1 日发布了一条祝愿三月诸事顺利的微博。尽管这条微博看起来和旺旺的产品关系不大，但其使用的表情包极具旺仔特色，让用户一看到就能产生联想，变相地宣传了企业，在微博用户中引发了一定的互动。而这种类似和用户"闲聊"的营销模式，可以让用户放下"戒心"，与用户培养感情，帮助企业开展营销活动，这种模式逐渐被更多的企业所应用，并实现了良好的效果。

（2）互动性：与粉丝交流，解决实际问题

企业在运营微博时要注重"粉丝"的情感体验，积极和粉丝交流，观察粉丝说了什么，了解粉丝对产品的认知和看法，并解决他们的疑惑。小米首席执行官雷军就经常在微博上与粉丝进行积极的交流互动，以解决粉丝的实际问题和实际需要（图 9-2）。这种注重解决实际问题的内容定位，可以为企业微博塑造良好的形象，并推动用户关系的良性发展。

（3）趣味性：内容规范，但灵活有趣

趣味性的内容可以有效地吸引用户，推动品牌形象和营销活动的传播。微博不像传

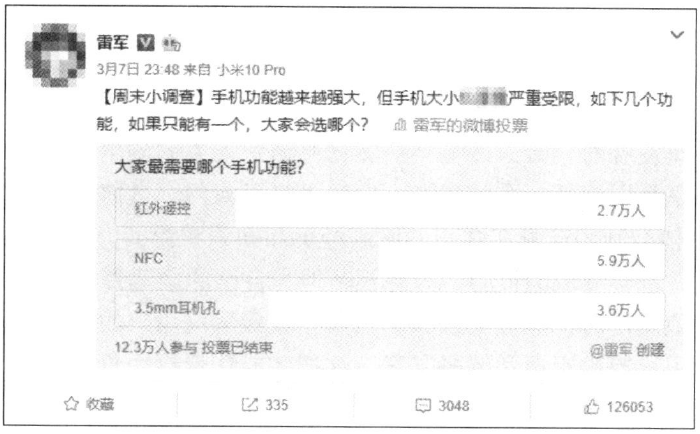

图 9-2　雷军的个人微博

统媒体那样相对正式严肃，而是一个偏向娱乐化的社交平台，大家更喜欢在微博上看见有趣的内容，而非严肃正经的说教或直来直去的"硬广"。企业微博要迎合用户口味，做一个有趣的博主；但同时应当依据企业和品牌自身的特点和定位，提供适用于品牌的内容，不能一味追求娱乐化。

2. 内容创造

在纷繁复杂的信息海洋中，想要吸引用户的眼球实属不易，只有优质的内容才能使企业微博立于不败之地，赢得用户的关注。尤其是在微博这样一个巨大的平台上，每时每刻都有无数的新信息涌现，用户留给某一条微博的时间往往非常短暂。因此，企业更应该创造优质内容，使用户愿意看、愿意传播，这样才能取得良好的营销效果。尽管优质内容难以创造，但是也有一定的规律可循。

（1）知识型微博运营方法

知识是可以积累的，通过长时间运营和维护，持续地为用户提供内容，可以持续地带来流量，因此，知识型微博运营方法是一种投资回报比非常高的运营方法。与知识型产品相关的企业可以利用这一方法进行运营。具体而言，适宜的领域和方向有以下几个。

①科技类产品

由于科技类产品更新换代的速度非常快，几乎每天都有新产品、新技术问世，用户对于科技类产品的需求也在日益增加。普通用户往往难以跟随最新潮流，这就需要具有相关技术背景、对科技类产品了如指掌的博主来答疑解惑，直观地向用户进行产品的测评和推荐。比如，"科技美学"等微博账号就为用户提供了一个接触新科技、选择新产品的渠道。

②非标准品业务

与传统制造业的标准品不同，如今以服务业为首的大量非标准品业务逐渐占据人们消费预算的大部分。然而非标准品往往因人、因时、因地而异，企业对自己的非标准品的评价和介绍难以令所有用户信服。因此，在微博上就出现了大量的评测、经验分享博主，他们依据自身对某些产品的体验，来进行具有主观意志的评测和打分，并为其他用户传授经验。这些博主能够为用户提供十分具有参考意义的信息，从而不断获得流量，实现持续发展。

③垂直领域

在亚文化飞速发展的今天，许多小众文化逐渐走入人们的生活，许多人开始接触这些垂直领域。但正是因为其小众的特点，一般人难以入门。微博平台上就出现了诸多小众领域的 KOL，他们利用自身在这一领域的经历和知识积累，为用户介绍相关知识，并逐渐发展成为某一垂直领域的核心，源源不断地为自己的微博带来流量。

在运营知识型微博时，应该注意以下三点：直接解决用户的具体问题、拥有系统性的知识、持续为用户提供资源和解决方案。这样才能在带给用户以实质性帮助的同时，持续为自己的微博引流，实现持续发展。

（2）资讯型微博的运营方法

资讯型微博顾名思义，就是用微博来帮助用户筛选信息，让用户可以迅速获取其需要且有价值的信息，帮助用户节省时间，从而向用户提供价值。

资讯型微博适用的业务类型包括：打折信息；金融、股票、房地产信息；垂直领域新闻；新品发布信息；赛事进程；娱乐新闻等。普通用户对此十分感兴趣，但信息过于纷繁复杂，难以分辨。因此，资讯型微博就可以帮助普通用户过滤、筛选信息，从而获得用户的青睐。在运营资讯型微博时，应该注意以下三点：首先，深入一个具体的领域，实现信息的独特性；其次，拥有第一手资料；最后，要有观点、有态度、有理有据。

（3）逗趣型微博的运营方法

逗趣简单来说就是"没正形"、说话带有调侃意味、思维跳跃、口语化、爱开玩笑、总是能找到很有意思的图片和视频以及句子，适合于一些有产品个性的品牌利用微博进行曝光。这类微博适用的业务类型包括大众消费品、衣食住行类、娱乐媒体类。微博的用户大部分都希望能够在这个平台上找到有趣的内容，给平淡的生活增添一抹亮色。因此，逗趣且内容质量高、具有话题性的微博会受到用户的喜爱和关注。

在运营逗趣型微博时，应该注意以下三点：好玩、制造话题和追求扩散度，通过向用户提供有趣的内容而提升产品、品牌的知名度，并提升品牌的曝光频次；可以有趣，但不可以造谣；抓热点红利、联合"段子手"一起创作内容。

（4）对话型微博的运营方法

对话型微博运用了一种即时性的方式，可以马上解决用户提出的问题。借助微博的强互动性，用户可以直接在微博上提出自己的问题，并且寻求他人的帮助。而如果微博可以帮助用户解决问题，并让有同样问题的人进行参考，就给用户带来了很大的价值。能够通过对话的方式解决有价值的问题，很容易吸引其他用户的关注，这是对话型微博的价值所在。适用的业务类型包括线下 O2O、在线教育知识类垂直领域服务等。

例如，微博博主"秋叶"，他就主打 Excel 教学，可以直接解决某些用户提出的关于 Excel 的问题，而在秋叶与用户沟通的过程中，其他用户也可从中看到沟通的价值。他还让用户在微博平台上提交作业，从中抽取作业进行点评，针对具体问题进行讲解，这其实也是一种刻意制造对话的方式。

在运营对话型微博时，应该注意以下两点：第一，要做一个有真实性格的微博，站在用户的角度去思考问题，替他人着想、给予他人帮助，才可能营造一个很好的对话氛围，对话才能对更多的用户产生帮助，而不是自说自话；第二，内容构成以"用户案例"为主，主要是解决用户的具体问题，正是因为可以即时解决个性化的问题，用户才会关注微博并长期留存。

3. 微博发布

微博的发布时间很有讲究，应该根据用户的阅读习惯选择合适的时间段发布。如果错过了用户阅读的高峰期，新的内容就会充斥用户的主页，企业发布的内容难以被看到，就会影响传播效果。一般而言，如果目标用户群是年轻人，那么可以选择在晚上9点之后发布，因为夜间是他们使用社交平台的高峰期；中午也是他们使用社交平台的高峰期，在午休时间，许多人也会选择看一看微博。如果是资讯新闻类型的内容，可以选择在早上发布，这样既可以对前一天发生的事件进行较为及时的总结和传递，也可以让上班族利用通勤的碎片时间浏览微博。如果是休闲娱乐类型的内容，在下午发布比较适宜，此时人们较为困倦，通常会选择看一看微博。

9.2.3 互动策略

即时互动是微博的一大特点，如果能够掌握互动的技巧，就可以帮助企业更好地与用户保持紧密的联系，提升微博运营的效果。企业微博的互动策略主要分为三类：与粉丝互动、与企业互动、与明星等"大V"（在微博平台上获得个人认证，拥有众多粉丝的微博用户）互动。企业要利用一切机会进行互动以提升自己的活跃度，更加频繁地出现在微博用户的视线范围之内。

1. 与粉丝互动

企业微博最忠实的关注者便是粉丝，粉丝一定是对这个企业感兴趣的人群，也就是说，其实粉丝都是目标用户，他们或是过去曾经买过企业的产品，或是即将要购买企业的产品，最理想的粉丝是一直在购买并关注企业的产品的人群。这样一来，企业微博粉丝的管理相当于用户关系管理，企业微博运营人员需要与用户建立良好的互动关系。相对于传统的企业和用户的互动而言，微博互动具有更强的亲近感，氛围更加轻松愉快，互动效果也会更好一些，可以增强粉丝即用户的黏性。常见的与粉丝互动的方式有私信互动、评论互动和活动互动等。

（1）私信互动

私信是微博的一个具有隐私性的功能。私信的内容其他用户是看不见的，企业可以在用户关注企业微博成为粉丝之后给其发送私信，给粉丝一种自己很独特的感觉，这样粉丝的归属感会更强一些，从而企业可以在粉丝心目中树立一个良好的形象。企业在处理私信互动时，应把握以下原则。

①及时原则。企业微博在收到粉丝的私信之后要及时回复，不能把粉丝晾在一边不予理睬，否则粉丝会感觉自己没有得到重视，甚至对企业的印象也会变差。

②分类原则。在收到粉丝私信后，可先查看对方微博，以便进行下一步的沟通，并将收到的私信进行分类，如将粉丝的私信内容分为售后服务、产品资讯、业务合作等

类型。

③对等原则。若发私信方为某企业的高层管理人员，且私信话题具有一定的专业度和针对性，运营人员可将信息传达给相应的负责人，让其进行接洽，保证身份、信息对等。

④持续原则。建立多层次的沟通互动机制。在双方通过私信互动初步了解之后，若有长期的沟通需求，可换用其他方式进行沟通，如电话等。

⑤闭环原则。每个粉丝反映的情况或提出的问题都要形成闭环。企业微博运营人员要对粉丝通过私信提出的问题建立追踪机制，保证私信所提及的问题完全被解决。

（2）评论互动

评论是一种比较常规的互动方式，粉丝在企业微博下评论时，企业微博运营人员要及时回复并尽量做到回复每一个粉丝，让其感受到企业对他们的重视。每一条评论都是有意义的，都可以拉近企业与粉丝之间的心理距离。有时粉丝会"@"企业微博或者是发一些和企业相关的微博，这时企业要迅速反应，可以对粉丝发的微博进行转发并评论，或者是直接评论粉丝的这条微博，以达到互动的效果。

（3）活动互动

很多企业都会在微博上开展一些活动来和粉丝进行互动，以提高企业微博的活跃度。常见的活动方式有抽奖、主题活动等。这种活动会提高粉丝自动转发分享的意愿，提高企业的曝光率，并提升热度，同时还和粉丝产生了互动，也会在粉丝心目中留下一个大方活跃的企业形象。

比如，华为手机的官方微博就经常开展赠送福利的微博活动，在很大程度上提高了粉丝的活跃度，增强了粉丝黏性，让粉丝有更多的机会接触到品牌。而且，还可以通过这种方式进行新产品的宣传和推广，将新产品赠送给粉丝，粉丝尝试之后觉得满意，就会自发地为企业进行宣传，从而达到口碑传播的效果。

2. 与企业互动

除了和用户互动，企业和企业之间也可以进行互动。在微博上，很多"蓝V"（企业官方微博号）企业拥有上百万的粉丝，受众面极广，和这样的企业微博进行互动，可以同时吸引两家企业的粉丝，从而提高两家企业微博的人气和热度。

与企业互动主要有两种方式，一种方式是"蹭"企业的热度，比如，利用某个企业的热点事件发布微博，同时"@"该企业，这可以借助热点企业或者热点事件本身的流量为自己提高热度，增加曝光率和浏览量。例如，2020年3月，海尔集团就曾发布一条微博，和零食品牌浪味仙进行互动。结合抗疫的时事热点和品牌的情感寄托，两家品牌在合适的时间做出了合适的互动，同时触达两家企业的粉丝，达到了双赢的效果。另一种方式是和某一企业进行合作，共同策划一场活动，同时为该活动进行宣传，演绎一出"微博互动大戏"。

3. 与明星"大V"互动

在运营企业微博时，和"大V"进行互动是必不可少的。现在微博上的"大V"往往是明星、名人或KOL，他们有着大量的活跃粉丝和广泛的号召力，能够带来的流量和话题性对于企业微博的传播来说是非常有利的。和"大V"进行互动的方式一般有以下三种。

第一种是评论"大V"的微博，这种方式可以增加企业微博在该"大V"粉丝群体中的曝光率，虽然曝光率增加有限，但是会增加"大V"粉丝对该企业的好感度。海尔集团官方微博就常常使用这种方式与"大V"互动，利用妙趣横生的话语抢占评论头条，因此也被戏称为"评论区大V"，获得了诸多微博用户的好感。

第二种是利用"大V"的话题性参与互动，很多"大V"都有自己的"超话"，参与关于"大V"的话题讨论，会在一定程度上提高企业微博的热度，同时辐射范围也相对更广一些。但是在参与这种话题讨论时如果发布的言论不合适，可能会对企业产生负面影响。

第三种是和"大V"进行合作互动，如请艺人做代言人，这时企业一般都会在微博上和艺人进行互动，时不时发布和代言人互动的内容，连接品牌和代言人粉丝，提高自身的热度。

9.2.4 组织策略

企业开通微博之后，要安排专门的人员进行微博的运营工作，制定相关的微博策略以实现推广目标，充分利用微博的巨大流量帮助企业获得更多的关注。

1. 人员配置

一般来说，企业微博的运营属于企业新媒体运营的范围，目前大部分的企业都会设置新媒体运营部，可以分配1~3人进行企业微博的运营，来保证运营效果。一般可以设置运营经理1人，运营专员1~2人。

2. 职能职责

微博运营经理的主要职责：制定并优化企业微博（或其他社交媒体营销渠道）的运营流程；参与市场推广的专题策划，与产品部、市场部、品牌部等部门配合，定期策划并执行微博营销线上及线下活动，提高企业微博活跃度；执行微博、论坛等社交媒体营销渠道运营策略，通过微博营销、论坛营销等推广企业品牌；搜集并分析用户、竞争对手、用户在微博方面的使用习惯，制定相应的营销策略；深入了解各大社区网站的特色，掌握社区网站的互动方法，有效利用微博进行推广。

微博运营专员的主要职责：更新及维护企业微博，积极与粉丝互动，提高企业微博关注度；参与制定微博运营策略，定期策划并执行微博营销线上及线下活动；撰写微博文案，提升用户活跃度，有效利用微博进行推广；跟踪微博推广效果，分析数据并进行反馈，分享微博推广经验；深度挖掘微博有价值的信息并进行统计分析，撰写分析报告。

如果企业开通了微博电商体系，还需要设置微博客服专员，该岗位的职责主要包括跟进用户在企业微博平台上的咨询、投诉和建议等，及时回复相应内容，落实相关投诉；监控企业名称、产品品牌、企业高层管理人员姓名等关键词，定时反馈相关信息；与相关业务部门协作，及时处理微博相关突发事件。

3. 人员培训

所有的工作人员都需要经过专业的培训才能够上岗，微博运营也不例外，微博运营相关岗位的人员都要进行相关的技能培训。培训的形式可以是内部员工的培训交流，也可以是由专业人士进行课程讲授，增强运营意识，提高运营技能。培训的主要内容包括微博的基础理论、微博运营的技巧和用户思维等。

4. 人员考核

对微博运营人员的考核主要依据企业微博增加的粉丝数量、企业微博的曝光率和策划的微博营销方案及其执行情况等相关数据。企业可以根据自身实际情况、运营预算投入、发展目标等，对企业微博运营人员的实际工作情况进行考核，并依据考核结果做出进一步的处理和规划。

9.2.5 危机策略

危机处理是企业在运营过程中一项十分棘手且重要的环节。企业的危机通常具有两面性，一方面是"危险"，另一方面是"机会"。在企业发生危险的时候，如果处理得当，不仅能够使企业转危为安，还很有可能借机对企业进行宣传。企业的危机策略是需要多方面配合的，这里将以危机公关为例，讲述微博在企业危机策略中的作用。

1. 预防危机

企业的危机往往发生在一瞬间，尤其是在网络如此发达的时代。由于微博的高传播性，可能用户的一条对企业不满的言论发布出来，就会在短时间内发酵，得到大家的关注。所谓"好事不出门，坏事传千里"，用户的一次抱怨可能就会导致企业出现危机。如果不进行处理，很可能会使企业遭受巨大的损失。

对此，企业微博的运营人员可以经常在微博的搜索栏中搜索关于企业的关键词，查看网友对于该企业的评论，尤其是关于该企业的负面言论，有则改之无则加勉，并通过私信等方式，在问题发酵之前就将其解决，从而避免危机的发生。

2. 公关处理

发生危机之后，企业要遵循透明性原则，及时向用户报告相关信息和处理方法，以透明、公开、诚恳的态度和方法解决危机。微博的传播性和公开性极强，企业的一举一动都会受到广大网民的关注，只有采取最合理有效且富有人情味的方法，才能有效解决危机。

企业可以使用企业微博账号发布危机处理的相关调查信息、处理办法、声明及道歉等，来表达自己的态度，一方面可以解决用户提出的问题，彰显企业态度；另一方面可以转危为安，并寻找借机宣传的可能性。

3. 借机宣传

企业发生危机时容易在微博"引爆"话题，这是独属于该企业的话题，企业可以利用这个机会进行宣传。比如，在危机调查的过程中宣传企业的文化、专业性等，在处理危机的同时还可以在用户心目中树立一个负责任的企业形象。尤其是对于大量不明白整体事件发展流程的用户而言，看到企业有力、有效的应对策略之后，可能就会对该企业产生好感，从而提高购买消费的可能性，企业也就实现了借机宣传。

从企业的角度来看，我们已经知道应该如何运营微博、如何进行系统化操作。那么作为营销人员，又该如何将微博营销与产品结合起来呢？也就是说，如何针对具体的产品通过微博开展新媒体营销活动？或许我们可以从产品生命周期的角度出发来思考这个问题。

9.3 微博营销与产品生命周期

产品生命周期是指产品从准备进入市场开始到被淘汰退出市场为止的全部运动过程，一般分为导入（进入）期、成长期、成熟期（饱和期）、衰退（衰落）期 4 个阶段。对于生命周期不同的产品，需要采用不同的营销策略。相较于各具特性的产品类别而言，从产品生命周期的角度入手，探究如何利用微博等新媒体进行营销，似乎更能够抓住产品的共性和本质，掌握微博营销的操作流程。因此，本章的最后一节将结合产品生命周期的相关理论，探寻如何利用微博进行新媒体营销。

微课 9.1 《乘风破浪的姐姐》为何火爆全网

9.3.1 导入期

导入期是新产品能否在上市之初站稳脚跟的关键。由于新产品具有诸多新鲜的特性，但同时也有着较大的风险，让消费者接受新产品是一个相对艰巨和漫长的过程。如何借助多种方式引导消费者关注并了解新产品，就成为产品导入期营销的关键。

利用微博，企业可以为新产品预热。在产品投放市场之前就进行产品的宣传和推广，提高消费者对新产品的关注和需求，为新产品的投放做好准备工作。主要的营销方式有以下几种。

1. 新产品爆料

在产品导入期，爆料的主要内容是介绍新产品的独特卖点和相较于竞品的优势。新产品很重要的一个特点就是其使用了新的原料或工艺，提供了新的技术，相较于旧产品有了质的提升，可以更好地满足消费者需求。因此，爆料要锁定新产品的核心特点以及与原产品相比的新突破，文案上要尽量营造神秘感和期待感，在新产品上市之前给消费者制造惊喜和期待，形成较高的关注度，为新产品营销开一个好头。

比如，vivo 手机就经常利用微博为新产品造势，发布关于新机型的微博，强调新机型的独特卖点。这就给消费者提供了一个很明晰的关注点，为有相关需求的消费者带来了期待，也在新产品上市之前获得了大量的潜在消费者。

2. 意见征集

借助微博的留言、私信、评论、超话等功能，企业可以随时和消费者进行交流，而且是大范围的交流，在相关的话题或者粉丝群内征集消费者的意见，邀请粉丝为新产品出谋划策，并收集和解决消费者提出的问题。这样做可以增强消费者的参与感，让消费者更了解和喜欢该品牌，增强消费者的黏性，提高消费者对于产品的认可度，也可以帮助企业在新产品上市之前就解决一些潜在的问题，防止上市后产品口碑、销量不如预期等问题的出现。

在新产品的预热期内，企业也可以在官方微博或行业内其他具有影响力的微博上发起网友投票活动，投票内容可以是消费者希望产品拥有的新功能、最喜欢产品的哪个颜色、能够接受的产品价格区间等。通过分析投票结果，一方面可以快速了解消费者对于产品的感知和想法；另一方面可以收集消费者在投票过程中提出的意见，对还未上市的新产品进行调整，以最大限度满足消费者的需求。

3. 试用征集

企业可以通过微博征集新品体验者，让其提前体验新品。这样做一方面可以让企业与新品体验者建立良好的互动关系，收集试用意见，以便于后期改进产品；另一方面，可将体验者打造成"产品代言人"，借此形成消费者的认同感，扩大产品的传播声量，实现口碑传播，缩小企业与消费者之间的距离感。

4. 召开发布会

目前新产品上市推广的一个必不可少的环节就是发布会。大型的企业，如苹果、华为等都会为即将上市的新产品举行发布会，公布新产品的最终参数和信息。但如何能让更多的人了解到新品发布会的信息，甚至直接观看和参与发布会，以达到最好的宣传效果，则是企业在前期宣传中需要解决的一个难题。在新媒体时代，企业完全可以借助微博在正式召开发布会之前造势，让更多的人知道发布会的信息，关注发布会，从而关注新产品，实现有效导入。

苹果每次召开新品发布会之前都会在微博热搜上停留一段时间，甚至提前几个月就开始为发布会造势，让更多的消费者知道新产品及其发布会的信息。苹果所具有的强大的品牌号召力也会吸引许多"大 V"、KOL 对发布会的信息进行转发，从而更快速地拓展信息渠道，使普通消费者也能了解和关注发布会的相关信息，提升普通消费者的期待，为新产品造势。

不仅是在召开发布会之前，在召开发布会时，企业也可以利用微博的直播功能进行直播。很多消费者是无法到发布会现场去的，但是这并不代表他们对新产品不感兴趣。在微博上进行发布会的直播，可以让更多人了解新产品，从而对新产品产生兴趣。vivo手机在召开新品发布会之前就会利用微博热搜进行预热，并召开线上发布会，实现宣传渠道的统一，带给消费者新的感受。

9.3.2 成长期

新产品导入市场并经过了一段时间的发展之后，就会进入产品的成长期。在该阶段，消费者对于新产品已经有了一定的认知和认可，销售量会呈现上升趋势，但仍未形成主流，这时企业可以通过加大宣传力度来提升产品的销量，以获得更高的市场地位。而在此阶段，企业可以继续利用微博来推动产品的销售。

1. 创意话题传播

微博营销在很大程度上拼的就是内容和创意，尤其是面对年轻的微博用户，好的创意才能博得用户的眼球。企业可以创造一些有创意的话题来推动产品的传播，帮助产品获得更多的关注，占据更大的市场份额。

巴黎欧莱雅的创意话题微博如图 9-3 所示，巴黎欧莱雅抛出"讲出绝不妥协的故事"这一话题来制造微博热度，吸引消费者，推广新出的产品。利用微博这一平台开展与产品相关的创意话题，吸引消费者互动，可以让更多的消费者了解到该款产品，推动产品的宣传。

图 9-3　巴黎欧莱雅的创意话题微博

2. 联合电商平台开展活动

电商平台的迅速发展使其成为产品销售的重要平台之一，并逐渐超过线下商场和品牌的官方网站，成为消费者首选的购买渠道。对于成长期的产品而言，能够获得多少消费者的关注和购买，在很大程度上取决于电商等销售平台对该产品的推广效力。企业如果能够联合电商平台推广产品，就可以为产品赢得更多的曝光机会，实现更大范围的广告传播，并提高销量。而通过联合的方式，企业和电商平台也可以实现双向导流、合作共赢。三只松鼠就曾参与京东举办的"京东超级品牌日"活动，双方同时在自己的企业官方微博中对此进行报道和宣传，吸引了各自的粉丝，提高了三只松鼠的销量，并为京东开展的活动带来了更多的流量，实现了双赢。

3. 利用高管进行宣传

成功的企业、品牌背后往往是成功的企业家，而许多企业的高管也凭借自身独特的个人魅力和影响力，成为微博上的流量人物，如雷军、董明珠等，他们都拥有众多粉丝。如果企业能够利用高管的影响力，采用个人代言的方式对产品进行推广，将吸引更多的消费者，实现产品的迅速推广。

高管作为企业的核心管理层，其言论具有权威性，容易取得消费者的信任，而有些高管因其自身独特的个人魅力，吸引了越来越多的消费者的关注。在推广产品的过程中，高管个人的魅力往往能够带动粉丝的热情，推动销量的增长。利用高管进行宣传，能够让消费者更加放心、安心。比如，董明珠就经常活跃在微博上，利用自己的知名度为格力集团及其产品进行宣传。

4. 利用粉丝通、粉丝头条

基于微博海量的用户，粉丝通会根据用户属性和社交关系，将企业信息和产品广告较为精准地推送给用户。粉丝通本质上也是一条微博，具有普通微博的全部功能，如转发、评论、收藏、赞等，只是以企业付费的方式让企业的微博可以覆盖到更多、更精准的人群，是微博营销的一项实用工具。粉丝通具有海量触达、精准投放和多维传播的特点，是企业进行产品推广的常用工具。

微博是当今最火的网络媒体之一，能快速地把信息传递给消费者，但是每个微博用户关注的账号也很多，如果发布频率不是很高，微博发布后很可能就被淹没在信息流中。据此，微博还推出了另一个营销工具——粉丝头条。该工具是微博官方推出的轻量级推广产品，当企业为某条微博购买使用粉丝头条后，在 24 小时内，它将出现在企业微博所有粉丝信息流的第一位，让用户一打开微博，就可以看到企业的信息。这样做可以以较小的成本迅速增加该条微博的阅读量，扩大企业微博的影响力，同时精准触达粉丝，尽量减少不必要的营销成本，并实现即时营销。

许多企业微博为了提高粉丝对其发布微博的关注度，一天之内会发布多条微博，但这往往会引起粉丝的不满，导致粉丝流失。而使用粉丝头条，可以使粉丝在信息流的第一条就接触到企业的营销信息，企业就无须实施大量的微博"信息轰炸"，这样既可以避免粉丝产生反感，也可以提高营销的效率，实现精准营销。

9.3.3 成熟期

产品进入成熟期就代表该产品已经在市场上站稳脚跟，具有了一定的市场份额和稳定的目标用户群体，开始持续产生盈利。在这个时期，产品的竞争变得十分激烈，存在着诸多相似的竞品。但是基本上各种产品的特点和目标用户都相对固定，竞争的核心在于在维系现有用户群的基础上，争取新用户和挖掘其他品牌产品的用户，从竞争对手那里抢夺用户资源。对于处于成熟期的产品，企业也可以借助微博，开展形式多样的活动来推动产品的发展。

1. 粉丝节活动

粉丝节活动是维系现有用户关系的有效手段。通过举办粉丝节活动，可以增强企业微博的活跃度，提高粉丝的参与感和归属感，让粉丝感受到自身的独特地位和企业对自己的关注，有利于企业和粉丝之间建立良好的互动关系，维系长远关系。大部分企业都会在企业创立日等特殊的时间定期举办粉丝节活动，给粉丝送福利，同时这也是粉丝交流会，可以增强企业和粉丝之间的互动。

2. "蹭"热点

"蹭"热点是微博营销中十分常见的方式。有些企业由于流量、体量、关注度等的不足，自己是没有办法制造热点的。但是由于微博是一个开放的平台，企业可以合理利用关注度高的热点借机宣传，通过发布与热点话题有关的微博或者评论，也就是"蹭"热点，来提高自己的热度，为自己的品牌和产品做宣传。而由于"蹭"热点是几乎无成本的，任何企业都可以参与针对社会热点的讨论，用于提高品牌和产品的知名度和传播度。通过"蹭"热点，企业微博可以更加频繁地出现在用户的视野之中，提高用户对品牌的熟悉度，并借机强化品牌定位、提高传播效力，从而占领用户的心智。

3. 竞品营销

企业可以在微博上发起和竞品比较核心功能的活动，对比产品之间的区别，让用户识别两个产品的亮点与优势，自主做出选择。进行这样的活动，一方面可以达到推广的目的，更好地宣传自身产品的特点；另一方面可以直观地和竞品进行比较，通过有选择性、方向性的引导，把用户从竞争对手那里吸引过来，占领竞争上的优势地位。

9.3.4　衰退期

产品进入衰退期后，将面临产品市场占有率下降、濒临退市等问题。对此，企业一般有两种做法，一种是直接放弃该产品，那么可以在微博上逐步撤下对该产品的宣传和推广，转而进行售后服务等工作；另一种是对其进行再营销，如重新定位等，以求焕发产品的"第二春"，如果选择重新定位产品，就可以重复之前三个阶段的方法，利用微博对产品进行新的宣传。

小讲堂

本章小结

微博作为新媒体时代的先行者之一，通过十余年的发展，已经成为诸多用户获取信息、进行交流的重要平台之一。凭借微博的诸多特性，企业也越来越重视利用微博与用户进行交流、进行营销，并取得了良好的效果。本章对微博及微博营销的概念和特点、微博营销策略和企业如何依据产品生命周期进行微博营销进行了简要的介绍。但在实际的微博营销实践中，仍有诸多需要注意的地方，因篇幅有限难以面面俱到，需要读者依据自身需求和微博营销的发展，采用适当的方式、选取适当的操作开展营销活动，发挥微博的巨大价值。

微课 9.2　雅诗兰黛：
微博营销之旅

案例讨论

"微博"的"联欢"——不惑、不忧、不惧

中央电视台春节联欢晚会（以下简称"春晚"）自 1983 年首次以现场直播的形式在

中央电视台播出，已走过了三十多个年头。除夕夜里，看春晚与吃饺子、放鞭炮一样，已经成为中国人过年必不可少的环节。但近年来，随着观众欣赏水平的提高、节目内容缺乏创新以及网络视频春晚的兴起，春晚几度遭遇收视率滑坡，有了盛极而衰的趋势，人们越来越不愿意守在电视前看春晚。

在收视率遭遇"滑铁卢"的同时，关于春晚的网络热议却风生水起。随着微博等社交媒体平台的发展，很多网友更愿意享受"吐槽"各类槽点的乐趣。春晚这一"吐槽重灾区"似乎已经成为"微博段子手们的狂欢"，互动量节节攀升，峰值纪录不断被刷新，一场场网络狂欢盛宴倒是使得春晚的影响力不断扩大。

2018年2月5日，新浪微博继获得2014年马年春晚二维码独家合作伙伴的身份后，又一次成为2018年春晚新媒体社交平台独家合作伙伴，将与中央电视台在短视频、直播、内容互动等多领域展开深入合作，力求打造全球华人聊春晚、点赞春晚、喝彩中国的互动型春晚。

究竟是电视春晚借力于新浪微博发展壮大自己的力量，还是被微博借着电视这艘媒体航母不断前行？微博缘何能成为近年来春晚一直倚重的平台，在与其他社交媒体的竞争中分得一杯羹？

案例正文　　　　案例使用说明

即测即练

自学自测　　扫描此码

第 10 章

视频与直播

知识框架图

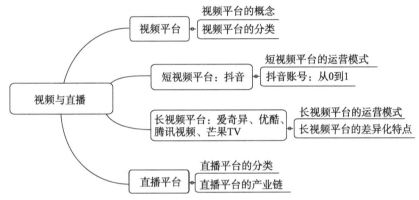

知识目标

1. 掌握视频平台的概念和分类。
2. 了解短视频平台和长视频平台的运营模式。
3. 知晓直播的分类和产业链，探究直播平台成功的奥秘。

技能目标

1. 能够识别不同类型的视频平台及短视频平台、长视频平台的运营模式。
2. 能够利用直播平台对产品进行营销推广。

案例导入

直播营销的效果有多好？

直播本身对于营销的意义是什么？

近几年是直播发展的巅峰期。很多营销人员跟客户讨论接下来的品牌推广方案和主题活动时，往往提到这两个字：直播。

其实直播改变了一个思路，虽然还是采用视频的呈现形式，且还是用手机屏幕呈现视频，但是直播改变了观看视频的方式。用户在浏览视频的过程中通过看手机屏幕中的视频内容进行交互。这不像以前以排排坐、看电影的形式去看，更多是在手机上看。

时至今日，已经出现了很多直播平台，分类渐渐明晰，如泛娱乐类、垂直类、电商类、体育类、游戏类、秀场类等，这些丰富的直播平台已经把用户的行为从"看视频"转变成"玩视频"。直播平台本身追求的是产品价值，在产品价值成型的情况下追求用户价值，进而追求商业价值。商业价值的一部分就是营销价值，转变为"玩视频"之后，营销价值里产生三个价值链。

第一，当你有流量、有订单，可以利用点击量分成时，商业价值就显现出来了；第二，电商价值，当你在看一个广告视频时，是不能完成视频功能的，也不能购买，但是直播有这样的功能；第三，社交价值，不局限于社交平台，也可以呈现在直播平台上，相信对于大多数人来说，直播这个概念可以理解成"体育赛事的直播"。

在这个过程中，因为这三个价值链的产生，各个品牌尝试用过多种比较方式。比如，一些新车上市的试驾直播，在一两个小时的直播里就产生了非常大的商业价值，其会让观看者直接产生订单、买车、买相关产品的消费行为。往往一场直播做得好、流量对，就可能产生 100 万～200 万元的销售额。

戛纳电影节上，李宇春有一场直播秀，内容主题是唇彩，在四个小时的直播过程中，李宇春的同款唇膏在天猫旗舰店销售得很好，由此能看出社交媒体的能力。当你做一场直播时，价值并不仅仅是卖货，还可能是品牌曝光、品牌跟消费者沟通，甚至是消费者对于品牌的讨论与分享，同时还可能获得百万的观看量。百万观看量所得到的效果是其他社交媒体上亿的阅读量都不能比拟的。因此，对于广告主和营销人员来说，一笔投入产生三笔的产出，性价比非常高。相信很多人都喜欢车，如玛莎拉蒂，对于车的性能、款式都非常感兴趣，但你可能没有时间到 4S 店看那辆车。那么这时，销售玛莎拉蒂的商家可以做一场试驾的直播，通过直播，让试驾的体验者分享包括性能和操控在内的体验感。直播可以把观看者和企业连接起来。

从开篇案例中，我们能够感受到直播平台营销的魅力，不仅是直播平台，近几年出现的新型平台，如抖音、快手等都拥有超强的"带货"能力，是企业在进行营销渠道选择时不可忽视的。本章将对视频平台和直播平台进行介绍。

10.1　视　频　平　台

时下视频平台发展得如火如荼，各种视频平台层出不穷。这其中有传统的长视频平台，如腾讯视频、爱奇艺等，还有近几年大火的短视频平台，如抖音、快手等，利用这些平台进行营销已经成为一种常规的营销模式。本节将具体介绍视频平台的概念和分类。

10.1.1　视频平台的概念

视频平台是在视频网站概念的基础之上衍生而来的。它是一种拥有海量免费及付费内容，提供视频观看、分享、搜索等服务，支持多终端收看，资源主要来自版权购买、平台自制及用户生成的业务覆盖广泛的视频播放平台。

10.1.2　视频平台的分类

视频平台可以按照来源、内容和长度进行分类，视频平台的分类如图 10-1 所示。

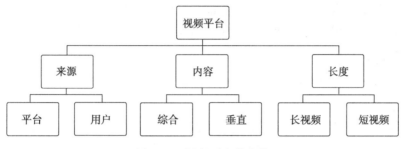

图 10-1　视频平台的分类

1. 按照来源分类

从来源上讲，目前的视频平台可以大致分为两类：平台内容为主的视频平台和用户内容为主的视频平台。

（1）平台内容为主的视频平台

平台内容为主的视频平台是我们所认为的更为"传统"的视频平台。这种类型的平台可以购买互联网上已有的电视、电影等视频内容的版权，将其放置于自己的平台上供使用者观看（如电影频道旗下的 1905 电影网）；也可以利用平台自身资源，通过制作网络剧集、网络电影乃至网络综艺的方式，由平台方出资进行拍摄并投放于自身平台。比如，湖南卫视旗下的芒果 TV（图 10-2），就不仅"转载"湖南卫视播出的电视剧、综艺节目，还推出了诸多网络剧集、网络综艺，较好地利用了平台自身拥有的资源，生产了更多更好的内容供用户观看。

图 10-2　芒果 TV 标识

对于这类视频平台而言，其用户是内容的消费者，观看内容基本局限于平台上已有的内容，相对而言缺乏互动性。但这类平台往往有着十分优质的内容库，能够满足大部分用户对于优质内容的需求，从而吸引用户，并最终通过会员、贴片广告等方式实现盈利。

（2）用户内容为主的视频平台

用户内容为主的视频平台是一种新兴的视频平台。相较于上一类平台，这类平台的视频内容更为依靠用户所上传的内容，用户不仅仅是内容的消费者，更是内容的提供者，更多地参与到整个平台生态的构建之中。

事实上，以用户内容为主的视频平台依据用户种类和目的的不同，还可以继续细分为用户生产内容、专业生产内容和职业生产内容三类。用户生产内容的概念包容性最大，它是指由用户生产的内容；而专业生产内容和职业生产内容的概念范围相对较小，专业生产内容是指拥有一定专业技能者生产的内容；职业生产内容则是指将生产内容作为一种职业并从中获取收入的内容生产者所生产的内容。这三者之间既有密切联系又有明显的区别。如果一个视频平台的专业生产内容和用户生产内容有交集，则表明部分专业内容生产者，既是该平台的普通用户，也以专业身份（专家）贡献具有一定水平和质量的内容。如果专业生产内容和职业生产内容也有交集，则表明一部分专业内容生产者既有专业身份（资质、学识），也以提供相应内容为职业，并获取收入。

2. 按照内容分类

从内容上讲，视频平台则可以分为综合视频平台和垂直视频平台两大类。

（1）综合视频平台

综合视频平台重点在于"综合"，它们不仅提供某一类的视频内容，还力求做到琳琅满目、无所不包。以我们所熟悉的腾讯视频为例，它所涉猎的版块包括电视剧、电影、综艺、动漫、少儿、纪录片、演唱会等，图 10-3 所示为腾讯视频的内容版块。我们能够想到的每一类视频，几乎都可以在一个综合视频平台上找到，它为用户提供了丰富、全面的内容资源，极大地地方便了用户的使用。

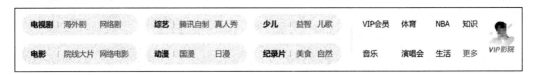

图 10-3　腾讯视频的内容版块

综合视频平台有着广泛的内容积累和众多的用户，并处于不断的积累和优化之中，极易形成"马太效应"，即强者愈强。爱奇艺、腾讯视频、优酷视频等领先者已经积累了较为明显的竞争优势，对优质内容和用户资源的获取以及把控能力进一步增强，并通过资源积累实现差异化竞争的壁垒，给后来者以强大的竞争压力。在互联网内容快速视频化的趋势中，综合视频平台充分发挥媒体所具有的兼容并包特性，为其开辟了更多业务、搭建起了多元化的商业模式、形成了庞大的业务"护城河"。

（2）垂直视频平台

综合视频平台巨大的内容广度提供了广大的受众基础，但也在很大程度上分散了他们的精力和资金，难以在某一领域内提供具有足够深度的内容，以吸引较为资深乃至于"骨灰级"的用户。因此，这样的市场空白就为专注于某一领域的垂直视频平台提供了生存和发展的空间。例如，上文提到的电影平台 1905 电影网、注重二次元文化的 AcFun 和哔哩哔哩、专注美妆类内容的小红书等，这些平台都为用户提供了在这一领域内最具深度和专业性的内容。值得注意的是，由于某一细分领域的内容往往并不足以仅用视频来吸引人，所以许多垂直视频平台不仅做视频，还融合了该领域内的众多内容，如文章、经验分享及购物引流等。这些创作构造了该领域内的"一站式"平台，为用户提供了极大的便利，这类平台也因此得以形成较高的用户忠诚度，以促进自身发展。图 10-4 所示为二次元视频平台 AcFun 的网站界面。

图 10-4 二次元视频平台 AcFun 的网站界面

3. 按照长度分类

从视频长度来看，视频平台可以分为长视频平台和短视频平台两类。

（1）长视频平台

长视频一般指时长超过半个小时的视频，以电影、电视剧、综艺节目为主。由于时长长、内容多、制作成本高，长视频主要由专业公司或专业人士完成制作，而视频平台则多起到视频发行、上传、引流等作用，其版权的获得至关重要。

相对而言，长视频是一种较为传统的视频形式，种类也相对固定。由于电视剧、综艺节目等内容具有较大的重合性，各大视频平台之间竞争激烈，其独特性和竞争优势也往往表现在独占资源上。腾讯视频依靠丰厚的资本，大量购买版权，主打丰富的电影、电视剧资源来吸引观众；芒果 TV 主打优质的自制综艺节目、剧集，如《明星大侦探》《变形记》等；而优酷视频则推出了数量多、质量好的自制网剧，如《白夜追凶》等，往往能够引发热潮，在激烈的竞争中占据一席之地。

（2）短视频平台

短视频是指以新媒体为传播渠道，时长控制在 5 分钟之内的视频，是继文字、图片、传统视频之后又一种新兴的内容传播媒体。它融合了文字、语音和视频，可以更加直观、立体地满足用户的表达、沟通需求，满足人们互相展示与分享的诉求。

近年来，随着智能手机的普及和时间碎片化程度的提高，人们很难再拿出大量的时间来观看传统意义上的长视频。因此，不占用过多时间又充满趣味性的短视频应运而生，抖音、快手便是其中的翘楚。它们依靠自身丰富的功能和极高的参与度，吸引用户自己制作视频并上传，采用用户生产内容的形式充实自己的内容库。相关数据显示，2016 年，我国电影年产量为 944 部，我国电视剧年产量为 330 部，共 14768 集；而 2017 年快手视频的日均上传量为 1000 万条，2018 年抖音的日活跃用户已经超过了 2.5 亿人，抖音的介绍页面如图 10-5 所示。这样的热潮，给长视频行业和平台带来了巨大的冲击。

图 10-5　抖音的介绍页面

相较于长视频，短视频主要有以下四个特点。

①生产流程简单化，制作门槛更低。长视频的生产与传播成本较高，不利于信息的传播。短视频则大大降低了生产传播门槛，即拍即传，随时分享。短视频实现了制作方式简单化，只用一部手机就可以完成拍摄、制作、上传分享。目前主流的短视频平台功能简单易懂、使用门槛较低，使用现成的滤镜等特效使制作过程更加简单。

②符合快餐化的生活需求。短视频的时长一般控制在 5 分钟之内，内容简单明了。现在快节奏的生活使得用户用在单个娱乐内容上的时间越来越少。短视频则更符合碎片化的浏览趋势，充分利用用户的零碎时间，让用户更直观便捷地获取信息，主动抓取更有吸引力、有创意的视频，加快信息的传播速度。

③内容更具个性化和创意。相较于文字，视频内容能传达更多更直观的信息，表现形式也更加丰富，这满足了当前"90 后""00 后"个性化、多元化的内容需求。短视频平台自带的滤镜等特效可以使用户自由表达个人的想法和创意，同时使视频内容更加多样、更加丰富。

④社交属性强。短视频不是长视频的简单缩减版，而是社交的延续，是一种信息传递的方式。用户通过短视频平台拍摄生活片段，并分享至社交平台，短视频平台内部也设有点赞、评论、分享等功能。短视频信息传播力度强、范围广、交互性强，为用户的创造及分享提供了一个便捷的传播通道。短视频平台近几年快速发展，越来越多的人投入短视频行业中，短视频市场持续扩大，但市场的同质化也越来越严重，在这种行业趋势下，短视频平台只有找准自己的定位，生产优质的内容，才能从众多短视频平台中脱颖而出。

对于读者而言，了解视频平台的分类是基础，进一步了解视频平台的营销模式则是我们需要关注的另一个话题。下面我们将介绍几种有代表性的视频平台的营销方式，以帮助大家更好地理解视频平台这一产品的商业逻辑。

10.2　短视频平台：抖音

在本节中，我们以近年来最为流行，为社会广泛接受和关注的短视频平台为例，探寻视频平台在企业营销推广中的方式以及作用。先介绍短视频的运营模式，再对抖音进行相关介绍。

10.2.1　短视频平台的运营模式

短视频平台通过激励和运营内容生产者，形成丰富的短视频内容，吸引用户持续地使用。然后平台通过整合其中的媒体和流量资源，向广告主售卖变现。这样的商业模式使得短视频平台跳出了向用户收费的逻辑，而是转向了广告主，以流量换金钱，在能够维持用户忠诚度的同时增加了平台方和内容方的收入，实现良性发展。

短视频平台的商业生态，形成了一个三角形的稳定模式，短视频平台的商业生态如图10-6所示。无论是平台方还是内容方，都能在其中实现自己的商业价值，持续发展。在这样的商业生态中，广告主、平台方、内容方三方相互依赖，又相互促进，不会有任何一方强势到主宰话语权。失去了平台的内容方可能难以持续发展，失去了内容的平台方会不再具有吸引力，而这两者都是广告主所倚重的。这与长视频平台被内容版权方"牵着走"的态

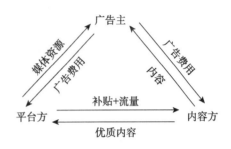

图10-6　短视频平台的商业生态

势、依靠会员制收费和贴片广告实现盈利的商业逻辑不同。从用户的角度来看，短视频平台的使用成本是相对最低的，甚至能够在平台方的补贴之中获取一定的收入，从而形成了极高的用户忠诚度，为平台的持续发展奠定了基础。

除上述内容以外，短视频自媒体还在自己的内容中植入了广告信息，具有独特的关系加成作用。在广告视频内容之外，视频自媒体还附加了其与粉丝之间的关系价值，这一层关系价值使得视频自媒体的广告内容更容易说服粉丝，形成有效转化。

总而言之，利用视频平台，尤其是短视频平台，可以更好地帮助企业进行营销，多角度贴近用户，实现企业、产品和用户的良好交互，以新奇、有趣的方式开展营销活动，从而实现良好的效果。

10.2.2　抖音账号：从 0 到 1

"现在抖音的新账号真的不好做啊！"这是最近听到的许多抖音创作者都在感叹的一句话。除非是头部多频道网络（Multi-Channel Network，MCN）孵化的账号，不然做新账号似乎真的很难出"爆款"。据了解，抖音确实针对 MCN 机构制订了新账号的冷启动扶持计划。但是对于大多数无法被官方扶持、又想进入抖音的制作者来说，到底该如何做呢？

1. 初期团队精简化

"工欲善其事，必先利其器。"其实一个抖音账号背后设有三个岗位即可，即演员、编导、后期。原震惊文化抖音内容负责人提到："现在很多的账号，其演员同时也负责编导、剪辑等工作，尽量充分利用人员。"就像拥有 700 多万粉丝的抖音账号"灵魂当铺"，

其核心团队其实就三个人：一个负责写剧本找群众演员，一个负责写分镜和联系场地，还有一个负责后期的剪辑。

如果有足够的预算，也可以找专业的团队，使导演、编剧、策划、演员、摄影、剪辑一应俱全。但无论配置如何，"网感"和"视频思维"才是十分重要的。能否把握好抖音的热门话题，直接关系到所做的短视频能否有播放量、能否成为"爆款"。

2. 确定内容垂直领域

对于垂直领域的选择，最直接和简单的方式就是选自己擅长和了解的领域。比如，懂汽车的可以做汽车领域的内容，擅长唱歌的可以做音乐领域的内容，抖音就有很多与音乐有关的账号。若你无法确定垂直领域，也可以参考抖音内的"爆款"，或者尝试做蓝海领域。

蓝海领域中的母婴、汽车、教育培训、医学科普等，都有着非常广阔的前景；而红海领域中的测评、美食、美妆等，只要形式足够新颖，依旧非常值得投入。

3. 隐藏步骤：养号

"养号"和"权重"其实都是抖音官方不认可的说法，但是这也不代表注册完账号就可以发内容，因为容易被判定为机器或者是营销号。

那么，究竟何为"养号"？很多人都以为"养号"就是模仿正常活跃用户的行为，每天"刷刷"抖音、点点赞。网络上总结出一些规律，如"每天早上、中午、晚上分别'刷'垂直领域内容30分钟""关注至少×个作品相似的账号""点赞、评论×个相同类型的作品"等，但其实这些规律也都是因账号而异的。

4. 抖音涨粉的核心秘诀："爆款"内容

想在抖音上获得粉丝，具备持续生产优质内容的能力才是关键。播放量、完播率、点赞和评论，都是抖音对于视频流行度预测的维度。这里需要特别注意两个打造"爆款"的法则。

（1）前3秒决定成败

抖音视频是按秒计算的。在抖音的算法下，真正决定成败的就是开头的几秒。如果作品开头的几秒不足以吸引观众，那么观众可能就直接划走了，被划走的次数过多，这个视频就再难获得推荐。所以在抖音内容的生产中，"减法"比"加法"更重要。创作者需要删掉视频中无用的信息，在第一时间吸引观众的视线。

（2）"爆款"内容有迹可循

抖音的算法就是将用户喜欢的内容不断地推送给他们，但"爆款"内容的背后还有用户对优质内容的喜爱。以下总结了"爆款"视频的四条原则。

原则一：情感共鸣，必须引起观众强烈的情感波动。

原则二：形式创新，新颖的形式才能够脱颖而出。

原则三：热点反差，出其不意的反转让效果翻倍。

原则四：互动合拍，两个账号的互动合拍可以吸引更多流量。

5. 抖音账号的精细化运营

仅仅有了"爆款"内容还不够，对账号进行精细化运营也是一项非常重要的工作。对于抖音创作者来讲，这个账号就是你的产品，打造好、保养好账号，是引流的关键所在。具体来说，有以下四点可以参考借鉴。

（1）高频率更新，把握流量高峰点

持续又稳定的内容输出可以获取更多的播放量，有助于涨粉。而每天的更新时间也是颇有讲究的。抖音有三个高峰期：中午 12 点前后、下午 6 点前、晚上 10 点前后。在这 3 个时间段内发布视频，有机会获得更高的流量。

（2）引导粉丝参与互动

发布内容时有意识地引导用户评论与互动，是抖音精细化运营中的重要一环。如果没有人回复，那就自己"抢沙发"，千万不要出现零评论的视频。对于每一条评论都应该认真回复，尤其是"神评论"。偶尔可以在视频剧情中故意留下些许瑕疵，让用户找到并在评论中交流。

（3）迅速有效的外部助推

抖音的算法是多级推荐模式，如果视频在发布后短时间内获得了较多的评论、点赞，便有机会进入更大的流量池。图 10-7 为抖音的多级推荐模式。

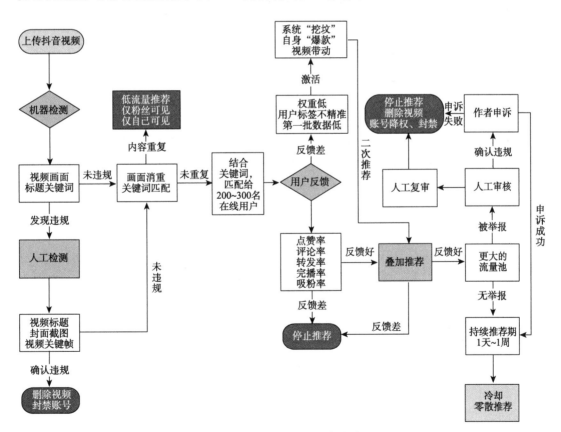

图 10-7　抖音的多级推荐模式

（4）DOU+：少量多次、小额多投

DOU+是抖音官方的助推方式，能够带来一定程度上的曝光和流量增长。但是对于运营初期的账号来说，是否投放 DOU+是需要斟酌的。DOU+投放对于一定起量趋势的视频是有助力作用的，能够为其锦上添花，但对于自然流量很差的视频，助推也很难做到雪中送炭。同时，在投放的过程中，尽量采用"少量多次、小额多投"的原则。少量多次的投放会有更大的概率辐射到不同兴趣领域的人群，收获不同类型的粉丝。

10.3　长视频平台：爱优腾芒

目前国内主要的长视频平台主要有爱奇艺、优酷视频、腾讯视频和芒果 TV，这四大平台基本占领了用户点击量的前列。虽然这四大平台都属于长视频平台，但它们之间还是存在一定的差异，这也是目前四大平台都在努力做的差异化的结果。本节将介绍目前长视频平台的主流运营模式和四大平台的差异化特点。

10.3.1　长视频平台的运营模式

当前，我国视频平台通用的运营模式主要为以下四种：视频广告、视频会员服务、视频版权、网络自制内容。经过视频行业十几年的探索与改革，这些运营模式现已基本步入成熟阶段，视频平台在成熟运营的基础上也获得了充足的收益。与此同时，仍有许多问题亟待完善。在原有运营模式中求同存异，不断创新挖掘，才是网络视频产业持续健康发展的不竭动力。

1. 视频广告

广告作为视频产业最基本也是最重要的运营模式之一，成功帮助视频平台度过了早期的盈利艰难期，成为支撑平台良好运营的重要利润来源。现阶段视频广告的发展打破了传统的广告传播方式，在互联网技术成熟和网络自制剧受热捧的条件下不断推陈出新。平台联动"边看边买""花式"植入产品等方式，将"用户"与"产品"更紧密地连接在了一起，也为视频平台带来了不菲的收入。

2. 视频会员服务

视频会员服务开启了用户的网络视频付费之路，在经历了低谷期、上升期和探索期的发展后逐渐沉淀下来，视频付费现已成为网络视频行业举足轻重的利润源头。如今，各大长视频平台纷纷找到了自身吸引付费会员的内容优势，如优酷视频的独播电视剧、爱奇艺的自制内容、腾讯视频的院线大片等。

3. 视频版权

视频版权是行业内老生常谈的问题。近年来，在国家政策保护、长视频平台和版权方维权意识坚定、网络视频用户付费意愿增强的三重动力推动下，视频版权问题得到了一定程度上的改善。

如今长视频平台在资源版权方面，更注重对优质 IP 的运营，包括对优质小说 IP、游戏 IP 的外部购买和优质内容 IP 的内部自制。但其仍存在发展困境，如利益驱动下的内容盗播和盗链、资源争夺带来的天价版权费等。长视频平台的版权问题仍需政府、司法部门、长视频平台、用户等多方共同努力解决。

4. 网络自制内容

网络自制内容作为网络视频行业内容运营的新兴宠儿，从诞生之初就充满爆发力，其近年来快速发展，从数量到质量都创造了不错的成绩。对于长视频平台来说，优质的自制内容降低了版权购买带来的大量支出，拥有深度可挖掘的营销空间，更是发展付费会员的重点运营方向。网络自制内容现已成为各大长视频平台差异化发展的核心竞争力。

10.3.2　长视频平台的差异化特点

在平台整体的流量争夺中，爱奇艺、优酷视频、腾讯视频和芒果 TV 这四大头部长视频平台的特点与优势较为明显。具体来说，视频平台的独播内容整体布局呈现出两大特点，分别是口碑作品数量攀升以及差异化格局的逐渐确立。各大视频平台都在自身垂直领域进行了深入挖掘，以形成差异化布局。

1. 爱奇艺：古装突出、内容均衡

随着《宸汐缘》《从前有座灵剑山》《破冰行动》《动物管理局》等热播剧集接踵而至，爱奇艺在 2019 年成为首家会员数破亿的视频平台。更值得一提的是，在 2019 年爱奇艺世界大会上，爱奇艺专业内容业务群总裁兼首席内容官王晓晖表示："2019 年爱奇艺的内容投入仍然超过 200 亿元，保持 2 位数增长；自制内容保持 3 位数增长，自制戏剧达到 100 部，头部综艺达到 60 部。"

爱奇艺在 2019 年的剧集内容选择上，非常明确地对各类题材进行均衡配比，细分到少女、青年女性、中年女性、少年男性、中青年男性等各年龄层用户。这些垂直领域的内容从一个个"点"变成了包含各类受众群体的"面"，既垂直到深处又延伸到各大用户层面。

2. 视频优酷：荷尔蒙的正反吸引力

面对爱奇艺会员数率先破亿、腾讯视频热点剧综频出，2019 年的优酷可谓在"内忧外困"之下缺乏"爆款"，一度处于较为落后的位置。

观察优酷视频 2019 年的片单可以发现，优酷视频以古装和悬疑为两大重点，凭借《长安十二时辰》《鹤唳华亭》《东宫》的口碑发酵，吸引了众多流量，赢得了阶段性胜利。并且除了突出以往的"男性向""硬汉风"内容优势，还加大了青春剧、偶像剧、古装 IP 剧的内容占比，使得整体内容既有重点，也具有全面包容性。不过根据 2019 年网剧 TOP50 榜单来看，优酷视频的独播剧集虽各有新意，但观众的反响却不大。

3. 腾讯视频：IP 剧主导，圈层划分较细

腾讯视频是在题材均衡布局之下，古装与青春题材两开花。在内容涵盖古装、都市、奇幻、悬疑、青春等多元素的基础上，古装剧《陈情令》《庆余年》《倚天屠龙记》与青春剧《全职高手》《致我们暖暖的小时光》均获得较大声量。

值得一提的是，IP 成为腾讯视频 2019 年剧集片单的显著关键词，多部剧集为 IP 改编或续集，如盗墓笔记系列的《怒海潜沙&秦岭神树》，以及改编自同名小说的《全职高手》《庆余年》等，成绩都较为亮眼。

4. 芒果 TV：稳中有进，打通小而美路径

芒果 TV 入局较晚，剧场划分比较模糊，但在题材类型上一直主打青春、仙侠、悬疑，并且在 2019 年着重对自制剧、独播剧进行了策划。不仅打出电竞题材作品《陪你到世界之巅》，聚焦运动题材的《奋斗吧，少年!》，还有青春题材作品的《海棠经雨胭脂透》等，这些含有竞技元素、励志故事以及青春甜蜜元素的剧集，均获得了不错的成绩。

总体来说，芒果 TV 不以量压质，而是在对每类题材作品进行多元布局的基础上又有侧重选择，既符合平台调性又有一定的热议话题，具备"出圈"潜质。

10.4　直　播　平　台

直播是一种实时性、互动性十分显著的信息传播形式。不同于传统的文字、图片、视频等传播形式，它利用网络平台，跟随事件的发展过程使内容的制作和发布同步进行，且可以进行信息交互，将用户与直播内容紧密地交互在一起。

10.4.1　直播平台的分类

1. 按照传播形式分类

（1）传统型直播平台

传统型直播平台的节目基本以专业生产内容、职业生产内容为主。这类平台将获取到的电视模拟信号转化成数字信号，随后输入计算机并即时上传至直播平台供观众收看。这些视频网站一般对娱乐和体育项目进行直播，即信号转播。实际上这是媒介融合的表现，传统的电视媒体将一样的内容转接到网络媒体上，观众在收看过程中仍不能与传播主体互动，与以往的电视并无本质区别。

（2）新型直播平台

新型直播平台是本节重点研究的对象。这类平台由传播主体，即主播，将音视频录制器材录制的现场情况转化成数字信号，通过计算机或手机上传至网络直播平台。这种直播平台具有强交互性，传播内容具有较高的双向流通性。这类直播平台的产出内容主要为用户生产内容，其直播门槛较低，并不要求主播具备较高的文化水平及专业素养。用户可以通过"弹幕"与主播进行实时互动，他们虽然充当着观众，但也参与其中，对内容进行评价及消费。新型直播平台充分发挥了互联网在信息传播中的优势，具有实时、快速、内容多样化、表现形式丰富、交互性强、传播场景化、受众可划分等特点。

2. 按照传播内容分类

（1）娱乐内容类直播平台

这一类直播平台的内容主要包括秀场直播、户外直播等，以映客直播、YY 直播等

直播平台为代表。这类直播平台运营成本较低，收益来源基本依靠观众打赏。

秀场直播是网络直播发展的初级阶段中最重要的内容，一开始它相当于直播的核心内容。主播通过直播平台将自身某方面的长处展现给观众，吸引观众的关注并获取打赏。秀场直播可以吸引到形形色色、大量的用户。随着观众对娱乐需求的逐渐提高，秀场直播发展到现在，内容开始涉及化妆、穿搭、美食、旅行等具有一定专业性的内容，用户对直播内容的要求比对主播"颜值"的要求更高。

与场景局限于室内的秀场直播不同，户外直播将观众带出直播间，走向室外，直播的地点可能是城市，也有可能是荒野。户外直播满足了观众的猎奇心理，或者做了一些观众想做却没有机会做甚至不敢做的事情；同时，每天的户外直播内容也不尽相同，始终给予观众新鲜感，能够达到很好的节目效果。虽然户外直播对主播的容貌要求不高，但是其在直播成本和人身安全方面都比室内直播要求更高。直播野外生存的户外直播充满风险，搭讪形式的户外直播会影响不知情的路人，可能侵犯他人的隐私权、肖像权。

（2）游戏内容类直播平台

游戏内容类直播平台一般是指具有游戏解说、评测、电竞比赛等内容的直播平台，以斗鱼、虎牙直播等平台为代表。

在游戏直播期间，主播会为观众解说自己对游戏局势的理解和分析，或者某一操作的教学，还有与观众的其他交互。这些主播普遍具备较高的游戏操作水平，其直播内容一般都具有"教学"性质，许多电子竞技职业选手退役之后也会将游戏主播作为自己的职业选择。观众利用直播平台观摩主播的精彩操作，学习游戏玩法和技巧，以满足自身的娱乐需要。

游戏内容类直播还有一类是电子竞技赛事的官方直播。目前，我国的电子竞技产业已趋于成熟，电竞比赛从筹办到直播，体制及规模都在追赶篮球、足球等传统大型体育赛事。这类直播通常是由赛事官方负责的，受众规模以及传播影响远远超过传播主体为个人的直播。例如，2018年英雄联盟全球总决赛的官方直播，单单在斗鱼就有上千万名观众同时在线观看。

游戏内容类直播平台以"交互"体验作为核心，包括主播与观众的互动，甚至观众与观众的互动。游戏内容类直播平台拥有高人气的主播以及无法取代的赛事资源，同时还有参与意愿强烈的观众，这是其他类型的直播无法代替的。

（3）电商类直播平台

电商类直播平台是近两年兴起的直播平台类型，一般内嵌于电商平台中，以淘宝、京东为代表。

电商类直播是一种为了销售产品而将产品的生产过程和使用场景直播给观众的直播类型，这类产品一般包含电器、服装、箱包、彩妆等适合直播的产品。电商类直播能够更为形象地将产品的功效和价值展现给观众，观众以此判断该产品能否满足自己的需求。这种直播类型更易于推动用户做出购买决策，商家可以通过"直播+电商"的新商业模式创造更多的营销手段。

（4）企业类直播平台

企业类直播平台是指为企业搭建专属直播间，为企业提供视频直播渠道以及服务的平台，以微吼直播、目睹直播、云犀直播为代表。企业类直播平台的应用场景非常广泛，适用于产品营销、会议、典礼、企业年会、产品发布会、员工培训等行业相关的场景。

这类直播平台一般会按企业的要求在现场搭建摄影器材和直播工具，并配备专业的直播人员，直播的画面质量较高，播放更为流畅。这类直播平台对直播设备的要求为：质量高、专业性强，能够录制活动的全部过程，适合在严肃和正式的大型活动中使用，如行业论坛和专业研讨会。大多数企业对企业直播没有很深刻的认识，还没有意识到现场直播能够应用于产品营销和员工培训等场景。不过，资本市场对企业直播仍保持着高度的关注。企业直播所展现的功能和价值已然令许多投资机构开始对这个行业进行布局规划，相信在未来，企业直播的使用场景将会跟随互联网技术的发展而逐渐拓宽。

10.4.2　直播平台的产业链

直播平台的产业链由内容提供方（主播、公会、版权运营商）、平台运营方、客户群体（C端用户、B端商家）以及服务支撑方（硬件提供商、带宽支持商、技术提供商）4方组成。以直播平台运营方为中心，各环节通过提供服务和资源实现商业价值，具体可分为产业链上游、产业链中游、产业链下游三个环节。直播平台的产业链如图 10-8 所示。

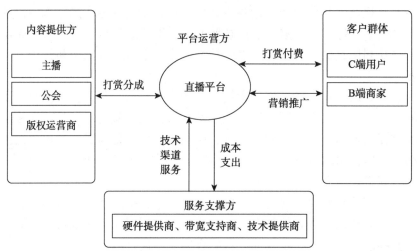

图 10-8　直播平台的产业链

1. 产业链上游：内容提供方

内容提供方位于产业链的上游，泛娱乐网络直播的内容提供方可分为网络主播、公会及版权运营商。

（1）主播

主播是面向用户的最直接群体，按照主播内容类别可分为职业主播、明星、素人主播。主播通过直播原创内容与直播间内用户进行实时互动，通过内容吸引用户购买虚拟币或虚拟礼物对主播进行打赏。目前，大多数直播平台开始扶植自家平台主播，鼓励主播生产原创内容，实现直播内容差异化、多元化的同时，还能在一定程度上降低主播转移到其他直播平台的可能性。

直播平台是直播平台产业链的核心，而主播则是直播平台的核心。作为直播平台的核心资源，主播与直播平台是互利共生的商业合作关系，主播是直播平台的核心竞争力。在直播平台市场中，头部优质主播是直播平台的关键资源。直播平台拥有的头部主播越多，直播平台的商业价值越高，因此直播平台会不断邀请明星主播、签约"网红"主播。

（2）公会

在直播生态中，公会是负责管理主播的商业组织，同时也是直播平台的内容供应商。公会对直播平台的价值在于对主播的培养和管理，为直播平台推荐优质主播，负责主播的定位与发展，包括专业技能培训、商业合作、粉丝对接、直播平台沟通、经营包装与管理，是联系主播和直播平台的桥梁。但并非所有主播都由公会管理，公会主要管理签约的职业主播。直播平台为了减少主播的流动性，会与主播的经纪公司或公会家族合作，促使主播职业化。可以说，主播为公会带来了平台分成费用，而直播平台则为公会孵化主播提供了展示互动的空间。

（3）版权运营商

传统电视直播中的版权直播主要是对活动现场情况进行直播，包括体育赛事、发布会、演唱会。而新型直播中的版权直播主要为活动直播（包括电子竞赛、演唱会等）以及专业生产内容的自制节目直播。直播平台为版权付费，版权运营商为直播平台提供内容，带来流量。版权直播以活动内容为主，主播参与占比较小，互动频率较低。很多优质节目的版权资源集中在少数版权运营商手中，优质的版权资源会使网络直播的内容得到关键优化，成为直播平台的核心内容竞争力之一。

2. 产业链中游：平台运营方

直播的平台运营方是指各大直播平台，位于产业链的中游环节，是直播产业生态的核心枢纽，是连接用户、主播、内容的中坚力量。目前，平台运营方向产业链上游的内容提供方发力，注重内容质量。平台运营方的核心是内容和主播，关键是通过内容构建主播与用户的互动行为，目标是建立社交网络，重点在于为主播积累人气，吸引用户进行观看消费，进而实现商业变现。直播以用户生成内容为主要内容生产方式，由于产业融合的深化，开始形成"直播+"的内容生产方式，直播内容也向多元化发展，以增强用户黏性。

3. 产业链下游：客户群体

产业链下游是实现商业价值和进行盈利的环节，客户群体是指 C 端用户和 B 端商家，他们是支持直播平台流量变现的商业运营角色。

（1）有观看需求的 C 端用户

C 端用户在泛娱乐网络直播平台的行为主要包括观看、互动和付费。例如，在线观看直播内容，与主播通过"弹幕"的形式进行互动交流，通过版权付费、打赏、购买增值服务、充值会员进行观看，或者通过直播平台导流至电商平台进行网络购物。

（2）有营销需求的 B 端商家

B 端商家通过直播平台进行产品的发布宣传、代言活动及品牌营销，并向直播平台支付广告位费用和直播服务费用。从本质上看，B 端商家需要为营销推广服务付费。

最后，服务支撑方是指硬件提供商、带宽支持商、技术提供商，它们为直播平台提供了基础的技术支持，如视频云服务、带宽支持、应用分发、支付渠道、直播转码、美颜、内容分发、压缩带宽等业务功能，并解决直播平台的带宽要求、技术升级等问题。

小讲堂

本章小结

网络视频行业作为文化娱乐产业的重要组成部分，市场规模近千亿元，行业企业雇用的员工达数十万人，了解视频与直播平台对于学习新媒体营销来说是非常重要的。本章首先对视频平台进行了分类，并详细描述了短视频平台、长视频平台的运营模式，然后针对直播平台进行了深入介绍，并结合营销知识进行分析，使读者对于视频平台与直播平台产生较为完整的认知。

微课 10.1　哔哩哔哩的商业化战斗力

案例讨论

案例讨论："一品多牌"：字节跳动短视频产品的多品牌战略

2019 年 2 月 26 日，分管互动娱乐业务产品线的抖音总裁张楠将一份数据报告送到了顶头上司——字节跳动 CEO 张一鸣的办公桌上。这份报告来自数据研究公司 SensorTower，报告显示一个多月前字节跳动科技有限公司最新推出的短视频社交软件"多闪"在发布上线后下载量远超同期的"抖音""微信""快手"等产品，其下载量是后三者的两倍以上。看到"多闪"有如此好的市场表现，张一鸣松了一口气。

"多闪"是字节跳动旗下第四个独立的短视频产品品牌。张楠做完初步汇报便退出了办公室，张一鸣拿起数据报告，再次审视了一遍，确信无疑后，他面上微喜，回想起近几年在短视频领域的策略和布局，奋力前行的他对短视频品牌及发展战略再次陷入深深地思考之中……

案例正文　　　　　　案例使用说明

即测即练

自学自测 扫描此码

第 11 章

其 他 工 具

知识框架图

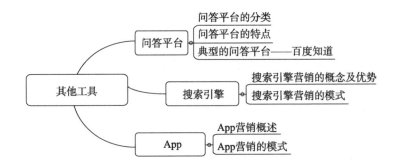

知识目标

1. 掌握问答平台的分类、特点，了解典型的问答平台。
2. 了解搜索引擎营销的概念、优势和模式。
3. 了解 App 营销的概念、特点和模式。

技能目标

1. 能够识别三种平台的营销方式。
2. 能够利用问答平台、App 对产品进行营销推广。

案例导入

《人民司法》杂志入驻知乎和悟空问答平台

为了更好地宣传新时代人民法院重点工作和应用法学理论研究成果，提升司法信息传播水平，适应网络宣传特点，扩大网络宣传影响力，充分利用新兴互联网传播平台的传播机制及其在舆论引导方面的独特作用，《人民司法》杂志社以"司法信箱"账号入驻知乎（见图 11-1）和悟空问答平台。

图 11-1 《人民司法》杂志社以"司法信箱"账号入驻知乎

截至 2018 年 8 月 3 日 18 时,"司法信箱"账号在两个问答平台共发布 5 个问题和回答,其中知乎平台收录 2 个回答,已有 569 名关注者,共获得 575 次赞同、350 次收藏。"动漫卡通形象遭盗版恶意使用时,权利人该适用著作权法还是商标法,抑或专利法?"一文拥有 45275 次访问量,获得 530 次点赞,被收藏 222 次,7 条参与回答。新近发布的"人民法院庭审语音识别转写系统(机器换人)是怎样发挥智慧法院的作用的?"问题的回答,还将被收录到知乎平台的知乎日报栏目。

《人民司法》杂志社将继续围绕新时代人民法院司法改革成果和各项重点工作、司法政策解读、法律事件、理论热点、人民群众关注的法律常识性问题及典型案例等话题,在两个问答平台展开题材多样和内容丰富的宣传,以满足关注人民法院工作的各界网友的知识需求,提升社会民众的法律素养。

中国互联网络信息中心统计显示,截至 2023 年 6 月,我国网民规模达 10.79 亿人,互联网普及率达 76.4%。用户的导向即市场发展的方向,网民从 PC 端向移动端的转移,必将带动移动互联网的新发展,为企业新媒体营销开辟新道路。本章将对新媒体营销的其他工具进行补充介绍,包括问答平台、搜索引擎和 App。

11.1 问 答 平 台

随着我国网民数量的不断增加,通过网络渠道获取的知识量所占的比重相较于其他渠道越来越大,并利用互联网技术实现了跨地区传播。互联网不仅增加了信息含量,也改变了知识传授双方的角色。受众既是知识的接收者,又是知识的传播者,集体的智慧得到了充分的发挥。知识问答平台的出现不仅解决了知识获取问题,实现了互联网的社交属性,还打破了传统的信息传播模式。在这种时代背景下,知识问答平台以传播知识、共享知识为主要目的,逐渐发展起来。

本节首先对问答平台进行分类，介绍问答平台的特点，之后以典型问答平台——百度知道为例进行详细介绍。

11.1.1 问答平台的分类

1. 按照平台分类

按照平台分类可以将问答平台分为三类：网页版问答平台、社区化问答平台、客户端问答平台。

网页版问答平台是最早的知识问答平台，主要代表有百度知道、新浪爱问等。用户可以在网页端完成问题的提问与解答，也可以通过在网页中搜索关键词找到相关问题的答案。这种中心式的信息传播模式，在一定程度上提高了知识的曝光率，可以有针对性地解决用户的不同问题。但网页版问答平台缺少分享与传播方面的鼓励，传播者与接收者的互动较少，知识的传播范围有限，传播速度比较缓慢。

我国最早的互动网页版问答平台是基于搜索引擎的新浪爱问。2005 年 6 月 30 日，新浪发布了新浪爱问，开始为广大网民提供全新的搜索服务。其独有的互动问答平台弥补了传统算法技术在智慧性和互动性上的不足。同时，新浪爱问依托于新浪门户网站拥有的海量信息与资源，具有得天独厚的资源优势。百度知道于 2015 年 11 月 8 日被正式发布，通过 AI 技术实现智能检索和智能推荐，每天为数亿网民答疑解惑，如今已成为全球最大的中文互动问答平台。百度知道的最大特点在于其和搜索引擎的完美结合，引导人们将隐性知识转化成显性知识。因此，百度知道的用户既是内容的使用者，又是内容的创造者。

社区化问答平台是互联网领域的一个创新应用，主要代表为知乎、Quora 等。作为一个公共的知识平台，社区化问答平台通过关注话题、问题以及用户的所有问答来获得最佳问题的答案和全面的相关知识，并利用信息类聚使用户建立社交关系。除此之外，平台的讨论区能够提高知识问答内容的专业度，鼓励式的分享按钮扩大了知识的传播范围。通过社区里用户的多次传播，平台逐渐形成网状式的信息传播模式，信息传播速度明显加快。

Quora 是使用频率较高的国外社区化问答平台，由脸书前雇员查理·切沃（Charlie Cheever）和亚当·安捷罗（Adam D'Angelo）创办，于 2010 年 6 月 21 日向公众正式开放。该平台通过邀请明星和行业专家加入，依靠高价值内容对不同领域的用户产生吸引力，激发用户提问和回答，从而形成用户间、问答节点间多元的信息交互。紧随 Quora 之后，国内也推出了社区化问答平台，其中知名度最高的是知乎。2013 年 3 月，知乎向公众开放注册。不到一年时间，其注册用户迅速由 40 万攀升至 400 万，至今仍是国内最受欢迎的社区化问答平台之一。知乎的出现解决了之前百度知道、新浪爱问等国内网页版问答平台提问者与回答者素质参差不齐、平台过大等问题，其通过用户节点将高质量的问答内容进行大规模的生产和分享，并最大限度地调动用户力量，剔除劣质问题，构建了高质量社区化问答平台以及更有价值的人际关系网。

客户端问答平台是指用户可以通过客户端进入问答界面进行问题的提出与讨论，主要代表为喜马拉雅FM、分答等付费语音或视频App。客户端问答平台依托"大V""网红"、业内知名学者等人士的吸引力来进行知识传播与分享,用户通过付费方式获得知识,具有很强的明星与红人效应。由于用户在互联网上长期以免费的方式获取知识,问答的随意性导致知识信息在一定程度上良莠不齐、真假混杂。同时,用户对于高质量知识的需求也在不断增加,并愿意通过付费的方式获得自己想要的高质量知识,由此产生了知识付费模式。这种以客户端形式出现的知识付费问答平台在知识传播方面优于其他两类平台,并且在吸引用户的参与和知识的传播方面具有重要的贡献。

2016年5月,果壳网旗下团队"在行"发布了一款付费语音问答新产品——分答。它能够快速找到可以给自己提供帮助的人,并且付费得到一分钟的语音知识解答。分答延续了知识传播与分享的方式,并且加入了引导分享的按钮,提高了知识传播率,在二次传播中形成再次的知识付费行为。2016年12月,"分答小讲"上线,并通过各领域的专业人士对知识进行生产与传播,吸引了大量受众,扩大了知识传播范围。产品上线仅42天,授权用户就超过了1000万,付费用户超过了100万。除了语音问答,知乎与豆瓣在其原有的客户端基础上也加入了问答类标签,创建了知乎Live与豆瓣时间。喜马拉雅FM等电台软件也通过其自身语音输出的优势积极加入知识问答的大潮中,创造了优质知识资源,并推动知识问答平台不断发展。

2. 按照终端分类

按照终端分类,问答平台可分为PC端与移动端两类。PC端问答平台是移动端问答平台的基础。两种问答平台在互动模式、知识信息的传播模式上都具有高度的相似性。可以说,高速发展的互联网技术将问答平台整体移动到移动端。除此之外,移动电子设备的出现打破了信息传播空间与时间的界限,移动端问答平台使问题的提出与回答变成即时性的操作。随时随地解答用户提出的问题,对于问答平台来说是一个新的进步。语音问答是移动端特有的问题回答形式,根据移动端的特点,通过更加便捷的语音载体作为问答基础,便于用户在任何情况下接收知识信息。

11.1.2 问答平台的特点

1. 开放性

"问渠那得清如许?为有源头活水来。"问答平台的参与门槛较低,只需要拥有终端设备以及基本的网上操作技能就可以进行知识的获取和分享。各行各业的用户不论身处何处,只要掌握某个方面的知识和经验就可以在问答平台上发表自己的看法。这打破了传统媒体时代知识的传播和分享被少数人垄断的现象,具有一定的开放性。同时,问答平台通过激发用户的参与热情、不断获取各类用户的观点和想法来保持平台的活力。

2. 包容性

问答平台具有一定的包容性,用户可以对自己感兴趣的各类话题进行探讨,既可以探讨工作和学习中遇到的问题,也可以探讨家庭关系、社会关系中的各种问题;既可以探讨与娱乐圈相关的问题,也可以探讨国内外的各种事件;既可以探讨文学小说,也可以探讨科幻小说。用户在平台上可以畅所欲言、各抒己见。

3. 互动性

互动性是互联网新媒体区别于传统媒体的又一大特点。在报纸、杂志等传统媒体上，用户一般只能单向接收媒体传达的信息，对所传达的信息进行讨论和评论的成本极高，但用户的不同意见始终存在且不应忽视。随着科技的发展，互联网提供了用户表达自己看法的途径，人们也愿意与具有不同看法的人进行沟通和交流，以此强化自身对社会的认识和对世界的认知。同时，一位专家发表的深刻见解能够引来与他有共同的专业知识和背景的人的关注，能够帮助他结交志同道合的朋友，或者认识日常生活中接触不到的人。

用户在问答平台上提出问题后，其他用户可以对此进行回答，同时也可以点赞、评论和转发。这种高互动性的交流方式可以促进话题的深入探讨，并集合众人的经验与知识，对某一话题进行多角度分析，实现知识共享和价值共创。不仅如此，很多问答平台具备的直播、私信等功能，也大大提高了互动程度。在直播中，用户可以实时提出问题并与主播进行沟通交流。

4. 专业性

各类问答平台都有一大批具有深厚专业背景知识的群体，他们在现实社会中有一定的知名度，回答的质量往往较高，其掌握的专业知识和见解会对其他用户产生很大的影响。同时，平台也存在用户认真的回答会得到众多其他用户赞同的现象，一些名不见经传的人，通过许多高质量的回答或文章，会逐渐获得越来越多人的认可，并成为这个领域的 KOL，这不仅满足了用户自我实现的需求，还帮助了更多的人。

"闻道有先后，术业有专攻。"每个人在成长过程中都会积累一定的知识和经验。问答平台为所有用户提供了一个拥有大量智力资源的入口，消除了参与的屏障，给予业余爱好者和专业人士同台竞技的机会。在互联网时代，业余爱好者可以获得同专家一样的信息，人们学会了独立思考、不再盲从。用户展现自身学问知识的机会是对等的，只要有真知灼见，就不会被埋没。可以说，无论答题者身份如何，其优质的回答都是有价值的。

11.1.3 典型的问答平台——百度知道

2005 年 6 月，百度知道正式发布，其宣传口号是"总有一个人知道你问题的答案"，充分体现了知识共享的价值。百度知道可以看成是对百度搜索引擎的补充。以往的搜索引擎只能提供已经存在的知识，而百度知道可以把人们头脑中的知识变现，并被其他用户进一步搜索和利用，实现了用户与合作网站等多方利益的共赢。

百度知道 App 分为问答、视频、直播和日报等版块。

1. 问答

问答属于百度知道的基础版块。问题被提交到百度知道平台上，其他用户就可以进行回答，平台将回答者提供的答案反馈给提问者。提问者如果对答案不太满意，可以追问或者继续等待其他用户的回答。若在一定的有效期内没有获得满意答案,提问者可以通过追加悬赏分的方法来继续阐述问题,进行追问。提问者获得满意答案后,会选取最佳答案并通过追加悬赏分和评语的方式感谢最佳答案的回答者,相应的问题回答者将获得相应的奖励即,提问者提供的悬赏分,且该问答会进入平台中,供其他用户浏览。图11-2所示为百度知道 App 的问答、视频版块。

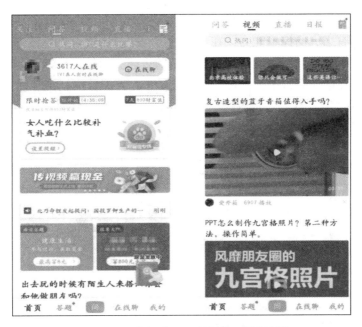

图 11-2　百度知道 App 的问答、视频版块

其中,积分奖励制度是百度知道为回答者制定的奖励制度。悬赏的方式能够使用户提出的问题被其他用户重视从而获得更多关注,悬赏分值越高,问题受关注的程度就越高,回答者的积极性也会越高。同时,百度知道设置了积分兑换商城,只要符合兑换要求,就可以用积分兑换相应的礼品,从而鼓励用户积极参与平台的互动。平台为不同成长阶段的用户提供不同的服务和特权,以满足不同成长阶段的用户的需求。

不同的问答机制设计会使不同平台有截然不同的参与互动过程。知乎上的讨论是过程导向型的,每个人都可以有自己的看法,参与者通过回答问题与其他人进行思想上的沟通,从多个角度看待问题,提问者因此可以进行更深刻的思考,且不需要判断答案正确与否。与知乎相比,百度知道对问题的探讨是结果导向型的。一般情况下,用户会围绕某个具体的问题进行讨论,最终确定一个最佳答案。

2. 视频

在进行软件功能设计时,百度知道更倾向于提高用户使用软件的频率,增强用户黏性。百度知道参考抖音吸引用户的方式,利用瀑布流的浏览方式使人们在平台上停留的时间更长。百度知道在视频版块主要采用了短视频的呈现方式,内容包括教育科学、社会民生、体育运动、医疗健康、商业理财、文化艺术、游戏、娱乐休闲等。这一版块的内容与问答没有太大的联系，主要是各种生活情境下信息的输出。

3. 直播

直播是对文字问答的一种补充，也是培养社区知识"网红"的一种方式。直播往往能比文字传达出更多的信息量，具有更高的沟通效率。直播分为视频和音频两种，在百度知道平台中，音频直播占比更高。但音频直播不会显示讲义或其他与流程结构相关的内容，听众容易对知识结构产生混淆，并产生理解误差，因此需要主播遵循一定的知识传播方法，并拥有强大的控场能力。在直播的过程中，主播可以通过与用户互动来了解用户想知道或没听懂的问题，并进行更加详细的讲述。通过这种方式，主播可以展现自己的专业技能，逐渐在平台中树立自己的专业形象，并成长为知识"网红"。图 11-3 所示为百度知道 App 的直播、日报版块。

图 11-3　百度知道 App 的直播、日报版块

4. 日报

日报版块是对百度知道在线问答结果导向的补充。与微信公众号的推文类似，日报一般由专业团队进行知识的汇总和输出，以文章的形式对热点问题进行全面的介绍与分析，质量普遍高于一般的问答。这种知识分享方式不仅可以吸引更多用户，提高软件的使用率，还可以有效提升平台质量、完善平台形象。

11.2　搜　索　引　擎

随着我国互联网的发展和网民的增加，搜索引擎已经成为人们生活和工作中不可缺少的互联网工具之一。它在帮助人们快捷方便地找到所需的信息时，也逐渐受到企业的青睐，并成为企业进行品牌推广和产品销售的一种重要途径。不同的搜索引擎营销模式具有不同的特点，其产生的具体营销效果也不尽相同。企业应该选择什么样的模式开展营销活动，为什么要选择这些营销模式，不同的营销模式有哪些利弊，如何做到趋利避害等，是企业在开展营销活动时必须考虑的问题。

11.2.1 搜索引擎营销的概念及优势

1. 搜索引擎营销的概念

作为一种新兴的营销模式，"搜索引擎营销"的概念最早是由 GoTo 公司提出的。从用户的角度来说，搜索引擎营销是指根据用户使用搜索引擎的方式，利用用户检索信息的机会，尽可能地将营销信息传递给目标用户。从企业的角度来说，搜索引擎营销是指企业通过提升企业网站的自然排名、推出付费搜索广告等与搜索引擎相关的行为，使企业网站在搜索引擎上显著列示的营销手段，其目的是吸引目标用户访问企业网站。实务界一般将搜索引擎营销视为网络营销的重要组成部分，通过页面优化和投放广告提升企业网站在搜索结果页面中被用户关注的概率。我们认为，搜索引擎营销就是企业网站通过改变自身在搜索结果页面中出现的位置，利用搜索引擎推广产品或服务的营销活动。

2. 搜索引擎营销的优势

搜索引擎营销的迅速发展源于其独特的优势，具体包括以下四个方面。

（1）受众广泛且准确

将搜索引擎作为一种营销工具的原因在于搜索引擎对潜在用户的吸引力。百度在向中小企业推广其竞价广告时，是这样打消他们的疑虑的：现在百度每天都要处理上亿个搜索请求，假设每天在网络上搜索某个特定关键词的请求占 1%，而发出这部分请求的用户里如果也只有 1%的用户看到了你的网站，再假如看到你的网站的人中有 1%在你这里做了交易，那由一个关键词带来的销售量也会有数十万，这对于中小企业来说，是一个多么可观的数字。

除了庞大的潜在用户群，搜索引擎营销最大的优势还是受众的准确性。传统的营销模式往往都是想尽办法拓宽各种渠道，尽可能地接触到潜在用户，覆盖面很广、基数很大，但转化率却比较低，并且传统的营销模式采用的是拉动、说服等很被动的方式。但是搜索引擎营销不同，在这种营销模式中，用户是主动搜索相关信息的，而且用户在搜索时所使用的关键词反映了他对某种事物或者某个事件的关注，这些用户比传统营销模式中的用户更有可能转化为消费者，这种关注正是搜索引擎的价值所在，也是搜索引擎营销存在和成长的关键。

（2）方便快捷

在 21 世纪，时间就是金钱。激烈的市场竞争使得企业分秒必争，早一步行动就可能为企业带来巨大的利润空间，搜索引擎营销也正是以其高速的特征得以发展。例如，企业如果要开展一项营销活动，传统营销模式的做法是培训营销人员，然后将有限的营销人员分配到有限的几个定点进行路演，这些路演也只可能对有限的路人产生影响。而且活动从开始到结束最少需要两天时间，整个过程需要大量人力、财力作为支撑。而搜索引擎营销的做法是在编辑好相关的广告内容和选择好关键词后，就可以为这些关键词购买排名，在向搜索引擎提交竞价广告时只需要填写一些必要的信息，如企业及其账户的信息、关键词及其描述和落地页等即可发布。只要事先准备好，这个过程只需要几个小时，甚至几分钟。然后用户在搜索这些关键词时就会看到排名靠前的企业的营销广告链接。这个广告链接不但可以对大量的浏览者产生影响，而且在营销活动结束时也可以很快删除相关链接，不会有任何滞后反应。

（3）投资回报率高

很多企业倾向于使用投资回报率来评价营销活动的效果，即目标是用最少的钱达到最好的宣传和推广效果。76%的欧洲市场营销人员都相信，在达到业务目标方面，搜索引擎营销比网页广告条更为有效；另外，80%的被调查者对搜索引擎营销的投资回报率表示满意，其中有 35%的人表示非常满意。搜索引擎营销是迄今为止效果最好、投资回报率最高的营销模式，在我国也是如此。搜索引擎营销的投资回报率高还体现在竞价排名按照每次点击付费，这些都是在用户产生兴趣之后发生的费用，是实际发生的点击行为产生的，而不是预测得到的。

（4）可控性强

搜索引擎营销的可控性主要体现在三个方面，即对广告内容、广告时间和广告成本的控制。首先是广告内容，它是由搜索引擎广告主自己控制的，广告主有修改和优化广告内容的权限。由于广告本身是一个不断测试的过程，广告主如果在运行中发现广告有问题或者有需要改动的地方，可以随时修改广告内容，这大大提高了广告的反馈效率，优化了广告的投放效果。其次是广告时间，广告主可以选择一天内最合适的时间来投放自己的广告。最后是广告成本，广告主花在搜索引擎营销上的成本可以很简单地由点击量和每次点击付费的价格得到。广告主如果发现在搜索引擎营销上所花的费用已经超过预算，可以立即停止投放广告，减少损失。

11.2.2　搜索引擎营销的模式

搜索引擎营销的模式大致可以分为四种：搜索引擎优化、关键词广告、搜索引擎登录和竞价排名。其中关键词广告、搜索引擎登录和竞价排名属于付费搜索引擎。

1. 搜索引擎优化

搜索引擎优化是指通过了解各类搜索引擎如何抓取互联网页面、如何进行索引以及如何确定其对某一特定关键词的搜索结果排名等技术，对网页进行相关的优化，提高企业网站在搜索结果页中的排名，从而提高网站访问量，最终提高网站的销售能力或宣传能力的技术。搜索引擎优化又可细分为网站内容优化、关键词优化、外部链接优化、内部链接优化、代码优化、图片优化等。搜索引擎优化的应用不仅能让网站在搜索引擎上有良好的表现，还能让整个网站看上去高效简洁，从而使目标用户能够直奔主题，发挥出最佳沟通效果。搜索引擎优化关注的是网站的设计、建设和维护更新，做好搜索引擎优化工作同企业有效打理自己的网站是分不开的，它的指导思想并不是去迎合搜索引擎，而是最大限度地为访问者提供便利，寻找目标用户，满足用户的方便性、高效性需求。

2. 关键词广告

关键词是指用户在搜索信息时使用的特定的词。一般关键词可分为品牌关键词和属性关键词两种。品牌关键词包括企业名称、提供的产品或者服务的名称等。属性关键词则是企业产品或者服务的卖点和企业的宣传口号等。关键词就好比搜索引擎营销的心脏，一个好的关键词可以为企业带来大量的流量和潜在用户，但一个不好的关键词也可以耗尽企业的营销成本。关键词对搜索引擎营销的运转起着重要的作用，因此对关键词的选择和关联管理是决定搜索引擎营销效果的最重要因素之一。

关键词广告是指在搜索引擎中相关关键词的搜索结果页面显示广告内容，实现高级定位投放，企业可以根据需要更换关键词，相当于在不同页面轮换投放广告。在相同关键词的搜索结果页面中，一般来说付费高者排名靠前。一般的关键词广告与自然搜索结果是分开显示的。而且，由于用户的浏览行为会时常发生变化，竞争者也在不断地更新和优化自己的站点，这些都使企业不得不经常测试关键词的效用，及时更改和删除不合适的关键词。

3. 搜索引擎登录

搜索引擎登录是早期搜索引擎营销的重要内容。只要付费进入搜索引擎的索引库，就能保证站点的网页被搜索引擎搜索到。搜索引擎登录并不能保证网页在某个关键词的搜索结果中获得很好的排名，但是能使站点获得良好的可视性，更全面地展示站点内容。长期来看，如果广告主购买数量相同的关键词，并希望获得近似的广告排名，那么搜索引擎登录比竞价排名更经济一些。搜索引擎登录分为免费和付费两种，但是现在提供免费登录服务的网站比较少。付费服务可以为网站提供更多专业的服务，从功能上为企业营销提供了更为广阔的发展空间，从而优化了营销效果。

4. 竞价排名

竞价排名是目前搜索引擎营销中最常用的模式。竞价排名是指企业为某个特定的关键词设定一个价格，从而获得较好的位置排名。事实上，获得较好的排名是搜索引擎营销的最终目的之一。艾瑞咨询的调查结果显示搜索结果中排在前 10 名的网站拥有 72%的点击率，排在第 10~20 名的网站拥有 17.9%的点击率，而排在第 20 名以后的网站仅有 10%的点击率，第 30 名以后的网站被访问率几乎为零。竞价排名可以既快速又经济地评估广告宣传的效果，又可以快速更新、终止等，这种方式受到了极大的欢迎，百度也正是依靠竞价排名而迅速崛起的。由于网站数量剧增，任何网站都不能确保用户利用很多关键词检索时自己都在自然搜索结果中排名靠前，因为排名靠前的网站毕竟是少数，而且其信息并不一定能够满足用户的需求，所以在可能的情况下，同时采用多种推广方式获得的效果会比采用单一方式获得的效果更好。使网站在自然搜索结果中排名靠前是企业首要的任务。在此基础上，为了增加在搜索结果中出现的机会，企业可以采用竞价广告，充分发挥免费搜索和竞价排名各自的优势，从而获得更多用户。

11.3 App

随着互联网技术和移动终端的不断发展，智能手机的普及率也在迅速提高，现在人们通过手机、平板电脑就可以进行购物消费。调查显示，移动设备已经成为人们最主要的上网工具。截至 2018 年年底，我国手机用户突破 10 亿人，移动终端的迅猛发展带动了 App 数量的增长。手机 App 开发成本较低、目标人群广泛、基础人数多，可以系统、全面地展示企业产品信息，便于企业随时随地与消费者进行互动。为了迎合市场的发展，各互联网企业都已经开始使用 App 进行企业营销推广，建设自己的移动客户端以满足消费者的个性化需求。对于企业来说，App 营销能显著提升企业知名度，加深消费者对企业品牌的了解，开拓营销新渠道，扩大影响力，并及时了解消费者信息，提高消费者忠诚度。

本节首先介绍 App 营销的概念及特点，然后针对 App 营销的模式进行详细介绍。

11.3.1 App 营销概述

1. App 营销的概念

App 营销是企业利用移动互联网，在第三方应用平台上发布应用程序，吸引用户下载使用，以此开展发布产品、宣传活动或服务、提供品牌信息等一系列营销活动的营销模式。简单来说，App 营销即应用程序营销，是指企业通过智能手机、平板电脑等移动终端上的应用程序开展营销活动。

App 营销相较于传统的移动媒体营销有较多优势。传统的移动媒体在信息传播方面采用的主要方式是发送短信，消费者对品牌或者产品的相关信息的接收属于被动接收。而在 App 营销中，品牌或者产品的信息被根植于 App 的制作中，用户在自动下载 App 的过程中，信息就被传播出去了。此外，传统的移动媒体在内容传播上只注重品牌或者产品信息字面上的含义，用户难以对品牌或者产品有整体印象。而在 App 营销中，图片或者视频等要素被包含在其中，用户可以从多方面对品牌或者产品进行了解。因此，App 营销现在已经成为较为重要的营销模式之一。

2. App 营销的特点

作为一种新兴的营销模式，App 营销在营销的渠道、方式、工具以及策略等方面的确有别于传统营销模式，其有独特的营销特点，主要包括以下四点。

（1）成本低廉

相较于电视、报纸、网络，利用 App 营销的成本十分低廉。其成本主要包括开发一个适用于本品牌的 App 和初期的部分推广费用。尽管成本低廉，但一旦用户将其下载到手机上，它就可以有效利用用户的碎片化时间，增强用户黏性，促进销售。这种新兴的营销模式的效果是电视、报纸和网络所不能比拟的。

（2）营销精准

传统营销模式在定位方面存在一定的局限性，而 App 营销可以通过量化指标进行精确的市场定位，如采用先进的通信技术、数据库技术等，和用户进行良好的沟通，使得营销达到可控、可量化的状态。同时，App 营销可以满足用户个性化的需求，帮助企业建立稳固的用户群体，推动企业快速稳定发展。

（3）展示全面

在传统的市场营销活动中，企业传递的信息在很大程度上受制于大众媒体的广告版面和播出时段，不能对产品进行全面、立体的展示。而 App 营销能够全面介绍产品信息，让用户在做出消费行为前就可以感受到产品的魅力，缓解用户对产品的抵抗情绪，刺激用户的购买欲望。此外，产品信息全方位不间断地传递，有助于加强用户对产品和企业的认知和提高企业的服务水平及市场知名度。同时，App 与移动支付的融合，可以使营销和销售一体化，提高产品销量。

（4）互动性强

在移动互联网时代，人人都是媒体人，人人都有传播、分享、讨论信息的权利。而对于 App 来说，用户会主动下载 App，自愿接受 App 传递的信息，并进行筛选、评论和转发。在某些类型的 App 里，用户还可以将自己拍摄、编辑的视频发布到平台上进行传播。随着传播技术的发展，从前处于被动地位的"受众"变成了具有主动权的"用户"。用户对传播者传递的信息产品不仅具有消费权，还拥有选择、分享和自制的权利。不仅如此，App 可以直接利用移动互联网或者运营商，实现用户与企业的沟通，如打分、评价等，企业也可以及时获取用户的使用反馈情况，快速调整和优化产品或服务。

11.3.2 App 营销的模式

1. 广告营销模式

App 营销中的广告营销模式是指广告主策略性地将品牌或产品信息融入 App 中，给用户留下深刻印象，来实现一定的广告效果的模式。具体来说，就是将广告投放到第三方 App 上，借助用户规模较大的、具有行业相关性的 App 推广企业自己的营销广告。这种模式突破了传统广告的限制，将广告融入移动 App 的内容里，不但可以产生良好的营销效果，而且受众面广、成本较低、见效较快。

广告营销模式是最基本的营销模式。在 App 中加入动态广告栏，当用户点击广告栏时，后台就会让用户进入此条广告所对应的网站上，接着用户就会看到与此条广告相关的产品信息介绍、参与规则或弹出下载某 App 的弹窗等，这种营销模式操作起来十分简单，只需将 App 广告投放到一些用户使用量较大的移动应用平台上，就可以达到相对较好的广告宣传和推广效果。但这种营销模式的弊端也是十分明显的，由于现在各大 App 平台上的广告不断增加、广告质量良莠不齐，大量用户在阅读此类广告时产生了厌烦的情绪，会有一定的心理预期以及预计发生的负面结果，这可能对用户的感知利益与感知风险产生一定的影响。因此，广告营销模式只适合短期的 App 产品信息传播，并不适用于产品的长期发展和企业的品牌建设。

App 营销的选择应该考虑两个重要的维度——关联性和热门度。将广告植入某个 App 之前，企业营销人员应当认真分析，明确营销目的、目标用户以及相关 App 的用户属性，找到与企业目标用户属性相匹配的 App，以保证广告植入的关联性和营销的精准性。而热门度则是在关联性的基础上，尽可能地选择下载量较大、注册用户较多、用户口碑较好的 App，以保证相对广泛的适用性，这样有利于信息的快速传播。在植入方式上，企业需要进一步研究用户的接收习惯和视觉喜好，选择具有创新性且目标用户乐于接受的形式，从而引来更多的用户关注。

2. 用户参与模式

用户参与模式的 App 营销近年来普遍受到了广告主的青睐。该模式将广告主的营销目标与用户需求相结合，通过开发有创意的 App 吸引用户主动参与体验互动，从而达到有效营销的目的。这一模式在调查研究目标消费群体的相关需求属性的基础上，结合产品或品牌的特点开发符合自身定位的 App，并将其投放到各大应用商店，供用户免费下载。通过下载、安装并使用这些 App，用户能够在有趣的体验中了解品牌的相关信息和最新动态，逐步提高对企业和品牌的好感度，同时利用反馈和分享通道，方便用户二次传播。

例如，某家居公司推出的 App 可以让用户在应用平台上亲自设计出自己喜欢的家居布局，同时可以分享自己的设计并参与投票活动。对于获奖者来说，该家居公司会给予其相应的奖励，利用投票活动达到产品及品牌二次传播的效果。对于线下的实体店来说，App 营销不仅可以促进其销售，还能弥补受到时间、地域等限制因素影响的线下实体店的不足，让用户享受到线上、线下全方位的服务。

企业开发自身的 App 时，应当首先进行目标用户的多重定向，明确目标用户的核心需求。在一系列调研分析的基础上，挖掘目标用户的 App 使用需求，同时结合品牌自身的市场定位、传播目的，确定核心营销目标。在开发设计 App 时，企业要时刻关注用户的使用心理，力求完美的用户体验；同时，在内容方面可以整合新技术，将互动环节以创新、有趣的游戏方式呈现，使用户在欢乐的互动体验中接受品牌的软性营销。

3. 网站移植模式

网站移植模式多用于购物类、社交类网站的手机 App。它以移动终端为载体，将成熟的传统网站移植到移动终端，开发符合移动终端平台页面的 App。用户通过此类 App 可以随时随地浏览网站、获取产品信息、进行快捷支付、开展社交活动等。这种模式相对于传统网站的最大优势在于其快速便捷、服务务实，它能有效地覆盖用户碎片化时间的购物、社交需求，是扩大品牌影响力、进行自营销的重要补充渠道。通过这一模式，品牌得以网罗移动互联网上的活跃用户，对营销活动进行跨媒体整合。该模式的广告主以电商品牌居多，如淘宝 App。

作为传统网站营销模式的有力补充，贴心又充满人性化的服务是网站移植模式的根本。企业需要结合移动终端的屏幕特点，在终端页面设置上更加注重用户使用方面的体验感。同时，为了契合年轻消费群体的移动生活需求，企业应在后台根据用户喜好不断推出精彩有趣的互动形式，如网上签到领取礼品、就近推送使用消息、发布打折优惠信息等，吸引用户广泛参与、体验活动并积极分享，这样可以使用户在互动之余与企业沟通品牌调性，便于企业传播品牌理念。

小讲堂

本章小结

本章按照问答平台、搜索引擎营销、App 营销的顺序详细讲述了问答平台的种类、特点以及典型的问答平台,搜索引擎营销的概念、优势及模式,App 营销的概念、特点及模式,使读者对这三类新媒体营销模式有较为完整的认知,并初步了解这三种营销模式的运作方法,懂得如何利用它们进行营销。

微课 11.1 小红书

案例讨论

案例讨论:上海天擎:坚守还是转型?

2013 年 9 月 17 日清晨,上海天擎公司总经理王文斌比平时更早地来到公司。虽说此时已经是夏末,天气却还炎热,但此时的王文斌手心却是阵阵发凉,匆匆忙忙的脚步声,暗示了他内心的焦虑和不安,那双布满血丝的眼睛,透露出他昨晚的彻夜未眠。就在昨天下午,在市场没有任何消息的情况下,腾讯从 2006 年开始经营的搜索品牌"搜搜(SOSO)"突然宣布并入搜狐的搜狗。这样一来,作为代理了腾讯搜搜搜索引擎营销产品三年的上海天擎,又一次站在了风口浪尖。搜搜并入搜狗,意味着上海天擎代理的搜搜引擎营销业务要终止,企业处于生死攸关的时刻。昨天下午,王文斌紧急打电话给公司高管和各部门负责人,通知大家明天上午在公司会议室召开特别会议,商讨上海天擎的应对方案和未来发展战略。

案例正文 案例使用说明

即测即练

自
学
自
测

扫
描
此
码

参 考 文 献

[1] 胡华成. 游戏化营销：用游戏化思维做营销[M]. 北京：电子工业出版社，2019.

[2] 凯文·韦巴赫，丹·亨特. 游戏化思维[M]. 周逵，王晓丹，译. 杭州：浙江人民出版社，2014.

[3] 白一凡，王黎明. 游戏化营销魅力的细致展现——以腾讯公司为例[J]. 湖南工业职业技术学院学报，2016（6）：28-30.

[4] 张曦予. 原生营销：互联网思维下的内容营销 3.0[J]. 东南传播，2015（3）：99-101.

[5] 龚铂洋. 左手微博右手微信 2.0：新媒体营销的正确姿势[M]. 北京：电子工业出版社，2017.

[6] 李蕾. 内容营销理论评述与模式分析[J]. 东南传播，2014（7）：136-139.

[7] 胡保坤. App 运营推广：抢占移动互联网入口、引爆下载量、留住用户[M]. 北京：人民邮电出版社，2015.

[8] 金错刀. 爆品战略：39 个超级爆品案例的故事、逻辑与方法[M]. 北京：北京联合出版公司，2016.

[9] 曹虎，王赛，乔林，等. 数字时代的营销战略[M]. 北京：机械工业出版社，2017.

[10] 秋叶，刘勇. 新媒体营销概论[M]. 北京：人民邮电出版社，2017.

[11] 秦阳，秋叶. 微信营销与运营[M]. 北京：人民邮电出版社，2017.

[12] 秋叶，萧秋水，刘勇. 微博营销与运营[M]. 北京：人民邮电出版社，2017.

[13] 黑马程序员. 新媒体营销教程[M]. 北京：人民邮电出版社，2017.

[14] 戴鑫. 新媒体营销：网络营销新视角[M]. 北京：机械工业出版社，2017.

[15] 张向南. 新媒体营销案例分析：模式、平台与行业应用[M]. 北京：人民邮电出版社，2017.

[16] 杨飞. 流量池[M]. 北京：中信出版社，2018.

[17] 李泽清. 网络直播：从零开始学直播平台运营[M]. 北京：电子工业出版社，2018.

[18] 李京京，王莉红. 新媒体营销[M]. 北京：人民邮电出版社，2019.

[19] 郑昊，米鹿，秋叶. 短视频：策划、制作与运营[M]. 北京：人民邮电出版社，2019.

教师服务

感谢您选用清华大学出版社的教材！为了更好地服务教学，我们为授课教师提供本书的教学辅助资源，以及本学科重点教材信息。请您扫码获取。

≫ 教辅获取

本书教辅资源，授课教师扫码获取

≫ 样书赠送

市场营销类重点教材，教师扫码获取样书

 清华大学出版社

E-mail: tupfuwu@163.com
电话：010-83470332 / 83470142
地址：北京市海淀区双清路学研大厦 B 座 509

网址：http://www.tup.com.cn/
传真：8610-83470107
邮编：100084